항공사 & 국제시장

김기홍

Airline & Marketing

도서출판 청람

| 머 | 리 | 말 |

인간이 새와 같이 날고자 하는 욕망에서 시작하여 비행기를 만든 이래 오늘날 국제무역과 국제관광에서 항공운송은 매우 중요한 수단으로 자리 잡고 있다. 그러나 항공운송이 가장 크게 영향력을 미친 것은 경제부문이다. 항공운송이 없었다면 오늘날만큼 세계무역이 증가하여 자리 잡을 수 없었을 것이고, 국제적인 합작회사와 M&A, 기술의 국제이전, 개발도상국에 대한 지원, 다국적기업의 출현 같은 것도 이루어지지 못했을 것이다.

항공운송사업은 다른 교통수단과 확실히 구별되는 특성을 가지고 있다. 산업적 측면에서 (1) 공익성, (2) 국제성, (3) 성장성, (4) 국가 상징성, (5) 국가안보 도구의 수단이며 기술적 측면에서는 (1) 고속성 (2) 안정성을 가지고 있다. 경제적 측면에서는 (1) 경제성장의 촉매 역할, (2) 국제관광과 무역의 촉진, (3) 고용창출, (4) 연관산업 파급발전, (5) 지역경제발전 (6) 국제수지개선의 모습으로 발전하고 있다.

최근 국제항공시장과 우리나라 항공산업은 다음과 같은 특징을 가지고 급성장하고 있다. 첫째, 첨단 항공기의 도입과 취항이다. A350, A380, B777, B787과 같은 경량, 첨단 소재의 항공기 취항으로 연료절감과 함께 운항거리가 대폭 확대되면서 고객의 사랑을 받고 있다.

둘째, 저비용항공사(LCC)의 급성장이다. 미국 사우스웨스트항공의 성공과 발전이 불을 지펴 전 세계 주요 항공사들의 자회사나 투자회사에 의한 저비용항공사의 설립이 급증하였다. 아시아시장에서는 최근 말레이시아 에어아시아의 성공과 확장이 큰 자극제가 되고 있다.

셋째, 중동 항공사의 급신장이다. 정부의 지원에 힘입은 아랍 에미레이트항공, 에티하드항공 등이 저렴한 항공료와 첨단 항공기 도입으로 기존 메이저항공사의 입지를 크게 위협하고 있다.

넷째, 항공사 간 인수합병의 시대에 진입하였다. 2010년 이후 전 세계의 거대 항공사들은 많은 인수합병을 통해 경쟁력을 강화하고 있다. 2004년 에어프랑스가 KLM을 인수한 이후 미국의 델타항공이 노스웨스트항공을 합병했으며, 독일의 루프트한자는 영국의 브리티시미들랜드항공과 벨기에 브뤼셀항공을 인수하였다. 또한 아메리칸항공과 USAir가 합병함으로써 세계 최대의 항공사가 탄생하기도 하였다.

다섯째, 항공사 간 제휴서비스의 고도화이다. 그동안 전 세계 항공사들은 고객마케팅 수단으로 코드셰어, 얼라이언스를 통해 공동마케팅을 해왔으나, 최근 대한항공과 미국 델타항공의 조인트벤처 설립의 사례에서 보듯이 항공사 간 공동마케팅은 가장 강한 결합의 형태로 발전하고 있다.

이에 본서는 국제항공서비스의 과학적 접근과 서비스마케팅의 측면에서 접근하였으며, 공항운영의 이론과 실무를 정리하였다. 참고문헌의 모든 저자에게 감사드리며 국내외 항공사의 홈페이지와 매뉴얼을 참고하였다. 부족한 부분은 더 많은 연구와 강의를 통해 보완하고자 한다.

2019년 1월

저자 올림

| 차 | 례 |

Part 01 | Environments of Airline Industry

Chapter 01 항공운송업의 역사

Chapter 02 국제항공기구와 항공운송협약

Part 03 I Airport Operation Management

Chapter 13 공항업무의 이해

Chapter 14 공항 지상조업서비스

Chapter 15 공항여객터미널 운영관리

Chapter 16 공항 컨세션

Chapter 17 공항화물터미널 운영관리

PART 1

Environments of Airline Industry

01 CHAPTER 항공운송업의 역사

1 항공운송업의 정의 및 개요

1) 항공운송업의 정의

'항공운송'이란 항공기에 여객과 화물 및 우편물을 탑재하고 항로를 이용하여 국내외의 공항에서 다른 공항까지 운항하는 현대식 운송시스템을 의미하며, 이에 대한 대가로 항공료와 항공운임을 받는 사업의 총체를 '항공운송업'이라고 한다. '항공운송업'이라는 용어는 '항공운수업' 또는 '항공운송사업' 등으로 사용되기도 하며 주체 및 관점, 시대, 학자, 기구 등에 따라 그 정의 및 용어가 다양해질 수 있으나 '항공운송업'의 정의에 필수적으로 포함되어야 할 키워드는 '타인의 수요에 의해', '항공교통을 이용하여', '유상으로', '여객 또는 화물을', '공간적 이동' 등이라고 할 수 있다.

우리나라 항공법 제2조 제31호에 따르면 '항공운송사업'이란 '타인의 수요에 맞추어 항공기를 사용하여 유상으로 여객 또는 화물을 운송하는 사업'을 말하며 이러한 '항공운송사업'을 수행하는 주체를 '항공운송사업자(항공회사, 항공기업)'라 한다고 정의하고 있다. 즉 항공운송과 관련된 여객 또는 화물의 운송상품 및 서비스를 제공하는 기업, 이러한 여객 또는 화물의 공간적 이동을 위해 항공상품과 서비스를 구매 · 이용하는 소비자, 그리고 원활한 시장기능을 도와주는 정부 등의 시장 주체들에 의해 독립된 산업이 형성되어 시장이 운영될 때 이를 '항공운송사업'이라고 할 수 있다.

2) 항공운송업의 특성

인간의 교통수단은 산업혁명 이후 철도, 자동차, 항공기 순으로 발전하였으며, 가장 늦게 등장한 항공기는 모든 교통수단 중 최고의 고속성을 자랑하는 혁신적인 교통수단으로서 지구촌이라는 용어의 실현을 가능하게 하였다. 이러한 항공기를 기반으로 운영되는 항공운송업은 일반 교통업과는 달리 거대한 규모의 자본과 시설을 요하며 고도의 안전시설과 최첨단 장비, 고급 인력 등이 요망되는 특수한 사업이다. 항공운송업의 운영을 위해서는 항공기, 공항시설, 항공노선 등이 기본적으로 필요하며 항공사에 의해 수행되는 항공운송활동은 공공성과 영리성의 양면적 특성과 함께 사회기반시설의 특성을 가지고 있다. 항공운송업의 일반적인 특성을 살펴보면 다음과 같다.

(1) 안전성

안전성은 항공운송사업뿐만 아니라 자동차, 철도, 선박 등을 포함한 다른 운송사업에서도 가장 우선되고 중요시해야 할 부분이기 때문에 안전성을 항공운송업만의 고유한 특성이라고는 보기는 어렵다. 그러나 항공기 사고는 일반적으로 엄청난 인명피해 및 재산피해를 남기는 대형 사고이며 대부분 국가 간 이해관계가 얽히는 국제적 문제가 되기 때문에 보통 "항공기는 위험하다"라는 인식을 가질 수 있다.

하지만 항공기는 기술의 발전, 항공기 운항 및 유도시스템의 진전, 공항 활주로 개선 등의 영향으로 우리가 이용할 수 있는 가장 안전한 교통수단이다. 항공기의 안전도는 운항 시 항공기 및 항공노선의 기술적 원인 또는 기상조건, 조종사의 능력 등의 요인에 의해 좌우되며 다른 운송수단에 비해 사고 발생률은 현저히 낮다. 항공사고 발생은 항공사의 여객 수요에 큰 영향을 미치는 요인이기 때문에 안전성의 확보는 항공운송의 가장 기본적인 요건이라 할 수 있다.

(2) 공익성

항공운송업은 다수의 대중에 대한 교통수단으로서 사회간접자본, 사회기반시설의 성격을 지니며 국익과 밀접한 관계를 맺고 있기 때문에 공익성이 강한 산업이라고 할 수 있다. 일반적으로 국민의 기본생활에 필요한 철도, 도시교통, 정기선, 대중교통, 정기항공 등의 사회기반시설은 공익사업으로 분류된다. 항공운송업은 교통수단의 하나로 국가 간 사회 · 문화 교류의 장을 여는 역할을 하며 국가경제에 막대한 영향을 주는 공익사업이다.

또한 거대규모의 설비투자가 요구되는 장치산업으로 항로, 공항시설, 노선권이 전제되는 정부규제적인 사업이다. 따라서 항공운송업은 일국의 국력을 상징하기도 하며 대외 정책수단으로 국익과 관계된 역할을 담당하기에 많은 국가들이 국영항공사를 직접 운영하고 있으며 정부가 항로개설, 노선배분 등에 직 · 간접적인 영향력을 발휘하는 것이 일반적이다. 특히 항로는 국가와 국가 간의 영공 통과를 전제로 하기 때문에 정부의 외교정책과도 밀접한 연관을 맺으며, 공항시설 및 노선배분에 있어 정부의 규제를 받고 있다.

(3) 고속성

고속성은 타 운송수단과 차별화되는 항공운송업의 가장 특별하고 고유한 특성이라고 할 수 있다. 항공기는 철도, 자동차, 선박 등의 운송수단에 비해 가장 뒤늦게 나타난 교통수단이지만 속도 면에 있어서는 타 운송수단에 비해 압도적인 우위를 차지하고 있다. 항공기의 개발과 항공기의 속도 향상은 인류가 시간적 · 공간적 장애를 극복하는 데 있어 혁신적인 변화를 가져왔으며 시간과 거리에 대한 사람들의 인식을 변화시켰다.

소음과 공해 등의 문제로 2003년 이후로 운행이 중지된 콩코드(Concord)의 경우 소리의 속도보다 빠른 운항속도를 가지고 있는 초음속 여객기(Supersonic Transport)이며 점보기로 알려진 B747의 경우, 최대 운항속도 1,000km/h이고 B777은 평시 운항속도 905km/h로 속도 면에서 타 운송수단에 비해 월등함을 알 수 있다.

(4) 서비스지향성

항공운송업은 유형의 상품을 고객에게 제공하는 것이 아니라 고객의 필요나 요구를 충족시켜 줄 수 있는 무형의 서비스를 제공하는 서비스업이다. 항공사의 상품은 운송서비스로 생산된 운송상품, 즉 객실의 좌석과 화물의 탑재공간은 일반 제조업의 제품과는 달리 재고로 저장이 안 되기 때문에 상품의 생산과 소비가 동시에 일어나게 된다. 여기서 생산이란 좌석이나 화물 탑재공간의 제공이며, 판매란 제공된 좌석이나 화물 탑재공간을 고객에게 유상으로 판매하여 여객과 화물을 항공기로 운송함을 의미한다.

따라서 항공운송업은 판매를 위해 유형의 상품을 진열하는 것이 불가능하며 상품으로서 품질수준 측정에도 어려움이 있을 수 있다. 또한 판매되지 못한 항공상품의 경우 재고로 보관할 수 없는 시한성 및 일회성의 특성을 지니기 때문에 항공기의 출발과 함께 가치를 상실하게 된다.

(5) 국제성

항공운송업의 상품 품질 및 가격은 국제적으로 결정되며 국제선의 경우 관련 당국 간의 협약에 의해서만 항공운송이 가능하다. 즉 특정 항공사의 국제항공시장으로의 참여 여부는 각 국가 간의 항공협정에 의해 결정되며, 그 협정에 의해 지정된 항공사 간의 상무협정이 필요하다.

예를 들어 어느 항공사가 타국의 어느 도시에 노선을 개설하고자 할 경우 양국 간의 항공협정이 선행되어야 하고 협정에서 지정된 항공사만이 지정된 노선에서 운항이 가능하며 협정에 의해 취항도시, 운항횟수, 공급 좌석 등에 대한 규제를 받게 된다. 또한 ICAO(International Civil Aviation Organization, 국제민간항공기구)나 IATA(International Air Transport Association, 국제항공운송협회) 등의 국제기구에서 국제항공운송에 관한 사항들을 관리하고 있는데, 이와 같이 항공운송업은 전 세계 각국 및 주요 도시와 연관되기 때문에 국제성이 강한 사업이라고 할 수 있다.

(6) 자본집약성

항공운송업은 규모의 경제가 발휘되는 사업으로 일정수준까지 대규모의 자본투자가 전제되어야 하는 자본집약적인 특징을 가진다. 항공운송업은 항공기 및 그 부품과 장비의 구입, 사용, 유지, 대량의 항공유 구입 등에 막대한 투자자본이 필요한 사업이며 원활한 항공업무의 수행을 위한 공항시설의 확보에도 거액의 설비투자가 요구된다. 또한 항공교통과 관련된 과학기술 및 장비, 연관시설의 발전도는 비교적 빠른 편이기 때문에 항공기 및 부품, 장비, 연관시설의 경제적 노후화는 타 교통수단에 비해 급격하다고 할 수 있다. 따라서 현대화된 항공기와 항공 연관시설을 도입하여 활용할 수 있는 능력이 없는, 즉 자본투자능력이 없는 항공사는 수요의 확보가 어려워질 수 있다.

위에서 살펴본 항공운송업의 여섯 가지 일반적인 특성 외에도 항공운송업은 객실 시설과 기내서비스의 쾌적성 및 편리성, 항공노선 개설의 용이성, 그리고 막대한 투자자본의 소요와 정부규제에 의한 참여 제한에 의해 독과점성이 매우 큰 특성 등 다양한 특성을 지니고 있다.

2 항공운송업의 근세사

1) 태동기(~1519년)

인간은 이미 기원전부터 비행에 대해 관심을 가졌던 것이 틀림없다. 그러나 비행에 대한 기초적인 이론과 형태는 레오나르도 다빈치(Leonardo da Vinci, 1452~1519)로부터 시작되었다. 새가 자체의 중량을 지지할 정도로 충분한 공기의 밀도층 위에서는 뜨게 된다는 것을 발견하여 레오나르도 다빈치는 박쥐의 날개를 모델로 한 '오니솝터(Ornithopter)'를 설계하였다. 그는 인간이 기계적인 날개를 퍼덕임으로써 체중을 지지해 하늘을 비행할 수 있을 것으로 믿었던 것이다. 이러한 선구자적 연구는 동력에 의한 비행원리를 이해하는 데 비약적인 진보를 이룩하였다.

2) 초창기(1519년~제2차 세계대전 이전)

하늘을 날고자 하는 시도는 태곳적부터 시작되었으며 숱한 도전과 실패 끝에 몽골피에(Montgolfier) 형제가 1783년 종이로 만든 열기구로 공개비행에 성공하여 인류 최초의 유인비행을 성공시켰다. 그 이후에도 비행을 위한 많은 시도가 있었으며 1903년 12월 미국의 라이트(Wright) 형제는 엔진장치를 이용한 안정된 직선비행에 최초로 성공하였다. 이보다 3년 전인 1900년, 독일의 제플린(Zepplin)은 알루미늄 골격을 만들어 그 위를 천으로 감싸고 그 안에 여러 개의 수소가스 주머니를 넣는 방식의 경식(硬式) 비행선을 개발하였는데 이것은 16마력의 발동기 2대를 장착, 시속 20마일의 속도로 비행에 성공한 최초의 비행선으로 이것을 토대로 비행선의 대형화가 가능하게 되었다.

미국에는 라이트 형제만 있지 않았다. 라이트 형제 못지않게 초창기 미국 항공산업에 큰 영향을 미친 인물로 글렌 하몬드 커티스(Glenn Hammond Curtiss, 1878~1930년)를 꼽을 수 있다. 미국 최초의 항공기 제작사는 1906년 6월 글렌 하몬드 커티스와 오거스터스 무어 헤링(Augustus Moore Herring)이 설립한 '헤링-커티스'였다. 이 회사는 라이트 형제가 프랑스, 독일, 영국의 회사들과 연합해 1909년 세운 '라이트 비행기회사'보다 3년 먼저 등장했다. 이 회사가 제작한 '모델 F' 수상비행기는 1912년 미 해군에 150대나 납품되어 'JN' 혹은 '제니'라 불리며 1920년대 말까지 6,000대 이상 생산됐다.

제플린은 1914년까지 100대가 넘는 비행선을 제작하며 비행선의 성능을 지속적으로 향상시켰으며 프랑스, 독일, 오스트리아 등 유럽 각지에서 비행선에 관한 연구가 지속적으로 진행되는 계기를 마련하였다. 이후 제플린은 자신이 만든 비행선으로 여객이나 화물을 수송하고 이에 대한 운임을 받는 회사를 설립하는데, 이것이 세계 최초의 상업항공회사 '도이치 비행선 주식회사(DELAG : Deutsche Luftschiffahrt A.G)'이다. 도이치 비행선 주식회사는 1910년 6월부터 제1차 세계대전 발발로 운영을 중단하게 된 1914년까지 7대의 비행선으로 매일 평균 1편 이상의 운항을 지속하였으며 이는 민간상업항공 시대의 도래를 의미한다고 할 수 있다.

제1차 세계대전을 통해 비행기는 더 튼튼해진 동체와 엔진을 갖게 되었다. 반대로 조종법은 간단해 무거운 화물과 더 많은 승객을 수송할 수 있게 되었다. 제1차 세계대전이 끝나자 군에서 수천 명의 조종사와 수천 대의 군용기가 방출되면서 '상업항공'이 탄생했다. 최초의 여객기는 1913년 제정 러시아에서 만든 시코르스키 일리야 무로메츠로, 이 항공기는 1914년 2월 25일 16명의 승객을 싣고 첫 비행을 했다. 1919년에는 독일에서도 14인승 여객기 파르만 F.60 골리아트를 만들어 그 뒤를 이었고, 같은 해 세계 최초의 전금속제 여객기인 융커스 F.13이 등장했다.

이후 미국의 8인승 여객기 포드 트라이모터, 14인승 여객기 DC-2, 32인승 여객기 DC-3 등이 등장하면서 여객기의 발전에는 가속이 붙는다. DC-3은 C-47이라는 이름으로 군용으로 채택되면서 제2차 세계대전에서 대활약한다. 그리고 제2차 세계대전 중 여객기와 상관없이 만들어진 최초의 진정한 수송기인 독일의 Ar232가 등장하게 된다.

1914년에 발발한 제1차 세계대전은 상업항공 발달의 큰 계기가 되었으며, 제1차 세계대전 기간 동안 민간항공활동은 거의 중단된 상태였으나 공중비행전투가 등장, 이를 통해 항공기술 발전의 초석이 마련되었다고 할 수 있다. 종전 이후 세계 각국의 항공업계는 전쟁 중에 축적된 항공기술 및 잉여 항공기, 장비, 인력 등을 민간용으로 전환하였고 이는 본격적인 항공운송사업 발전의 토대가 되었다.

1919년 독일의 융커스(Junkers)사는 군용기를 개조하여 여객기를 운항하던 중 민간항공의 수요가 증가함에 따라 민간여객기를 개발하여 운항하게 되었는데, 특히 융커스 교수가 개발한 F13기는 실용적인 엔진을 부착한 최초의 금속제 여객기로서 육상과 해상의 지형적 변화와 여러 기상조건의 변화에도 적응할 수 있는 바퀴를 설계하였다는 점에서 항공사적 의의가 크다고 할 수 있다. 전쟁이 끝나면서 세계 선진 각국은 항공기의 상업화를 적극 모색하게 된다.

1920년 당시 유럽에는 20여 개의 중소규모 항공사가 설립되었고, 미주지역에도 내셔날항공 등 10개 항공사가 문을 열었다. 유럽에서 최초로 상업적 비행에 투입된 비행기는 1919년 독일의 '안네리제'였다. 승객 8명을 태우고 6,000m 상공을 비행한 것이 상업적 항공여객운송의 효시가 된 것이다. 미국에서는 상업적 항공운송으로 가장 먼저 착안된 분야가 우편물수송이었다. 그런데 당시 대부분의 중소 상업항공사들은 창설 초기, 비행기에 대한 공포로 인한 여객 수요의 제한과 빈약한 경영 기반 등으로 거의 1년을 넘기지 못한 채 도산되는 등의 악순환을 거듭하였다. 그러나 당시 선진 각국은 항공기의 상업화에 지대한 관심을 기울였다.

1920년대에 들어 독일, 영국, 프랑스 등의 유럽 국가들은 항공산업을 장려하기 시작하였으며, 1921년 영국정부는 자국의 항공회사에 보조금을 지급하기 시작하였고 또한 이 시기에 네덜란드, 스위스, 스웨덴, 벨기에, 콜롬비아, 오스트레일리아 등의 국가들도 여객운송을 위한 항공사를 설립하였다. 1921년 5월 KLM(네덜란드항공)은 암스테르담을 중심으로 런던-함부르크의 연결노선을 운항하였는데 이 노선에서 민간항공 사상 최초로 항공예약을 실시하였으며 항공기 발착지에서 음료수를 제공하는 등 각종 서비스의 제공을 시도하였다.

이처럼 제1차 세계대전 이후 유럽 여러 나라에서는 상업항공이 본격화되어 초기의 세계 항공운송사업은 유럽을 중심으로 발달하기 시작하였다. 제1차 세계대전 이후 유럽에 주도권을 빼앗긴 미국의 항공산업은 1920년대 말까지 뚜렷한 성장동력을 찾지 못했다. 우드로 윌슨(Woodrow Wilson) 미국 대통령은 1915년, NASA의 전신이라고 할 수 있는 NACA(National Advisory Committee for Aeronautics, 국립항공자문위원회)를 창설해 미국의 항공기술을 세계 최고로 유지하기 위한 노력을 집중했다. 그러나 1930년대가 오기 전까지 미국의 항공산업은 유럽을 따라잡지 못했다.

당시 후발주자였던 미국은 1926년에 이르러 팬아메리칸월드항공사(Pan American World Airways, 통칭 팬암)가 설립되어 국제 정기항공운송업무를 개시하였고 이듬해인 1927년에는 노스웨스트항공사

(Northwest Airlines)가 뒤이어 설립되는 등 많은 항공사들이 등장하기 시작했으며 1930년대 중반에 이르러서는 미국이 유럽을 제치고 국제항공운송사업을 주도하기 시작하였다. 린드버그의 대서양 횡단은 사상 99번째였지만, 뉴욕과 파리라는 대도시를 잇는 비행이었고 거리가 3,614마일로 당시까지는 최장의 논스톱(non-stop)비행이었으며, 33시간 29분의 사투를 벌인 단독비행이었다는 점에서 세계 항공사에서 높이 평가되고 있다. 이 횡단비행에 사용된 비행기는 스피릿 오브 세인트루이스(Spirit of St. Louis)였다. 린드버그의 대서양 무착륙 단독 횡단비행은 미국의 항공산업 발전에 커다란 영향을 주었다.

1920년 설립된 미국 최초의 국제항공운송회사인 에어로마린 웨스트 인디스 에어(Aeromarine West Indies Airways)는 적자를 견디지 못해 1923년 파산했다. 전쟁으로 기존 교통망이 파괴돼 여객기가 유일한 대체 교통수단으로 각광받은 유럽과 달리 철도와 도로가 거미줄처럼 깔린 미국에서는 민간항공에 대한 수요가 많지 않았던 것이다. 1933년 2월 첫 비행에 성공한 보잉의 247과 같은 해 7월 첫 비행에 성공한 더글러스의 DC-1은 당시로서는 최첨단기술이 적용된 현대식 여객기였다. 이들의 등장은 미국 항공산업이 다시 유럽을 앞서기 시작했다는 신호탄이었다. 1935년 12월 첫 비행에 성공한 DC-3는 최대 21명의 승객을 실어 나를 수 있었다. DC-3는 항공 역사상 최초로 승객 운임만으로 운항비용을 충당할 수 있는 여객기가 되었다.

DC-3는 민간여객기시장을 빠르게 장악해, 1939년에는 미국 여객기의 75%를 차지할 정도로 대성공을 거뒀다. DC-3는 제2차 세계대전 발발(1939년) 직후 C-47(미 해군은 R4D로 명명)이라는 이름의 수송기로 채택돼 큰 활약을 했다. 민간항공 분야의 발전에도 불구하고 미국의 군용항공기 분야는 발전속도가 느렸다. 1930년대 유럽 각국은 군비경쟁으로 다양한 군용기를 만들었으나 미국의 군용항공기 분야는 한발 늦었다.

3) 발전기(제2차 세계대전~1970년대 이전)

이 시기에는 항공수송 자체가 초보적인 단계를 벗어나 실용적인 교통수단으로 보급되기 시작하였으며 경제적인 면에 있어서도 항공운송사업이 별다른 수익을 올리지 못하던 불채산기(1920~1935년)를 지나 어느 정도의 사업 채산성을 기대해 볼 수 있는 시기로 접어들었다. 1939년 9월 제2차 세계대전이 발발하면서 전쟁 참전국들의 항공사들이 전시체제로 전환되었으며 대부분의 민간항공기도 군용기로 징발되었다.

1937년 영국의 프랭크 휘틀(Frank Whittle)이 세계 최초로 제트 엔진을 발명한다. 같은 해 휘틀의 아이디어를 빌린 독일의 한스 폰 오하인(Hans Von Ohain)도 제트 엔진 개발에 성공한다. 1939년에는 최초의 제트 비행기 하인켈 178기가 독일에서 개발된다. 이어 1941년 영국은 글로스터 메테어 F28/37 제트 비행기를 개발하였다. 그러나 이들 제트 비행기는 실험기수준에 그쳤고 실용화되지는 못하였다. 제2차 세계대전 말에 이르러 독일은 최초의 실용 제트 전투기인 메사슈미트 Me 262를 제작한다. 이 전투기는 당시까지 최고 속도를 보유하였던 무스

탕을 훨씬 능가하는 최고 시속 870km를 기록하였다.

1940년 미국은 근대 헬리콥터의 원조인 시콜스키 VS300을 개발하여 비행에 성공하였고, 미국의 보잉(Boeing)사는 최초로 여압실을 갖춘 여객기인 보잉 B307을 개발하였다. 미국은 유럽과 달리 제2차 세계대전 중에도 군용수송과 함께 일반 상업수송도 그대로 병행하였는데 1947년 팬암항공사는 록히드(Lockheed) 749 컨스틀레이션(Constellation) 수송기로 태평양 횡단 정기항공노선에 취항하였다. 또한 이 당시 미국은 전쟁상황과 별개로 국내선 운항을 그대로 지속하였는데 전황에 여유가 생기면서 항공사의 수송능력이 군의 요구를 충족시키고도 남아, 잉여 수송능력을 이용한 신 국내노선이 개설되기도 하였다.

국제선도 태평양노선은 운항이 중단되었으나 1940년에 개설된 뉴욕-리스본 간의 대서양노선은 정부의 관리하에 팬암항공사의 운항이 계속되었으며 해군의 지원을 받아 AEA(American Export Airlines)사가 아일랜드에 취항하기도 하였다. 이 시기에 유럽에서 비교적 안정적인 발전을 가졌던 항공사는 스웨덴의 ABA(Aktiebolaget Aerotransport)사였다. 제2차 세계대전 중 베를린, 런던, 모스크바 등을 운항하던 이 항공사는 미국에 취항하기 위해 스칸디나비아 3국과 합동으로 1943년 SILA(Svensk Interkonitinental Lufttrafik)사를 창립하였는데 이것이 현재 스칸디나비아항공사(SAS : Scandinavian Airlines System)의 전신이다.

제2차 세계대전 기간 동안 발명된 제트 엔진은 여객기와 수송기에도 장착되었다. 최초의 제트 여객기는 빅커스 VC.1 바이킹 항공기에 제트 엔진을 부착한 것이었으며, 1948년에는 처음부터 제트 여객기로 개발된 영국의 데 하빌랜드사의 코메트, 캐나다 아브로사의 제트라이너가 등장하게 된다. 유감스럽게도 코메트는 사각형 창문에서 비롯된 동체의 금속피로로 추락사고를 일으켜 오래가지 못하고 도태된다. 수송항공기의 제트화는 제트기의 그것만큼 빠르게 진행되지 않았으며, 21세기인 현재까지도 많은 수송항공기가 프로펠러 엔진을 달고 있다.

B707

한편 1954년 미국의 보잉사(Boeing)에서 최초로 제트 엔진을 이용한 기종 B707이 개발되었고, 1958년 10월 26일이 B707이 뉴욕–런던 구간에 취항함으로써 본격적인 제트 수송기 시대가 개막되었다. 1962년 130명의 승객이 탑승 가능한 기종 B727이 개발되었으며, 여객기 수요가 폭증하자 보잉은 1969년 2월, 항공기 역사의 이정표로 불리는 세계 최대 여객기 747을 내놓았다.

'점보 제트기(Jumbo Jet)'와 '하늘의 여왕(Queen of the Skies)'으로 불린 747은 한 번에 400명 이상을 수송할 수 있어 1,300대 이상이 판매되었다. 747은 에어버스의 A–380이 등장하기 전까지 세계에서 가장 큰 제트 여객기로 군림했다. 또한 항공 역사에 있어 주목할 만한 사항은 바로 초음속 여객기의 개발이라고 할 수 있는데 미국에서는 1963년 케네디 대통령의 제안에 따라 초음속기(supersonic airplane) 개발이 진행되었으며 프랑스와 영국정부도 1969년 영국-프랑스의 합작으로 초음속 여객기 콩코드(Concorde)를 개발하기에 이르렀다.

또한 이 시기에 전 세계적인 항공운송업 발전과 더불어 국제항공운송의 질서확립 필요성이 증대되었는데 이에 따라 국제항공운송의 질서확립 및 편의도모를 위하여 1945년 25개국 41개 항공사가 참여하여 최초의 민간항공국제기구가 창설되었다. 이것이 현재의 IATA(International Air Transport Association, 국제항공운송협회)이며 IATA에 참여하고 있는 국가 및 항공사는 현재 130개국 276개 항공사에 이르고 있다.

한편 미국은 1944년 전후 국제민간항공수송과 관련한 문제들을 의논할 것을 제의하여 55개국 대표를 시카고에 초청, 국제민간항공조약인 '시카고조약'을 채택하였는데, 1947년 시카고조약의 발효와 함께 ICAO(International Civil Aviation Organization, 국제민간항공기구)가 설립되어 UN산하의 전문기구로 오늘날에 이르고 있다. 이상에서 살펴본 바와 같이 항공운송업은 두 차례의 세계대전을 겪으며 기술적 측면과 경영적인 측면에서 비약적인 성장을 이루었다고 할 수 있다.

4) 성숙기(1970년대 이후~)

소위 제트기 시대를 맞이하면서 제1차 석유파동 이전까지 항공운송업은 비약적인 발전을 이루었다. 미국의 보잉사는 연료절감형, 저소음형 항공기 개발 요구에 맞추어 B747-400 기종과 B767 기종을 개발하였으며 영국의 에어버스(Airbus)사도 A320 등의 기종을 개발하면서 본격적인 항공운송사업의 성숙기를 맞이하게 되었다.

이와 같은 대형 항공기들의 출현은 항공운송의 원가절감과 이로 인한 항공운임의 저하로 항공여행의 대중화를 가능케 하였다. 그러나 2차에 걸친 석유파동으로 인한 세계경제의 둔화와 세계경기의 후퇴는 항공업계에도 매우 큰 타격을 가져오게 되는데, 항공 수요의 성장둔화, 공급과잉, 수요불균형, 유가변화, 수익성악화 등의 요인으로 항공운송업 자체가 불황에 놓이게 되었다. 이와 같은 경제적 · 정치적 변화를 계기로 항공운송업은 고도 성장기를 지나 저성장시대로 전환되었는데, 특히 9 · 11사건 이후 전 세계적인 관광 및 항공여건 악화로 인해 많은 항공사들이 어려움을 겪었으며 저비용항공사들의 대거 출현으로 메이저항공사들은 침체를 겪게 되었다.

그러나 각 항공사들의 경영합리화 노력과 공격적 마케팅전략, 항공기 제조사들의 새로운 항공기 개발 등을 통해 항공운송업은 안정적인 성숙 기반을 구축하게 되었고, 2008년 하반기를 기점으로 시작된 미국발 경제위기 속에서도 항공운송업은 성숙기에 이르게 되었다.

항공운송업의 비약적인 발전과 성장은 인간의 시간적 · 공간적 제약을 극복하는 데 큰 역할을 수행함으로써 글로벌사회의 실현을 가능하게 하였다. 또한 항공여행의 대중화 단계를 지나 항공 수요의 확대와 항공기의 급속한 발전으로 인해 항공운송업은 현대 교통수단의 중추적 역할을 수행하고 있다.

3 항공운송업의 현대사

1) 세계 항공운송업의 현대사

세계 항공운송업의 동향은 미국의 항공산업 규제완화와 항공자유화 정책, 그리고 이에 대한 유럽과 아시아의 대응 및 발전으로 설명할 수 있다. 미국은 1977년 항공화물에 대한 규제완화정책과 1978년 항공여객에 대한 규제완화정책 발표 이후, 항공운송산업에의 진입장벽을 낮추고 운임 및 공급, 노선확장 등을 항공사가 자유로이 결정하도록 하였으며 이를 규제하는 규제기구였던 민간항공위원회(Civil Aeronautics Board)도 1984년 말 해체됨에 따라 수많은 항공사가 신설되었다.

1992년에 미 연방통신위원회(FCC)가 채택한 국내위성통신시장의 자유화정책은 미국 내 통신 전반에 걸쳐 규제를 완화, 민간의 자유로운 경쟁에 맡기기로 한 정책이며, 항공자유화정책은 현행 항공협정상에 존재하는 각종 제한을 철폐하여 항공운수업을 수요 · 공급에 기초한 시장기능에 맡기자는 취지의 정책이다. 이와 같은 항공산업 규제완화에 의한 공급의 확대와 항공자유화로 인해 미국의 항공사들은 시장 확대를 위한 경쟁을 치열하게 벌여야 했고, 이에 따른 공급과잉노선이 속출하게 되었다. 이로 인해 신설된 수많은 항공사들 중 경쟁력이 떨어지는 항공사들은 인수 및 합병의 과정을 거치게 되었고 현재는 소수의 대형 항공사와 다수의 지역항공사체제로 정착되었다. 이렇게 형성된 미국의 대형 항공사들은 시장을 유지하고 경쟁력을 제고하기 위하여 주요 공항을 기점으로 하는 'Hub & Spoke System'을 구축하고 CRS (Computer Reservation System, 컴퓨터 항공예약시스템)와 획기적인 마케팅전략들을 도입하는 등 이후의 항공운송시장을 주도하게 된다.

또한 유럽연합(EU)은 미국의 규제완화 및 항공자유화정책 등 국제항공 여건의 변화에 대응하여 소위 역내 자유화 및 역외 공동대처의 정책을 시행하였으며, 1988년 이후 3차례의 공동정책에 의한 규제완화를 통하여 1997년 4월 이후부터는 역내 완전자유화를 실현하였다. 이에 따라 EU 회원국 내에서는 자유로운 항공사의 설립, 운임 및 공급의 설정이 가능해졌고, 회원국 내의 국내운송 등도 허용되었으며 역외 국가와의 항공협력에 대해서는 EU를 통한 공동정책을 펼치고 있다.

한편 아시아 · 태평양지역에서는 항공운송의 높은 성장률을 바탕으로 경쟁촉진정책이 확대되었는데, 일본은 1986년 신항공정책을 통하여 기존의 일본항공(JAL : Japan Airlines) 이외에 전일본공수(ANA : All Nippon Airways)에도 국제선 취항을 허용하였고, 우리나라는 1988년 제2민항인 아시아나항공이 설립되었으며, 대만도 중화항공(CAL : China Airlines) 이외에 에바항공(EVA : Eva Air) 등의 항공사가 설립되었다.

이와 같이 항공산업의 규제완화 및 항공자유화 추세는 세계 항공시장의 여건이 급변하는 원인이 되었으며 이와 같은 항공산업시장 환경의 급격한 변화는 국제항공시장에서의 치열한 경쟁을 야기하였다. 이러한 범세계적인 규제완화 및 항공자유화 추세와 더불어 세계 항공업계는 초국적화, 민영화, 세계화와 지역주의화, 항공사 간 글로벌 제휴 강화, 항공기의 대형화 · 고급화 등 복잡 다양한 경향을 보이고 있다.

특히 여기서 주목해야 할 세계 항공운송의 키워드는 글로벌 제휴의 강화, 항공기의 대형화 · 고급화 추세이다.

2) 한국 항공운송업의 현대사

대한항공의 출범 이후 1988년에 이르기까지 우리나라의 항공운송업은 대한항공을 중심으로 이루어져 왔다. 대한항공은 짧은 기간 동안 급격한 성장을 이룩하여 1988년 당시 국제민간항공기구(ICAO) 145개 회원국 중 국제선 여객 15위, 국제선 화물 7위에 도달하는 성과를 거두었다.

미국의 항공산업 규제완화 및 항공자유화 이후 항공운송의 국제경쟁이 치열해지고 세계 주요 국가들이 복수 항공사체제로 나아가는 추세와 함께 증가하는 항공 수요에 대한 대처의 일환으로 정부는 1988년 2월에 제2민항을 허가하게 되는데 이것이 금호그룹 ㈜아시아나항공의 시작이다. 아시아나항공은 1988년 12월 국내선 취항 개시(서울-부산, 서울-광주) 이후 1990년 1월부터는 서울-도쿄 구간을 시작으로 국제선에도 취항하게 된다. 아시아나항공의 등장은 세계적인 항공산업 규제완화 및 항공자유화 추세와 거대 항공사의 출현 등 세계 항공업계의 변화 속에서 우리나라도 본격적인 복수 민항시대에 접어들었음을 알리는 신호탄이라고 할 수 있다. 이 시기 우리나라 항공운송업의 주요 성장사를 보면 [표 1-1]과 같다.

| 표 1-1 | 세계 항공산업의 역사

연도	내용
1490	레오나르도 다빈치 비행연구
1899	라이트형제 비행기 제작 시도
1911	미국에서 항공우편물 운송 시작
1919	국제항공교통협회 설립
1927	미국 노스웨스트항공사 설립
1934	미국 아메리칸항공사 설립
1935	미국 팬암항공사 태평양노선 취항
1938	미국 민간항공법 제정
1944	하워드 휴즈 항공기로 대륙 횡단
1944	국제민간항공기구(ICAO) 설립
1945	국제항공운송협회(IATA) 설립
1947	노스웨스트항공사 서울 취항
1948	대한국민항공사(KNA) 설립
1957	한미 항공협정 체결, 김포공항 개항
1959	콴타스항공 대서양 취항
1960	싱가포르항공 운항
1964	일본항공 서울 취항
1969	대한항공공사 민영화
1973	항공화물사 FEDEX 설립
1976	초음속 콩코드기 런던 취항
1985	영국 저비용항공 라이언에어 설립
1988	아시아나항공 설립
1993	에어아시아 설립
1999	인천국제공항 오픈

2004	티웨이항공 설립
2005	제주항공 설립
2007	에어부산, 이스타항공 설립
2008	진에어 설립
2009	A380 아랍 에미레이트항공 서울 운항
2017	에어서울 설립
2018	소형항공기 정기항공사 에어필립 설립
2018	B787 대한항공 도입 운항

3) 세계 항공운송업의 발전요인

(1) 항공사 간 글로벌 제휴의 강화

최근 세계의 항공사들은 항공사 간 제휴와 연합에 의한 세계화를 활발히 추진하고 있다. 이는 항공사들이 시장에서 확보하고 있는 경쟁력을 유지하기 위함인데, 전 세계적인 항공시장의 규제완화와 항공자유화정책에 따른 항공운송업의 경영환경 변화로 인해 본격적인 시장경쟁이 시작되었고, 이후 경쟁이 치열해지면서 전 세계 항공사들은 시장경쟁력의 확보를 위해 국제적 네트워크를 구축하기 시작하였다.

항공사들의 전략적 글로벌 제휴란 좌석 공유나 상용고객우대제도 교환, 마일리지 통합 등과 같은 단순한 항공사 간 협력체제를 뛰어넘어 공동 스케줄과 공동 마케팅을 통해 항공사들이 하나의 연합체로서 영업활동을 수행하는 것을 말한다.

항공사 간의 전략적 글로벌 제휴로 얻을 수 있는 이점은 크게 세 가지 측면으로 생각해 볼 수 있다.

첫째, 단일 항공사로는 한계가 있는 영업범위를 확대하여 다양한 운송서비스를 제공할 수 있으며, 지역적인 범위 확대를 통해 항공사의 시장지휘를 강화시킬 수 있다. 둘째, 규모의 경제를 실현함으로써 단위비용을 감소시켜 비용의 절감이 가능하다. 셋째, 여러 가지 면에서 다양한 서비스를 제공함으로써 서비스 품질을 향상시킬 수 있다. 항공사 간 전략적 글로벌 제휴 그룹은 '스타얼라이언스(Star Alliance)', '스카이팀(Sky Team)', '원월드(Oneworld)'가 대표적이며, 2012년 5월 현재 각 글로벌 제휴 그룹의 회원사 현황을 살펴보면 스타얼라이언스가 25개 회원사, 스카이팀이 15개 회원사, 원월드가 11개 회원사를 가지고 있다. 우리나라의 대한항공은 스카이팀에 소속되어 있으며 아시아나항공은 스타얼라이언스에 소속되어 있다.

(2) 항공기의 대형화 · 고급화 추세

국제항공운송 경쟁의 심화와 항공 연료비의 상승으로 적은 연료로 많은 승객을 수송할 수 있는 초대형 항공기가 최근 주목받고 있다. 500명 이상을 태울 수 있는 초대형 항공기는 날개폭이 65m 이상 되어야 F급으로 분류되는데, 이러한 F급 항공기는 에어버스(Airbus)사의 A380 기종과 현재 제작 중인 보잉(Boeing)사의 747-8 기종뿐이다. 이미 세계 주요 항공사들은 현존 비행기 가운데 가장 큰 에어버스사의 A380 기종을 중심으로 주력 기종을 개편하고 있으며 초대형 항공기가 항공업계 판도를 바꾸고 있다.

우리나라 항공사들도 A380을 중심으로 주력 기종을 개편할 계획이다. 대한항공은 이미 A380 기종을 5대 보유하고 있으며 오는 2014년까지 5대를 추가로 더 도입할 예정일 뿐 아니라 2012년 또 다른 F급 항공기인 보잉 747-8F를 처음 도입할 예정이다. 아시아나항공도 2017년까지 A380 6대를 도입하기로 결정하며 초대형 항공기 도입 경쟁에 뛰어들었다.

대한항공 A380

'슈퍼 점보'라는 별명을 지닌 A380 기종은 주 날개 면적이 실내 농구장 면적의 2배, 꼬리 날개 높이는 아파트 10층 높이에 이르며 보잉 747-400보다 30%의 무게를 더 감당할 수 있다. 또한 A380 기종의 최대 비행시간은 14시간 48분으로 우리나라에서 중남미와 아프리카를 직항할 수 있으며 고성능 엔진을 장착하고 있어 소음과 연료 소비가 획기적으로 감소되었다.

이러한 초대형 항공기의 도입은 규모의 경제를 실현, 채산성을 높일 수 있고 연료비 절감 등으로 원가를 절감할 수 있으며 소음 감소와 연료 효율 증가라는 친환경적인 이미지 또한 살릴 수 있는 등 수많은 이점을 가지고 있다. 따라서 현재 전 세계의 주요 항공사들은 더 많은 초대형 항공기를 도입·운영하기 위한 계획을 세우고 있으며 이에 대한 노력을 수행하고 있다. 또한 이러한 항공기의 대형화 추세와 함께 최근 세계 항공운송업계에 고급화 바람이 불고 있다.

세계의 주요 항공사들은 고객 편의를 위해 객실 내 고급화를 추구하고 있으며 객실 배치에 있어서도 더 많은 좌석을 배치하기보다는 고객의 편의를 위한 최적의 좌석수를 배치하는 추세이다. 대형화와 고급화, 친환경이라는 미래 항공업계의 트렌드에 발맞춰 세계 유수 항공사들은 A380과 같은 초대형 항공기를 중심으로 주력기종 개편을 앞으로도 가속화할 것으로 보인다.

(3) 제1차 항공정책 기본계획

2011년부터 시작된 인천국제공항의 3단계 시설이 착공되고, 다기능 복합도시(air-city) 개발이 추진되는데, 국토교통부는 2014년까지 5년간 항공 분야 정책방향과 실천전략을 통해서 '환태평양을 주도하는 항공강국 실현'을 목표로 항공운송과 공항, 항공안전 및 산업, 소비자보호 등 5개 분야의 5대 추진전략과 52개 추진과제를 실천하는 중이다.

항공운송 분야에서는 대형 항공사들의 글로벌 경쟁력 제고를 위해 전략적 항공자유화를 추진하고, 특히 새로운 항공시장으로 부상하고 있는 남미 · 독립국가연합(CIS) · 아프리카지역과의 항공노선망이 확대된다. 이를 위해 우리나라 운항항공사 100개, 운항도시 200개, 운항노선 400개를 목표로 한 '국제항공네트워크 1 · 2 · 4전략'이 추진된다. 이와 함께 저가항공사의 안정적 시장 정착을 위해 법제도 개선과 전용 인프라 확대방안 등이 모색되고, 에어택시 등 소형 항공네트워크가 전국공항으로 확대된다. 공항 분야에서는 인천공항의 3단계 시설 확충과

다기능 복합도시 개발이 추진되어 동북아 허브공항의 위치를 확고히 하게 된다.

항공안전 분야에서는 항공사가 자체적으로 안전관리를 수행하게 하고, 위성과 디지털기술을 접목한 항법 · 통신 · 감시시스템도 도입된다.

아울러 항공산업 분야에서는 운송산업 위주의 육성정책에서 항공정비업과 항공물류업 등으로 다양화하고 국가 항공정비복합산업단지 조성을 통한 항공정비업도 집중 육성된다.

소비자와 환경보호를 위해서는 항공사의 결항률과 지연율, 수화물 분실, 각종 민원사항 등에 대한 소비자 리포트가 발행되고 전국 공항에 대한 서비스평가제도가 도입된다.

(4) 저비용항공사의 등장

저비용항공사는 단순히 항공요금만 내린 저가항공사와는 달리 기존 고가 항공운임의 40~50% 정도의 저가운임을 마케팅전략으로 하여 항공운송에 필요한 부대비용의 합리적인 원가절감을 통한 저비용구조를 기반으로 국내 단거리 국제노선에 취항하는 항공사를 말한다. 우리나라에서는 저비용항공사(LCC)로 제주항공, 진에어, 에어부산, 티웨이항공, 이스타항공, 에어서울이 있다.

02 CHAPTER 국제항공기구와 항공운송협약

1 국제항공기구

1) 국제민간항공기구(ICAO)

(1) 설립배경 및 목적

국제민간항공기구(ICAO : International Civil Aviation Organization)는 1944년 12월 시카고회의에서 체결된 국제민간항공조약을 근거로 설립된 기구이며, 현재는

International Civil Aviation Organization

UN의 전문기구 가운데 하나이다. 시카고조약의 제2부는 ICAO의 설립 및 운영에 관하여 규정하고 있으며, ICAO의 가입 및 탈퇴는 모두 시카고조약의 가입 · 탈퇴를 전제로 이루어지는 등 시카고조약과는 불가분의 관계에 있다.

당초 시카고회의에서는 ICAO의 성격에 대하여 국제항공을 관리 · 감독하는 강력한 관리기준으로 해야 한다는 영국의 주장과, 하늘의 자유를 기본으로 국제항공의 질서유지 및 발전을 목적으로 정보의 교환, 기술적 협력 촉진을 위한 기관으로 해야 한다는 미국의 주장이 대립되었으나, 결국 미국의 주장이 대폭적으로 반영되었다. 그 결과 ICAO는 국제항공의 안전 및 발전을 목적으로 각국 정부의 국제협력기관으로 설립되었으며, 2011년 기준 191개국이 가입하고 있다.

ICAO의 설립목적은 시카고조약의 기본원칙인 기회균등을 기반으로 하여 기본적으로 국제항공운송의 건전한 발전을 도모하는 데 있다.

- 국제민간항공의 발달 및 안전의 확립 도모
- 능률적이고 경제적인 항공운송의 실현
- 항공기술의 증진
- 회원국의 권리존중
- 국제항공사의 균등한 기회보장 등

(2) 역할

ICAO의 역할은 다음과 같다.

- 국제민간항공의 안전하고 질서 있는 성장을 도모한다.

- 평화적 목적을 위한 항공기의 설계 및 운항기술의 개발을 촉진한다.
- 국제민간항공을 위한 항공로, 공항 및 항공안전시설의 개발을 촉진한다.
- 안전하고 규칙적이며 효율적 · 경제적인 항공운송을 위한 회원국들의 요구를 수용한다.
- 불합리한 경쟁으로 인한 경제적 손실을 방지한다.
- 회원국 권리를 반영하고, 국제항공에 대한 공정한 기회를 부여 및 보장한다.
- 회원국 간 차별대우를 지양한다.
- 국제항공의 운항안전을 증진한다.
- 국제민간항공의 모든 부문에서의 협력과 발전을 촉진한다.

(3) 조직체계

① 총회

총회(general assembly)는 ICAO의 최고의결기관이며 주요 임무는 의장 및 임원의 선출, 이사국의 선출, 이사회의 보고서 심사, 연차예산의 심의, 이사회로의 권한위임, 시카고조약 개정의 제의 및 체약국에 대한 권한 등의 업무를 수행한다. 총회는 모든 체약국의 대표자로 구성하며 매 3년마다 개최되고 필요시마다 특별총회를 개최한다.

그림 2-1 ○ ICAO 조직체계

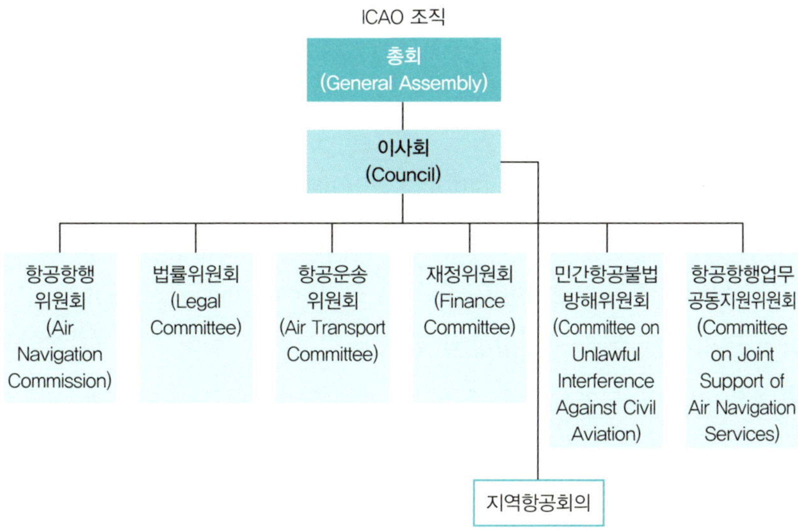

② 이사회

이사회(council)는 총회에 대해 책임을 지는 상설기구로서 ICAO의 임무를 수행하는 데 가장 중요한 조직이다. 이사회는 3년마다 총회가 선출한 33개국으로 구성된다. 이사회의 임무는 의무적 임무와 임시적 임무로 나누어진다. 기본임무는 연차보고서의 총회 제출, 총회 및 조약으로 부과된 임무상의 임명, 조약위반사항의 보고, 국제표준 및 권고방식의 채택, 부속서의 개정 및 심의, 체약국이 의뢰한 문제들의 심의 등이며 임의적 임무는 지역적 항공위원회의 설치, 항공운송 및 항공기술에 관한 조사 등이다. 정기총회를 통해 이사국을 선출하는 기준으로는 (i) 항공운송에 대해 가장 중요한 국가, (ii) 국제항공을 위한 시설활용에 충분한 공헌을 한 국가, (iii) 이상에는 포함되지 않으나 지역을 대표할 수 있는 국가 등으로 구분하고 있다(제50조 b).

③ 항공항행위원회

항공항행위원회(air navigation commission)는 항공기술면의 이론 및 실제에 대한 전문가 중에서 이사회가 임명한 15인의 위원으로 구성된다. 위원회의 임무는 조약부속서의 수정을 심의하고 그 채택을 이사회에 권고하는 것과 국제항공의 발전에 필요한 정보의 수집 및 체약국에 통지할 내용을 이사회에 조언하는 것이다.

④ 법률위원회

법률위원회(legal committee)는 국제항공운송의 법률적 측면을 담당하는 위원회로서 각 체약국의 법률전문가로 구성된다. 조약 초안의 심의, 이사회에 대한 법률조언, 항공에 대한 국제법상의 문제에 대한 국제기관과의 협력 등이 주요 업무이다.

⑤ 기타 위원회

이 밖에 운송활동에 대한 공동지원위원회, 인사위원회, 재정위원회, 불법간섭에 관한 위원회 및 기술협력위원회 등을 두고 있으며, 대부분의 경우, 이사회가 선출한 위원으로 구성된다.

(4) 주요 사업

ICAO는 1947년에 설립된 이래 국제민간항공의 안전 및 건전한 발전을 도모하기 위해 주로 다음과 같은 사업을 수행한다.

첫째, 항공기에 관한 기술적인 기준을 확립한다. 즉 항공기, 항공종사자, 노선과 공항, 항공교통관제 등에 관한 안전 측면에서의 국제적인 기준을 설정하고 있다.

둘째, 국제민간항공법규 등을 단일화하고 이를 법제화한다. 즉 항공운송인의 책임에 대한 바르샤바조약, 헤이그의정서, 제3자 손해책임에 대한 로마조약, 공중납치 방지에 관한 조약 등을 주로 다루고 있다.

셋째, 국제민간항공의 경제문제, 즉 운임체계 및 운임수준의 설정, 부정기항공의 문제, 운송활동에 대한 규제문제 등을 폭넓게 취급한다.

2) 국제항공운송협회(IATA)

(1) 설립 배경 및 목적

국제항공운송협회(IATA : International Air Transport Association)는 세계 각국의 항공사(32개국의 61개 항공사가 참여)가 1945년 4월, 쿠바의 하바나에서 세계 항공사회의를 개최하여 제2차 세계대전 후 항공운송의 비약적인 발전에 따라 예상되는 여러 문제들을 해결하고 국제항공사 간의 협력을 강화할 목적으로 설립한 순수민간의 국제협력기구이다. 운임의 결정, 운송규칙의 제정 등이 주된 역할이며, 공공기구로서의 성격을 지닌다. 본래 1919년 헤이그에서 설립된 구 IATA를 계승한 국제기구이다.

IATA의 목적은 다음 세 가지로 대별된다. 첫째, 안전하고 경제적인 국제항공운송의 발전을 촉진함과 동시에 이와 관련되는 문제들을 해결한다. 둘째, 국제민간항공운송에 종사하고 있는 민간항공사의 협력기관으로서 협력을 위한 교류의 장과 다양한 수단들을 제공한다. 셋째, ICAO 등 국제기관과의 협력의 도모 등이다. 이 가운데 특히 국제운송에서 중요한 것은 항공사 간의 협력이다. 이러한 목적에 따라 항공사 간에 통일적으로 사용해야 하는 각종의 표준방식을 설정하는 성과를 남겼다. 그 가운데에는 표준운송약관, 항공권, 화물운송장, 복수 항공사 간의 연대운송협정, 판매대리점과의 계약, 지상업무에 대한 위탁계약 등이 포함되어 있다.

(2) 조직체계

ICAO 회원국의 국적을 가진 항공사만이 IATA의 회원이 될 수 있다. 국제항공운송에 종사하고 있는 항공회사는 정회원, 국내항공운송에 종사하고 있는 항공회사는 준회원이 될 수 있다. IATA는 원래 정기항공사의 기구로 설립되었지만 1975년에 개최된 캐나다회의에서 특별법 및 정관을 개정함으로써 최근에 급속하게 발전하고 있는 부정기항공사도

IATA의 회원이 될 수 있도록 하였다. 2018년 현재 290개 항공사를 회원으로 두고 있다.

IATA의 조직은 최고기관인 연차총회(annual general meeting)의 실질적인 운영을 맡고 있는 이사회(executive committee), 각 분야에서 활동하고 있는 4개의 상설위원회(기술, 재무, 법률, 운송), IATA의 가장 중요한 기능인 항공운송에 관한 조건(여객운임, 화물요율 등)을 가입항공사가 협의하여 결정하는 운송회의(traffic conference), 항공사 간의 거래에 따른 대차관계의 정산을 하는 결제사무소(clearing house) 및 사무국 등으로 구성된다.

총회는 각 항공사의 회장 및 사장단이 매년 1회 모여서 각 위원회의 활동결과를 보고받으며 예산의 승인, 위원의 임명 등을 관장한다. 이사회는 21개사의 대표가 연 3회 회의를 갖고 중요사항을 심의결정한다. 이사회의 주 임무는 협회의 운영, 자금 및 재산의 관리, 협회의 대표 및 신회원의 승인, 총회에서 위탁된 권한범위 내에서의 방침결정, 사무총장 및 상설위원회의 임명, 운송회의 규칙 및 항공사 간 결제방식의 결정, 총회 의제의 결정, 예산안의 편성 등이다.

각 상설위원회의 주요 업무는 다음과 같다. 법률위원회(legal committee)는 공법 및 사법조약, 다국 간 조약, 국제항공에 영향을 주는 현행 및 입법과정에 있는 국내법, 배상문제, 기타 항공운송활동의 확대에 따라 발생할 수 있는 여러 가지 법률문제를 관장한다.

기술위원회(technical committee)는 항공기, 운항, 의료, 기재의 통일화, 통신, 기상, 감항성 및 정비, 공항, 노선, 항행지원, 안전, 소음, 공해, 기타 제반 기술사항을 관장하며, 사안에 따라 또는 지역별로 소위원회를 운영한다. 또한 항공기 및 각종 설비의 제조업자, 공항당국, 정부 등을 포함한 회의를 개최한다. 주사무국은 몬트리올과 제네바에 두고 있으며, 지역사무소는 암만, 산티아고, 싱가포르 및 워싱턴에 두고 있다.

재무위원회(financial committee)는 회원항공사의 회계규칙의 통일, 통화, 조세, 보험, 감사, 통계, 환율, 수입금 결제 등과 항공운송활동에서 발생하는 잠재적인 재무 및 경제문제를 관장한다. 사무국은 몬트리올에 두고 있으며, 문제별로 소위원회를 설치하지만 특히 중요한 것은 수입회계절차의 표준화와 제네바에 있는 결제사무소의 역할이다. 각 항공사는 연대운송협정(interline traffic agreement)을 체결하여 상호 항공권과 화물운송장의 대리 판매를 하지만 운송회사로부터 발매회사에 대한 수입금의 청구는 표준절차에 따라서 제네바의 결제사무소에서

그림 2-2 ⭘ IATA 조직체계

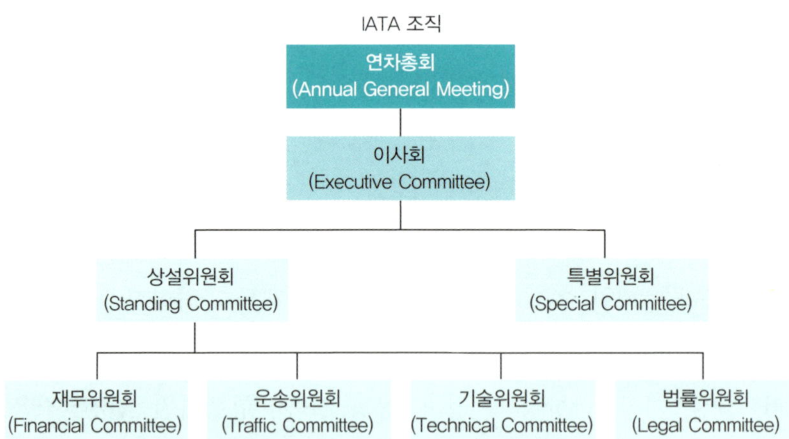

매월 정산한다.

운송위원회(traffic committee)는 항공운송업계의 장기적 및 단기적 상업활동에 관한 사항, 운송회의 권한에 관한 사항, 운송영업절차의 통일, 기타 이사회가 위촉하는 영업 및 운송에 관한 사항을 담당한다. 사무국은 제네바에 있으며, 각 위원회는 25명으로 구성되고 그 임기는 2년이다.

(3) 운임회의

운임회의(tariff conference)는 영업제도에 관한 협의를 담당한다. 회원의 영업활동에 대한 결정사항은 자치권을 갖기 때문에 IATA 내의 다른 기관이 간섭할 수 없다. 운송회의의 결정을 결의하는데, 이는 정회원이 투표하여 결정하며 회원항공사에 대하여 구속력을 갖는다. 협정 내용은 크게 첫째, 운임 및 서비스의 조건, 둘째, 운송절차의 규칙, 셋째, 대리점에 대한 규칙 등으로 구분된다. 이들 협정은 각국 정부의 인가를 얻어서 발효된다. 사무국은 제네바에 있으며 지역사무소는 몬트리올, 뉴욕, 싱가포르에 두고 있다.

(4) 운임결정

IATA의 가장 중요한 기능은 여객운임, 화물요율, 기내서비스의 내용 등 항공운송에 관한 조건들을 결정하는 것이다. 운송조건은 IATA 조직의 하나인 운송회의에서 회원사 간의 협의에 의해 결정되며, 3개 지역별로 나누어 운영된다. 지역별로는 북미, 중미, 남미를 관할하는 제1지구(Area 1), 유럽, 중동, 아프리카를 관할하는 제2지구(Area 2) 및 동남아, 극동, 오스트레일리아 및 남태평양지역을 관할하는 제3지구(Area 3)로 나누어진다. 운송회의에서 결정된 사항은 회원국 정부의 인가를 얻어 정식으로 발효된다. 특히 양자협정은 관계국 정부의 인가를 국제항공운임의 발효조건으로 규정하고 있으며, 대부분의 국가가 IATA의 운임으로 하고 있다.

(5) 운송절차규정

운송절차규정은 예약, 여객항공권과 화물운송장의 발행 등 오늘날 세계 어디서나 예약과 항공권의 구입을 가능하게 하고 통일된 기준으로 설정된 항공운임을 지불할 수 있도록 국제적인 항공운송의 절차를 규정한 것이다. 현재 미국을 비롯한 각국은 은행집중결제방식(BSP)을 채택하고 있다. 표준화된 결제방식으로 항공사의 입장에서는 자사의 항공권을 대리점에 개별적으로 배부하고 수금하는 등의 복잡한 절차가 간소화되었으며, 사용하지 않은 항공권의 관리가 용이하고 도난의 위험을 줄이는 효과가 있다.

(6) 대리점규정

IATA 가입항공사는 IATA가 임명한 여객 및 화물대리점만을 이용할 수 있다. IATA 대리점의 자격요건, 임명절차, 권리와 의무, 벌칙 등은 모두 IATA 운송회의의 결의형태로 규정화되어 있다. 이들 규정을 운용하기 위하여 IATA는 지역별 대리점위원회를 개최하고 있으며, 이 위원회가 승인한 대리점은 IATA 사무총장과 대리점계약을 체결함으로써 각 항공사로부터 발매되는 항공권이나 운송장에 대하여 일정한 대리점 수수료를 받는다.

(7) 운송비용

운송회의의 하부조직으로 비용위원회가 있다. 운항비용은 각 항공사의 경영방식에 따라 다르지만, 비용위원회에서는 각사의 비용자료를 기초로 하여 이것을 IATA기준으로 산정한 후 가중평균하여 항공운송업계의 평균운송비용을 설정하여 운임 결정의 기초자료로 이용되도록 한다. 일반적으로 좌석당 또는 톤당 운항비용은 운송규모가 증가함에 따라 감소하지만, 네트워크의 적절한 조합으로 이것이 일정하고 합리적으로 유지되도록 조정한다.

3) 지역별 항공협력기구

(1) 정부 간의 지역협력기구

① 유럽민간항공위원회(ECAC)

유럽민간항공위원회(ECAC : European Civil Aviation Conference)는 1953년에 개최된 유럽외상회의의 초청에 의해 1954년 4월에 유럽항공운송협력회의(Conference on Coordination of Air Transport in Europe)의 결의로 설립되었다. ECAC는 유럽 내 국가로서 1954년의

유럽항공운송협의의 회원국들이 전원일치로 가입을 승인한 경우에 가입할 수 있다.

이 위원회는 유럽지역의 항공운송의 발전을 목적으로 하고 있으며, 1956년 유럽 내의 부정기항공업무의 상업적 권리에 관한 다국간 협정의 채택, 1960년 수입항공기의 감항증명에 관한 다자간 협정의 채택, 1975년 북대서양 전세기항공에 관한 항공당사국 간 협정의 채택 및 1982년 8월 1일에 발효한 미국과 유럽 12개국과의 북대서양 운임에 관한 각서 체결 등 많은 성과를 거두었다.

② 라틴아메리카민간항공위원회(LACAC)

라틴아메리카민간항공위원회(LACAC : Latin American Civil Aviation Commission)는 1973년에 설립되었으며, 라틴아메리카지역에서의 민간항공에 대한 협력을 목적으로 하고 있다. 이 회의는 라틴아메리카의 국가들을 구성원으로 한다. 정기총회는 2년에 1회 개최되고, 하부기관으로 이사회를 두고 있다.

③ 아프리카민간항공위원회(AFCAC)

아프리카민간항공위원회(AFCAC : African Civil Aviation Commission)는 1969년 지역 내 국제항공의 발전과 상호 협력을 목적으로 설립되었다. 이 위원회는 아프리카통일기구(OAU : Organization of African Unity)의 전문기관으로서의 지위를 갖고 있다. 정기총회(ordinary plenary session)는 2년마다 개최되며, 이사회는 매년 1회 개최된다. 이 위원회는 1975년에 부정기항공의 규칙을 위한 공동정책을 채택했으며, 이 밖에 회원국의 항공사를 위한 전문인력의 양성을 목적으로 하는 훈련계획 등을 운영하고 있다.

④ 아랍민간항공이사회(ACAC)

아랍민간항공이사회(ACAC : Arab Civil Aviation Council)는 1965년에 아랍연맹(Arab Union) 이사회의 결정에 의해 아랍지역에서의 항공운송 발전을 목적으로 설립되었다. 이 위원회는 아랍연맹 및 국제민간항공기구와의 협력 아래 아랍지역의 항공에 관한 여러 절차의 통일화를 추진하고 있다. 아랍연맹의 전문기관으로서의 지위를 갖고 있다.

⑤ 유럽항행안전기구(EUROCONTROL)

유럽항행안전기구(EUROCONTROL : European Organization for the Safety of Air Navigation)는 1963년에 설립된 기구로서 현재는 벨기에, 프랑스, 독일, 아일랜드, 룩셈부르크, 네덜란드, 영국의 7개국으로 구성된다. 이 기구는 참가국의 각 지역에서 항공기의 안전운항에 대한 협력을 목적으로 하며, 회원국의 일정한 고도 이상의 영공에 대한 항공관제를 공동으로 실시하고 있다. 상설기관으로서는 항공안전을 위한 상설위원회와 항공교통관제기구 등을 두고 있다.

(2) 지역별 항공사협력기구

① 동양항공사협회(OAA)

동양항공사협회(OAA : Orient Airlines Association)는 1966년에 아

시아지역에 있는 항공사 6개 사장단이 마닐라에 모여서 지역 내 항공의 발전을 위하여 여러 문제를 조사, 협력, 조정할 목적으로 'Orient Airlines Research Bureau(OARB)'를 설립하였고, 1970년에 OAA로 명칭을 변경하였다. 이 협회는 지역 내의 광범위한 협력을 다루고 있다. 회원은 일본, 한국, 대만, 홍콩, 필리핀, 타이, 말레이시아, 싱가포르, 인도네시아, 오스트레일리아의 국제정기항공사 12개사로 구성되어 있다. 본부는 마닐라에 있으며 회장단회의(assembly of presidents)와 이사회(executive committee)가 있고 그 산하에 기술, 보안, 영업, 통계의 4개 위원회가 있다. 기술위원회는 운항의 안전, 기재의 공동구입 및 공동사용 등의 문제를 담당하며, 보안위원회는 공항보안시설, 항공기 공중납치의 방지, 항공권의 위조방지 등을 담당하고, 영업위원회는 시장의 개발, 수입의 개선, 특수화물의 취급 등을 담당하고 있다. 그 외에 조사 소위원회와 원가 소위원회 등이 있다.

② 유럽항공사협회(AEA)

유럽항공사협회(AEA : Association of European Airlines)는 본래 1952년에 네덜란드항공, 스위스항공, 벨기에항공, 영국항공 및 스칸디나비아항공 등이 통계 및 항공 경제면의 연구를 목적으로 설립한 항공조사기관인 EARB(European Airlines Research Bureau, 유럽항공사조사국)를 모태로 설립되었다. EARB는 1974년에 그 활동범위를 회원항공사 간의 상업, 기술 및 정책의 상호 협조로 확대하였으며, 명칭도 현재의 AEA로 변경하였다. 본부는 브뤼셀에 있으며 회원은 유럽의 19개 국제정기항공사로 구성되어 있다. 사장단회의(assembly of chairmen)와 3명으로 구성된 집행위원회의 하부에 정책, 경제 및 기술 등 3개 위원회가 있다.

③ 아랍항공사기구(AACO)

아랍항공사기구(AACO : Arab Air Carrier's Organization)는 1968년에 아랍항공사 간의 협력과 조정을 목적으로 설립되었으며 본부는 베이루트에 있다. 회원은 아랍연맹 구성국의 12개 정기항공사로 구성되어 있다. 이 단체는 연차총회(annual general meeting)와 그 외에 기술, 운송, 교육, 기내식서비스 등 6개의 상설위원회가 있다.

④ 아프리카항공사협회(AAFRA)

아프리카항공사협회(AAFRA : Association of African Airlines)는 1968년에 아프리카의 15개 항공사가 주축이 되어 항공사 상호 간의 협력, 아프리카지역의 관광촉진 및 국제회의에서의 공동보조를 목적으로 설립되었으며 본부는 나이로비에 있다. 회원은 아프리카통일기구의 회원국에 속하는 국제정기항공사로 구성되어 있다. 총회, 이사회 외에 기술, 운송, 재무 및 법무 등 4개 상설위원회가 있다.

⑤ 미국항공운송협회(ATA)

미국항공운송협회(ATA : Air Transport Association of America)는 1936년에 설치되었으며 사무국은 워싱턴에 있다. 회원은 미국 및 캐나다의 정기항공사 26개사이며, 미국의 국내단체로서의 성격이 강하여 캐나다의 항공사는 2개사만이 참가하고 있다.

⑥ 국제항공사협회(IACA)

국제항공사협회(IACA : International Air Carrier Association)는 1972년에 설립된 전세항공(charter)사들로 구성된 단체이다. 1973년 정관을 개정하여 정기항공사도 전세기항공을 운영하면 회원이 될 수 있도록 하였다. 이 협회의 목적은 전세기항공의 필요성을 넓게 홍보하고 또한 전세기항공의 질적 개선을 도모하는 것이다. 회원은 정회원과 준회원으로 대별되며, 정회원은 국제전세기항공을 전문으로 하는 항공사로서 국제민간항공기구(ICAO)에 속한 국가의 항공사로 한정하고 있다.

⑦ 미국항공사협회(NACA)

미국항공사협회(NACA : National Air Carrier Association)는 사무국을 워싱턴에 두고 있으며, 미국의 16개 부정기항공사를 회원으로 두고 있다.

2 국제항공운송협약

1) 민간항공의 규제체제

(1) 규제체제

① 양자 간 규제(bilateral regulation)

두 주권국가 정부 간의 협상과정을 통해 운송서비스의 상업적 권리를 교환하고 공급, 운임 등 문제를 해결함으로써 상업적인 운송활동에 대해 상호 규제체제를 형성한다. 양자 간 규제는 양국 간에 상충하는 이해관계를 절충하는 데 유용하고 신축적인 방법으로서 당사국의 의지에 따라 쉽게 결과를 도출할 수 있다. 대표적인 양자 간 규제의 예로는 1946년 영국과 미국 사이에 체결된 버뮤다협정(Bermuda Agreement)이 있다. 이 협정은 오늘날까지 양자협정 또는 쌍무협정의 기본모델로 이용되고 있으며, 국제항공운송체제가 지속적인 발전을 유지하는 데 규제적 토대를 마련한 것으로 평가받고 있다.

② 다자간 규제(multilateral regulation)

국제기구, 다자간 조약 또는 별도의 특별한 활동범위 내에서 3개 이상의 주권국가에 의해 수행되는 규제를 말한다. 국제항공에 있어 다자간 규제체제를 최초로 정착시킨 것은 1919년 체결된 파리협약이며, 1926년 항행에 대한 규제를 다룬 하바나협약(Havana Convention),

1944년 시카고회의에서 체결된 국제민간항공협약 등이 대표적이다. 오늘날에는 국제적인 경제활동의 글로벌화와 자유화 추세, 항공운송의 문제를 다룬 서비스교역에 관한 일반협정(GATS : General Agreement on Trade in Services) 등의 정착 등으로 인해 국제항공의 규제체제를 다자간방식으로 전환해야 한다는 인식이 늘고 있다.

(2) 다자간 협정과 국제협약

① 다자간 협정

다자간 규제체제는 다자간 협정을 통해 이루어진다. 그리고 다자간 협정은 조약(treaty)의 형식으로 그 내용이 명시된다. 조약이란 형식에 관계없이 문서의 형태로 국제법의 규율을 받는 국가 간에 체결된 국제 합의를 말하며, 종종 결의(act), 합의서(agreement), 헌장(charter), 협약(convention), 계약(covenant), 선언(declaration), 의정서(protocol) 등으로 불린다. 그러나 통상 국제항공에서 국제협약이란 3개국 이상의 주권국가가 서명한 조약을 말한다.

② 국제항공협약

오늘날 국제항공에 있어 가장 기본이 되는 항공협약은 1944년 체결된 일명 시카고협약으로 불리는 국제민간항공협약과 이와 함께 서명된 국제항공서비스통과협정(International Air Services Transit Agreement), 국제항공운송협정(International Air Transport Agreement) 등이 대표적이다. 그리고 국제항공의 특정한 활동을 규제하기 위한 다자간 협정이 지역별로 체결되어 발효되고 있다. 한편 항공운송인의 책임과 손해배상 등의 문제는 항상 국제협약의 관심사항이 되고 있다. 이와 같은 내용을 다룬 관련 협약들은 1929년 바르샤바협약(Warsaw Convention)의 체결을 모태로 하여 오늘날까지 지속적으로 체결되어 오고 있다.

2) 항공운송인의 책임과 국제협약

(1) 바르샤바체제

바르샤바협약은 오늘날 국제항공운송인의 책임에 관한 대헌장으로 인식되고 있다. 바르샤바협약은 세계 항공산업의 발달에 따라 수차례의 개정이 이루어졌다. 헤이그의정서, 과달라하라협약(1961), 과테말라의정서(1971), 몬트리올 제1, 2, 3, 4의정서(1975), 몬트리올협정(1966) 등이 여기에 해당하며, 이들을 통틀어 바르샤바체제(Warsaw system)라고 한다.

바르샤바체제는 20세기 초 항공산업의 태동기에 항공기 사고에 따른 항공운송인의 손해배상책임을 제한함으로써 항공산업을 육성·보호하기 위한 시대적 배경에서 출발하였다. 그러나 사고의 감소와 보험시장의 발달 등으로 특히 보상기준으로 정한 책임한도액은 각국의 국내법과 보험업계 등으로부터 지속적인 도전을 받고 있다.

바르샤바체제에서는 사고보상에 대해 계약법의 입장에 기초하여 과실추정주의와 유한책임원칙을 원칙으로 하고 있다. 과실추정주의는 운송 중에 발생하는 모든 사고에 대하여 일단 운송인에게 과실이 있는 것으로 추정한다는 의미이다. 따라서 항공사가 책임을 면제받기 위해서는 스스로 무과실임을 입증하여야 한다. 유한책임원칙은 배상의 한도액이 설정되어 있으며, 그 액수는 항공사고의 감소, 생활수준 및 물가상승 등의 요인으로 인해 계속 상향 조정되고 있고, 바르샤바협약을 개정하는 일련의 협약들은 이러한 배상한도를 조정하는 것을 주된 목적으로 하고 있다.

바르샤바협약은 1925년 프랑스가 제1회 국제항공법회의(International Conference on Air Law)에 제출한 원안을 기초로 하고 있다. 바르샤바협약에서는 처음으로 운송인의 책임제도를 확립하였다.

협약에 따르면 운송인은 여객운송에서 항공기 내 또는 탑승과 하기를 위한 작업 중에 발생하는 여객의 사망, 부상 또는 기타 신체상의 상해에 대하여 그 손해를 배상할 책임을 지고(제17조), 화물운송에서는 운송 중 발생하는 수하물 또는 화물의 파손(destruction), 분실(loss) 및 훼손(damage)에 대해서는 그 손해를 배상하여야 하며(제18조), 여객 · 수하물 · 화물의 지연(delay)으로부터 발생하는 손해에 대해서도 책임을 져야 한다. 여객의 사상 및 지연 시 125,000프랑, 위탁수하물 손실 및 지연 시 1kg당 250프랑, 휴대수하물 손실 및 지연 시 여객 1인당 5,000프랑, 그리고 화물의 손실 및 지연 시에는 1kg당 250프랑을 배상한도로 정하였다.

바르샤바체제의 대표적인 국제협약들은 다음과 같다.

① 헤이그의정서(Hague Protocol)

제2차 세계대전 후 항공운송의 비약적인 발전과 1950년대 화폐가치의 지속적인 하락으로 바르샤바협약의 책임한도액이 비현실적이라는 주장이 제기됨에 따라 이를 전면적으로 개정하였다. 1955년 헤이그에서 개최된 국제항공사법회의에서 개정된 내용을 의정서로 채택하였다. 헤이그의정서에서는 시대의 조류에 맞지 않는 운송증권조항을 수정하였고, 배상이 적용되는 기준 가운데, 운송인의 '의도적인 위법행위(wilful misconduct)'의 개념을 명확히 하였으며, 배상책임한도액을 원협약(바르샤바협약)보다 100% 인상하여 여객의 경우 250,000푸앵카레프랑으로 조정하였다.

② 과달라하라협약(Guadalajara Convention)

1961년 체결된 이 협약에서는 여객 및 화주와 계약을 체결한 계약운송인(contracting carrier)과 실제운송인(actual carrier)에 대한 운송책임을 명문화하였다. 운송인의 범주에는 여러 구간에 걸쳐 다수의 항공사가 있을 경우에 최초의 계약운송인뿐 아니라 후속운송인(successive carrier)을 포함하였으며, 계약운송인에게 부여하는 바르샤바체제의 권리와 의무를 실제운송인에게도 동일하게 부여하였다.

③ 과테말라의정서(Guatemala City Protocol)

1955년 개정된 바르샤바협약을 개정한 의정서로서 아직 발효되고 있지 않다. 여객의 사상에 대한 운송인의 절대책임, 배상한도액의 자동수정, 화해촉진조항, 국내적 보호조치 및 재판관할권의 확대 등 현행의 바르샤바체제를 근본적으로 개정하고 있다. 이 의정서는 세계 최대 항공운송국인 미국이 가입하지 않는 한 실효성이 없다는 판단 아래 미국의 가입을 전제로 한 발효규정을 두고 있다.

여객의 사상 시 배상한도액을 1,500,000프랑으로 크게 인상하고, 여객운송의 지연에 대한 배상한도액은 62,5000프랑으로 명시하였다. 그 후 1975년 본 의정서의 문제점을 보완한 추가의정서(Additional Protocol 1, 2, 3, 4)가 마련되었다. 추가의정서 1, 2, 3은 배상금액의 표시화폐를 국제통화기금(IMF)의 특별인출권(SDR : Special Drawing Rights)으로 변경하는 내용이며, 추가의정서 4는 헤이그의정서에서 다루지 않았던 우편물에 대해 운송인과 우편당국 간에 적용되는 규칙에 따라서만 배상하도록 규정하였다.

④ 몬트리올협정(Montreal Agreement)

1966년 체결된 몬트리올협정은 항공사 간의 책임에 관한 계약이다. 따라서 일반적인 국제협정은 아니다. 미국을 출발지와 목적지, 경유지로 하는 여객기를 운항하는 항공사 간의 손해배상에 대한 협약으로서, 체약항공사는 여객의 사망이나 부상의 경우, 법률비용을 포함하여 미화 75,000달러, 비용을 제외하고 미화 58,000달러의 책임한도를 규정하였다. 따라서 이 협정은 헤이그의정서로 개정된 바르샤바협약의 적용을 사실상 변경하는 효과를 가져왔다.

(2) 복합운송에 관한 유엔협약

① 복합운송협약의 배경

국제화물운송이 발달함에 따라 오늘날에는 컨테이너 등을 이용한 육운, 해운수단을 연계하는 복합운송이 크게 증가하였다. 따라서 화물의 복합운송에 대한 통일된 국제협약이 필요하게 되었으며, 유엔 교역 및 개발위원회(UNCTAD : UN Conference on Trade and Development)의 주도적인 참여로 1980년 몬트리올에서 협약이 체결되었다. 협약에 따르면 국제복합운송(international multimodal transport)이란 한 국가의 복합운송계약에 근거하여 두 가지 이상의 타 운송수단에 의해 다른 국가를 목적지로 하여 화물을 운송하는 것이다.

② 복합운송협약의 적용

유엔협약에서 명시한 국제복합운송의 정의는 운송인의 책임범위를 정하는 데 있어 항공법에 관한 바르샤바체제와 종종 혼선을 야기하기도 한다. 왜냐하면 항공운송이 복합운송계약 가운데 운송수단의 하나로 포함되는 경우, 이 복합운송은 복합운송에 관한 유엔협약뿐 아니라 1967년의 과달라하라협약에 의해서도 적용을 받을 수 있기 때문이다.

복합운송협약을 적용하는 데 발생하는 또 다른 문제점은 운송수단이 각기 달라 배상한도액과 이를 정하는 근거가 서로 다르다는 점이다. 협약 제19조에 따르면 복합운송을 위해 특정한 운송수단으로 운송되던 중 사고가 발생하는 경우 적용할 수 있는 국제협약이나 이에 준하는 국내법규가 복합운송협약의 배상한도보다 높은 상한을 규정하고 있는 경우에는 이러한 법의 높은 상한을 적용할 수 있다.

(3) 국제협약의 새로운 동향

① 일본의 책임한도제 폐지

일본은 1992년 항공사고의 손해배상에 대한 책임한도제를 폐지하였다. 특히 100,000SDR 이하의 손해에 대해서는 절대책임(absolute liability)을 항공운송인이 부담하도록 하고 있다. 이는 항공사가 스스로 과실이 아님을 증명하는 것을 사실상 불가능하게 하여 완전배상주의를 지향한 것이라고 할 수 있다. 일본의 책임한도제 폐지는 항공사의 결정에 의해 국제협약인 바르샤바체제를 변경할 수 있음을 보여준다.

② 유럽민간항공회의(ECAC)의 책임한도액 인상

유럽민간항공회의는 1992년 책임한도액을 500,000SDR로 인상하고, 3년마다 책임한도액을 조정하는 권고안을 발표하고 유사한 내용의 법안을 상정하였다.

③ 워싱턴협약(Washington Agreement)

국제항공운송협회(IATA)는 1995년 몬트리올협정(1966)을 대체하는 항공사 간 협정으로 워싱턴협정을 체결하였다. 이 협정에서는 항공사의 운송약관 및 운임개정을 통하여 바르샤바체제를 유지하되 무한책임제도를 채택하였고, 무과실항변권을 명시적으로 포기하지는 않고 과실책임원칙을 유지하였다. 이와 함께 합의된 여객배상책임에 대한 IATA

회원항공사 간의 협정 등에서는 기존의 몬트리올협정을 대체하도록 규정하였다.

(4) 몬트리올협약(Montreal Convention, 1999)

① 몬트리올협약의 의의

1999년 5월 28일 몬트리올에서는 그동안 지속적으로 제기되어 온 바르샤바체제에 대한 변화의 요구에 부응하여 121개국 체약국과 11개 국제항공운송 관련 기구 등이 ICAO 국제회의에 참석하여 항공운송책임에 대한 새로운 제도를 채택하는 데 합의하였다. 이는 바르샤바협약과 기타 의정서 등을 대체하여 여객들과 관련 있는 무한책임에 대한 단일협약이다. 몬트리올협약은 바르샤바체제의 개혁과 통일된 국제사법의 탄생이라는 점에 큰 의의가 있다.

② 손해배상한도

무한책임을 특징으로 하는 몬트리올협약은 여객의 사망이나 부상에 대한 배상을 다음과 같이 규정하고 있다. 첫째, 항공사의 과실에 관계없이 100,000SDR까지 항공사의 절대책임을 규정하였는데, 이는 미화 135,000달러에 해당한다. 둘째, 100,000SDR 초과 시 항공사의 과실추정주의에 근거하며 책임한도는 없도록 하였다. 그러나 운송인이 손해배상을 청구하는 자의 과실이나 불법행위 등이 사고의 원인임을 입증하였을 경우에는 책임의 일부 또는 전부가 면제된다.

3) 항공기 및 항공보안에 관한 국제협약

(1) 항공기협약

① 제네바협약(Geneva Convention, 1948)

항공기에 속하는 재산, 취득, 소유 등의 권리를 국제적으로 인정함으로써 항공기가 국경을 넘을 때 권리를 가진 운송인의 이해가 보호될 수 있도록 규정한 국제협약이다. 협약에 규정된 원칙의 수용은 항공사로 하여금 새로운 항공기 도입을 위해 필요한 자본의 조달을 용이하게 하는 효과를 가져왔다.

② 로마협약(Rome Convention, 1952)

비행 중인 외국항공기 또는 항공기로부터 이탈된 사람이나 물체에 의하여 발생되는 손해에 대하여 지상의 제3자가 보상을 청구할 권리를 부여한 국제협약이다. 이 협약은 항공사에 대한 무한책임원칙을 규정하고 있으나 배상액수에 대해서는 한도를 설정하고 있다. 1978년 체결된 몬트리올의정서로 이 협약이 수정되었다.

(2) 항공보안협약

① 도쿄협약(Tokyo Convention, 1963)

항공기의 등록국은 기내에서 행해진 범죄행위에 대해 관할권을 행사할 수 있는데, 이 협약의 목적은 모든 범죄행위는 발생한 장소를 불문하고 처벌할 수 있도록 하려는 데 있다. 항공기 기내에서 이루어지는 특정 행위는 항공기, 여객 그리고 재산상의 안전을 저해하거나 기내의 질서를 위협할 수 있으므로 기장(pilot in command)에게 이러한 행위의 발생을 방지하거나 관계된 탑승자의 하기를 명령할 수 있는 권한을 부여하였다. 기내에 있는 자에 의하여 비행 중인 항공기의 불법적 · 강압적인 탈취가 예상되거나 실제 발생하는 경우, 협약의 가입당사국은 항공기의 통제권을 법적 권한이 있는 기장에게 부여하거나 그의 통제권을 보호하기 위한 모든 적절한 조치를 취하도록 규정하고 있다.

② 헤이그협약(Hague Convention, 1970)

비행 중에 있는 항공기의 납치행위 및 통제권 행사에 대해 전 세계적인 관할권을 확립하고, 체약국이 이러한 행위에 대한 절차를 적용하도록 의무화한 협약이다. 이때 납치행위란 기내에서 혼란을 초래하는 무질서한 행위 등과 같이 공격, 협박 또는 항공기 내에서 질서와 승객의 안전을 위협하는 일체를 행위를 포괄적으로 지칭한다.

③ 몬트리올협약(Montreal Convention, 1971)

불법행위의 개념을 확대하여 서비스 중에 있는 항공기, 항행시설 및 민간항공 일반의 안전에 반하는 행위까지 포함하였다. 이때 '서비스 중(in-service)'이란 항공기가 사전 비행준비를 하는 단계에서 시작하여 이륙하여 착륙한 뒤 24시간까지의 기간이다. 이 협약은 당사국의 관할권, 범죄인 인도, 당사국의 의무와 권한 등 여러 가지 면에서 헤이그협약과 내용을 같이 하고 있다.

④ 몬트리올협약 추가의정서(Protocol Supplementary to the Montreal Convention, 1988)

몬트리올협약(1971)에서 명시한 처벌의 범위를 보다 확대하였다. 협약위반의 정의에 국제민간항공에 이용되는 공항에서 공항의 안전을 위협하거나 위협할 가능성이 있는 행위를 포함시키고, 체약국은 이러한 행위를 중형으로 처벌토록 하였다.

플라스틱 폭발물의 사용에 의한 불법행위의 방지를 목적으로 폭발물 표시방법 등에 관한 상세한 규정을 마련하였다. 이 협약은 국제테러리즘에 대처하여 체약국이 자국 영토에서 표시 없는 폭발물의 제조와 이동을 금지하도록 의무화하였으며, 현재 저장 중인 비표시 폭발물은 제거시켜야 한다는 규정을 두고 있다.

A·I·R·L·I·N·E·&·M·A·R·K·E·T·I·N·G

03 CHAPTER 항공로와 항공노선

항공을 이용한 물류 및 승객의 수송량의 규모에 있어서 우리나라가 세계시장에서 차지하는 외적인 규모는 세계 상위권에 속하는 항공 강대국이다. 더구나 지정학적인 위치에서도 우리나라는 서쪽으로 중국을 경유하여 중앙아시아 및 유럽의 여러 나라와 연결이 용이하고, 동쪽으로는 일본과 인접하고 미주지역과 맞닿을 수 있어 새로운 태평양 시대를 열어가는 데 중추적인 역할을 할 수 있는 입장에 있으며, 2001년 인천국제공항의 개항과 더불어 새로운 항공 중심국가로 부상하고 있다.

지구촌의 일일 생활권이 가능한 오늘날의 상황에서 이러한 증가는 이변이 없는 한 계속될 것으로 예상되며, 더구나 일반 항공기 및 국가 항공기들의 교통량도 증가하는 추세에 있어 민, 관, 군의 공역(airspace) 수요는 현재의 수준보다 훨씬 늘어날 것으로 예상된다. 또한 경제의 성장과 더불어 항공교통은 대중교통수단으로서 차지하는 비중이 높아 가고 있으며, 국가 항공산업 및 민간항공의 발전과 함께 항공교통의 수요는 나날이 증가하고 있는 추세이다.

이렇게 되기까지 항공교통의 힘은 절대적이라 할 수 있다. 지금까지 많은 발전과 성장을 이루었지만 앞으로 항공교통시장이 더 확장될 것만큼은 의심할 바 없다.

이러한 항공교통인 비행기를 타본 사람이라면 한 번쯤은 가져보았음직한 궁금증 중 하나는 드넓은 창공과 신호등 하나 없는 활주로에서 어떻게 전 세계의 비행기들이 사고 없이 조정 · 통제되는가 하는 것이다. 인천공항만 보더라도 하루 평균 620여 편의 운송기가 항행하고 하계특별수송과 연말특별수송, 특히 올림픽과 같은 특별수송기간에는 700여 편의 운송기가 한반도 하늘과 공항 내 활주로를 누비고 있는데 말이다. 항공운송로는 지상운송로의 고속도로처럼 일정한 길이 존재한다. 그리고 각 국가의 영공을 통과하므로 통과하는 국가의 허락이 필요하고 영공이용료라는 비용을 지불하게 된다. 이러한 항공로와 영공은 단순한 비행기의 길이라는 측면뿐만 아니라 미래 항공우주산업 개발 등의 측면에서 앞으로의 역할이 중요해질 것으로 보이며 국가의 소중한 자원이다.

따라서 비행정보구역을 더 이상 항공교통업무를 제공하는 영역으로만 다루는 것은 잘못된 것이라고 생각한다. 공역을 통하여 이루어지는 경제활동이 증가 추세에 있으며 그 중 대표적인 것이 항공로를 통한 항공운송활동이다. 따라서 공역, 즉 항공로의 효율적 운영은 곧 국가 경제의 발전에 커다란 영향을 미친다고 할 것이다.

1 항공로

1) 항공의 개념

항공을 목적에 따라 분류하면 군사행동을 목적으로 하는 군용항공, 정부 · 지방자치단체에 의한 구난경비 · 조사감시 등을 목적으로 하는 정부항공, 영리사업이나 자가용을 목적으로 하는 민간항공으로 크게 구별한다. 민간항공을 다시 분류하면, ① 여객 · 화물 · 우편 등을 정기 또는 부정기로 수송하는 국내와 국제항공수송, ② 항공기를 이용해서 조종훈련 · 약제살포 · 사진촬영 · 광고선전 등을 하여 사업을 영위하는 산업항공, ③ 레저 · 스포츠 등을 목적으로 하는 스포츠항공 등으로 나눌 수 있다.

또 항공에 사용하는 에너지면에서 보면 수소가스나 헬륨가스 등 공기보다 가벼운 물질을 이용해서 공중을 비행하는 비행선, 기류를 타고 항행하는 글라이더, 인공적인 동력에 의해 공중을 자유로이 비행하는 비행기가 있으며, 이 밖에 최근에는 로켓추력에 의한 항공도 개발되고 있다. 그러나 오늘날 항공의 주류는 비행기이며, 특히 제2차 세계대전 후 군용 · 민용을 막론하고 제트기관이 개발됨에 따라 종래의 피스톤기는 자취를 감추고, 고속성 · 안전성 · 경제성 · 쾌적성 등이 뛰어난 제트기가 주로 사용되고 있다.

2) 항공로의 개념

항공기가 통행하는 길을 항로, 공로 또는 항공로(airway)라 일컫는데 이는 일정하게 운항하는 항공기의 지정된 공중 통로이다. 즉 비행기도 일정한 길을 따라 통행한다. 항공로의 너비는 육상에서는 18km, 해상에서는 90km이며 높이는 지상 200m에서 무한 상공까지 연결된 공간이다. 항공로의 설정은 국제민간항공기구(ICAO)에서 정한 비행정보구역을 관할하는 나라가 행하며, 항공로지, 노탐(NOTAM : Notice To Airman)에 의해 고시된다.

항공로를 구성하는 항법시설로는 무지향성 무선표지시설(NDB), 초단파 전방향성 무선표식(VOR), 지상국 또는 이동국에서 비행 중인 항공기의 거리와 방향을 알려주는 항법원조시스템(TACAN), 거리측정전파장치(VOR/DME), 기타 VOR과 TAC(ANVORTAC) 등이 있으며, 특히 VOR을 이용하는 항로를 빅터 항로(victor airway)라고 한다. 항공로에는 코스상 필요한 지점에 위치 통보점이 설정되어 있어 이 지점을 통과하는 항공기는 항공교통 관제센터에 기본사항을 통고하도록 의무화하고 있다.

공항과 공항 사이에서는 눈에는 보이지 않지만 지상에서 발사하는 전파를 이용해 항공로가 통제되고 있다. 하루에도 수천 대의 항공기가 안전하게, 질서 정연하게 비행할 수 있는 것도 항공교통규칙 때문이다. 이 하늘길(airway)은 고도 2만 9천 피트 이하의 저고도 항공로와 그 이상의 높이에서 운항되는 고고도 항공로로 구분한다. 특히 고고도 항공로는 제트기만 비행할 수 있어서 '제트루트(Jet Route)'라고도 한다.

항공로에는 국제적으로 정해진 고유의 이름이 있는데, 국내선 항공로는 H(Hotel), J(Juliet), V(Victor), W(Whisky)에 1번부터 99번까지의 번호를 붙여서 국토교통부 장관이 항공로의 이름을 부여하도록 되어 있다. 국제선은 G(Green), R(Red), A(Amber), B(Blue), W(White)에 1번부터 99번까지의 번호를 붙여서 사용하는데, 이때 국제민간항공기구(ICAO)의 승인을 받아야 한다.

3) 항공로 구성 및 명칭 부여기준

(1) 항공로 구성

항공로는 대부분 항법시설(VOR 등)을 활용하여 구간별로 구성되어 있다. 우리나라는 25개의 국내외 항공로를 갖고 있으며, 국제항공로인 경우 인접국(일본, 중국 등)과 연결되어 있다.

(2) 항공로 명칭 부여기준

① 국제항공로 : A, B, G, R

지역 항공교통업무비행로(ATS route)망에 포함되는 비행로로서 지역항법비행로(RNAV route)가 아닌 것(예 : A586, G597, B576 등)을 말한다.

② 국제 RNAV 항공로 : L, M, N, P

지역 항공교통업무비행로(ATS route)망에 포함되는 지역항법비행로(RNAV route)(예 : L512)를 말한다.

③ 국내항공로 : H, J, V, W

지역 항공교통업무비행로(ATS route)망에 포함되지 않고 지역항법비행로(RNAV route)가 아닌 것(예 : V11, W61 등)을 말한다.

④ 국내 RNAV 항공로 : Q, T, Y, Z

지역 항공교통업무비행로(ATS route)망에 포함되지 않는 지역항법비행로(RNAV route)(예 : Y51, Y52 등)를 말한다.

(3) 항로를 만드는 방법

첫째, 지상의 무선시설에서 전파를 발사하여 비행기의 방향정보를 알려준다. 이 무선시설을 VOR이라고 하는데, 일정지역마다 설치되어 있고, 지나가는 비행기가 해당 VOR 시설의 무선주파수를 맞추면 어디로 가야 하는지가 비행기 계기에 선과 도형 같은 그림으로 나타난다. 이 VOR은 비행하면서 자기가 가는 목적지마다 군데군데 있어서 필요한 정보를 얻으면서 갈 수 있다.

둘째, INS라는 관성항법장비를 이용한다. 비행기 안에 자이로라는 팽이가 레이저로 또는 공기압으로 움직이는데, 팽이가 뱅글뱅글 돌면 이때 팽이가 도는 가속도를 컴퓨터로 측정 · 변환시켜 현재의 위치를 알 수 있다.

셋째, GPS 위성을 이용한다. GPS는 무인측정카메라를 피하는 게 아니라, 24시간 지구를 도는 GPS 위성(전 지구의 위치를 파악하는 위성)의 정보를 받아서 아주 적은 오차로 현재 내 위치의 위도와 경도를 알 수 있다.

2 항공노선

1) 전 세계 항로

그림 3-1 ○ 세계 항공노선의 분포도

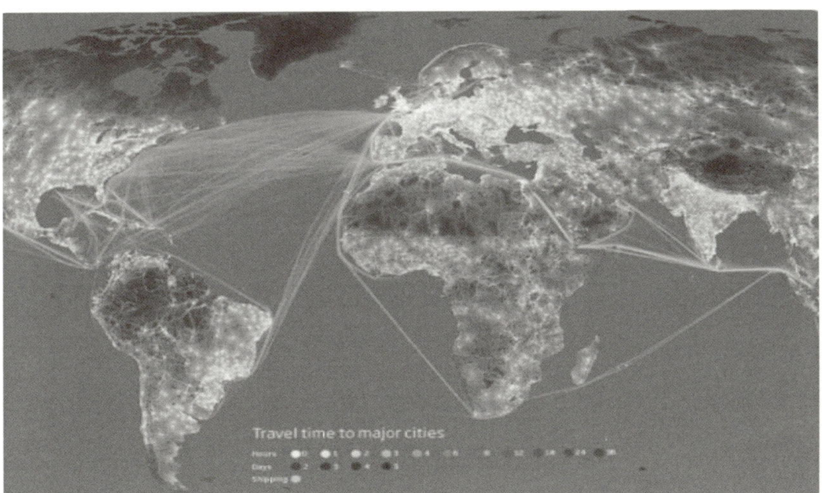

항공교통이 가장 활발한 노선이 미국-유럽을 연결하는 대서양노선임을 쉽게 알 수 있다. 그에 비하면 우리나라와 일본, 홍콩 등은 아직 항공교통이 그리 활발하지 않은 모습이다. 그리고 최근 급격히 성장하며 그 파워를 자랑하는 중국도 아직까지는 항공교통이 그리 활발하지 않은 상황을 보여준다. 하지만 아시아지역도 미국, 유럽과 함께 3대 항공교통시장임은 분명하다.

2) 우리나라의 항공로

한국 최초의 정기항공노선은 1929년 4월 일본 항공회사에서 우편물 수송을 위해 개항한 서울, 평양, 대구, 신의주와 도쿄를 잇는 노선이었고 8 · 15 해방 후 최초의 국제선은 1954년 서울, 타이베이, 홍콩을 연결한 노선이었다. 항공로는 국토교통부 장관이 항공기의 항행에 적합하다고 지정한 지구의 표면상에 표시한 공간의 길을 말하며, 우리나라 항공로는 국제항공로 12개, 국내항공로 13개 총 25개가 있다.

| 표 3-1 | 우리나라 항공로의 구분

구분	국제항공로(12개)	국내항공로(13개)
VORTAC 항로	A582, A586, A593, A595, B332, B467, B576, G203, G339, G585, G595	V11, V543, V547, V549, W45, W61, W62, W66
RNAV 항로	L512	Y51, Y52, Y53, Y63, Y64

3) 북극항로와 남극항로

(1) 북극항로(Polar route)

북극 상공 횡단항로는 1960년대부터 개발되어 왔다. 본격적 개발은 1990년대 냉전시대가 끝나고 나서다. 냉전시대에는 미국이나 러시아 모두 상대측이 북극을 경유해 공격할 것을 두려워했기 때문에 북극 경유 항공기운항이 제한되었다. 북극항로 개발에 있어 어려움은 러시아의 관제시스템이나 영어 커뮤니케이션의 문제였다. 이에 러시아-미국 간 관제업무 협의체인 RACGAT가 1993년 결성되었다. 1998년 러시아 정부는 북극 횡단항로 4개를 개방했다. 그 항로 이름은 각각 Polar 1, 2, 3, 4이다. 현재 우리나라 항공사들은 미국 동부지역(토론토 · 뉴욕 · 워싱턴 · 애틀랜타 · 시카고)에서 한국으로 돌아오는 루트에 한해 북극 항공로를 이용하고 있다. 그리고 최근의 폭발적인 고유가 시대에는 그 경제성을 더욱더 평가받고 있다.

- 기존 항공로(美 중 · 동부 → 앵커리지 → 캄차카 → 동해 → 인천) : 비행시간 14시간 9분, 비용 87,482달러(2006년기준)
- 북극항공로(美 중 · 동부 → 러시아 동북지역 → 블라디보스토크 → 동해 → 인천) : 비행시간 13시간 36분, 비용 85,485달러, 비행거리가 약 300km 줄어 비행시간 단축 33분

그림 3-2 ➲ 북극항로의 변화

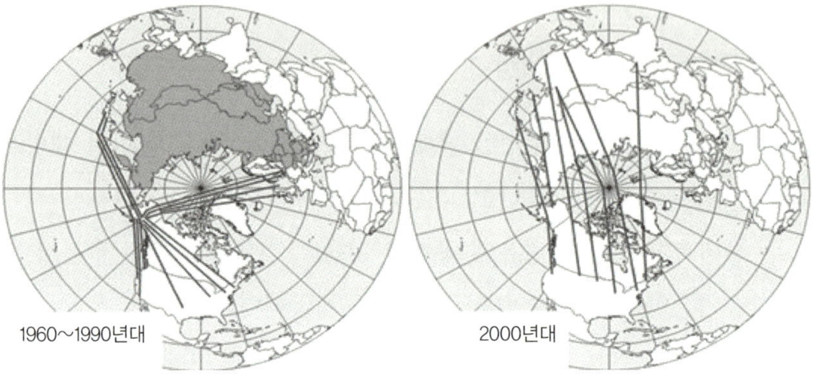

대신 북극항공로를 이용하려면 몇 가지 주의할 사항이 있다.

- 연료결빙이 우려되기 때문에 이에 대한 대책을 마련해야 한다.
- 태양흑점활동기간 동안 태양불꽃으로 인한 인체 · 항법 · 통신에 미치는 영향에 대비해 미국 국립대기연구센터의 흑점활동예보를 활용한다.
- 북극의 혹한 기상조건에서도 항공기 비상착륙 시 조종사가 항공기 점검, 외부연락 등을 할 수 있도록 방한복 등 특수장비를 탑재한다.
- 통신장애를 최소화하기 위하여 통신장비를 비치한다.
- 비상착륙 시 교체공항 · 승객의 구호계획을 수립 · 운영하고, 조종사 등에 대하여 이 지역의 운항에 관한 제반 운항절차 등을 교육훈련토록 한다.

(2) 남극항로(Antarctica route)

남극항로는 미개척지이다. 미국, 유럽, 동북아 등 세계 항공 수요의 상당수나 유수의 항공사가 주로 북반구에 몰려 있다. 유럽-미국노선, 유럽-아시아의 최단거리를 개발하기 위해서 북극항로는 지속적으로 개발되어 왔다. 반면 남미, 대양주, 아프리카는 항공 수요도 상대적으로 적다. 남미-대양주 간 노선에서 남극항로로 최단거리가 되는 노선이 별로 없다. 남아공-뉴질랜드의 경우는 남극으로 거리 단축이 가능하나 실제 양국 간 직항노선은 현재 없는 상태이다. 아르헨티나항공, 란칠레항공은 각각 부에노스아이레스와 산티아고와 뉴질랜드를 잇는 직항노선을 운영하고 있다. 콴타스는 시드니-부에노스아이레스노선을 운영 중이다. 이 노선들은 남극 방향으로 운영되는데 운항고도상 바람에 따라서 위도 55°까지 접근하기도 한다. 그러나 남극점 위를 통과하는 노선들은 아니다.

4) 대권항로와 제트기류

(1) 대권항로

항공기나 선박의 항로는 경제적인 이유로 가능한 연료소비와 운항시간을 최소로 하는 최단거리의 항로로 운항하게 되는데 우리가 주변에서 쉽게 볼 수 있는 메르카토르(Mercator) 도법으로 그려진 사각 평면벽 지도에서 두 지점 간을 직선으로 그은 거리가 최단거리로 착각하기 쉽다. 그러나 메르카토르 도법으로 그려진 지도에서 직선으로 그어 대권항로를 표시할 수 있는 구간은 북극이나 남극을 거치지 않고 두 지점이 같은 경도에 있는 경우, 또는 두 지점이 모두 적도에 있고 경도의 차이가 180°를 넘지 않는 경우로 제한된다. 실제로는 지구가 공 모양의 구체에 가깝기 때문에 지구상의 두 지점 간을 최단거리로 연결하기 위해서는 구체에서 두 점 간을 잇는 호(arc) 중에서 가장 짧은 호는 항상 대원에 포함되어 있어야 한다.

대원은 구체를 둘로 잘라 나누었을 경우 반구의 자른 면이 가장 큰 원을 말하며, 구의 반지름이 r이라면, 대원의 반지름 또한 r이 된다. 대원을 지리학에서는 대권이라고 한다. 따라서 지구상의 두 지점 간을 최단거리의 항로로 운항하기 위해서는 대권항로(great circle route)를 선택하여 항로로 이용하게 된다. 군사상의 관점에서 단시간에 장거리를 비행해야 하는 대륙 간 탄도 미사일의 경우 비행경로가 특히 중요하다. ICBM의 특성상 한정된 연료와 신속성 때문에 궤도는 지구중심을 초점으로 하는 타원궤도를 그리고 있어 대권항로가 비행경로로서 주목받는다. 구소련, 중국, 북한에서 미국 본토를 노리는 미사일은 대권항로로서 북극권 상공을 비행한다.

일반 항공기의 경우 반드시 대권항로를 이용하는 것은 아니고 지형, 바람, 해류, 항공관제, 연료보급 등의 문제로 대권항로를 이용할 수 없는 경우도 있다.

예를 들면, 도쿄와 LA 사이를 비행할 경우, 서쪽 방향으로 비행할 때는 알래스카 가까이의 대권항로를 이용하는 경우가 많지만, 동쪽 방향으로 비행할 때는 하와이제도 가까이의 항로가 자주 이용된다. 이것은

그림 3-3 ● 대권항로와 제트기류항로

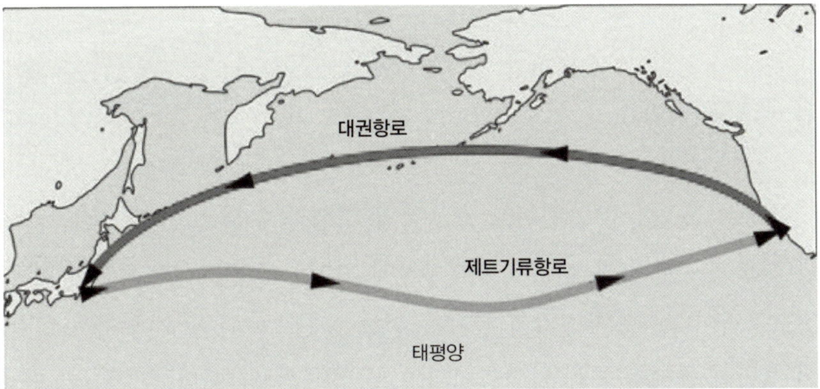

제트기류(편서풍)를 탈 수 있어 시간과 연료의 절감효과가 있기 때문이다.

(2) 제트기류가 중요한 이유

남반구와 북반구의 중위도지방(위도 30~60°)에는 편서풍이라고 해서 높은 고도에서 서쪽에서 동쪽으로 부는 바람이 있다. 우리나라 날씨를 예보할 때 늘 중국의 기상상태를 이야기하는 것도 그 때문이다.

항공기가 비행할 때도 중위도에서는 서쪽에서 동쪽으로 가는 것이 이 바람의 영향으로 더 쉽게 날아갈 수 있다. 반대로 동쪽에서 서쪽으로 비행하면 바람을 거슬러 비행하는 것이니 연료소모가 더 많고 속도도 빠르지 않다. 따라서 항로를 결정할 때는 가급적 이 편서풍을 타고 비행할 수 있도록 잡는다.

3 공역과 영공의 중요성

1) 공역의 정의

공역은 항공기의 안전하고 효율적인 비행과 수색 또는 구조에 필요한 정보제공을 위해 영공과 공해상공에 지정 · 고시된 구역으로서 비행정보구역이다. 즉 항공기의 활동을 위한 공간으로서 필요에 따라 항행에 적합한 통제를 통해 안전조치가 이루어지는 공간이다.

2) 공역의 등급화

인천 비행정보구역을 A, B, C, D, E, G등급 공역으로 세분화하였다. 그리고 각 공역 등급별로 비행방식과 항공관제업무 제공범위 등을 지정 · 고시했다. 즉 각 등급에 따라 항공기는 비행방식과 항공관제업무가 통제된다. 항공기는 각 공역의 등급을 이해하고 그에 따라서 운행해야 한다.

표 3-2 공역의 등급별 분류

구분		내용
관제공역	A등급 공역	모든 항공기가 계기비행을 해야 하는 공역
	B등급 공역	계기비행 및 시계비행을 하는 항공기가 비행 가능하고, 모든 항공기에 분리를 포함한 항공교통관제업무가 제공되는 공역
	C등급 공역	모든 항공기에 항공교통관제업무가 제공되나, 시계비행을 하는 항공기 간에는 비행정보업무만 제공되는 공역
	D등급 공역	모든 항공기에 항공교통관제업무가 제공되나, 계기비행을 하는 항공기와 시계비행을 하는 항공기 및 시계비행을 하는 항공기 간에는 비행정보업무만 제공되는 공역
	E등급 공역	계기비행을 하는 항공기에 항공교통관제업무가 제공되고, 시계비행을 하는 항공기에 비행정보업무가 제공되는 공역
비관제공역	F등급 공역	계기비행을 하는 항공기에 비행정보업무와 항공교통조언업무가 제공되고, 시계비행을 하는 항공기에 비행정보업무가 제공되는 공역
	G등급 공역	모든 항공기에 비행정보업무만 제공되는 공역

3) 영공의 중요성

북한 영공을 통과하는 노선은 대략 북태평양 위쪽을 비행해 날아가는 미주노선이 대부분이다. 그 중에서도 미국 서부로 날아가는 비행편이 대부분 이 항로를 이용하는데, 이 항로를 캄차카항로라고 부른다. 우리가 잘 알고 있는 북극항로(Polar route)는 주로 미국 동부 쪽으로 날아가는 항공편이 이용하는 항로다. 북극항로를 개발해 이용할 수 있게 되면서는 미국 동부로 비행하는 항공편은 이 북극항로를 이용하고 있어 비행시간 단축과 함께 비용절감에도 도움이 되었다.

그러나 북한이 영공 이용을 금지시키면서 운항시간이 미주노선은 30분, 러시아노선은 1시간 정도 비행시간이 더 늘어났고, 또 편서풍과 마주하고 운항하다 보니 제트기류의 저항을 더 받아 편당 400만 원 정도 연료비가 추가로 들어간다고 한다. 따라서 우리 국적항공사만 추가부담해야 하는 연료비만 연간 390억 원에 달하는 것으로 추산된다고 한다. 이 밖에도 유 · 무형의 산술적 비용(승무원들의 추가근무수당, 항공기 감가상각, 비행 스케줄 변경으로 인한 보이지 않는 비용 등)이 대한항공의 경우 하루 4,000만 원가량 된다고 한다.

항공사들은 앞으로 당분간은 비행시간이 약 1시간가량이나 더 긴 북태평양항로(NOPAC)를 이용하게 될 것으로 보인다.

그림 3-4 ○ 캄차카항로

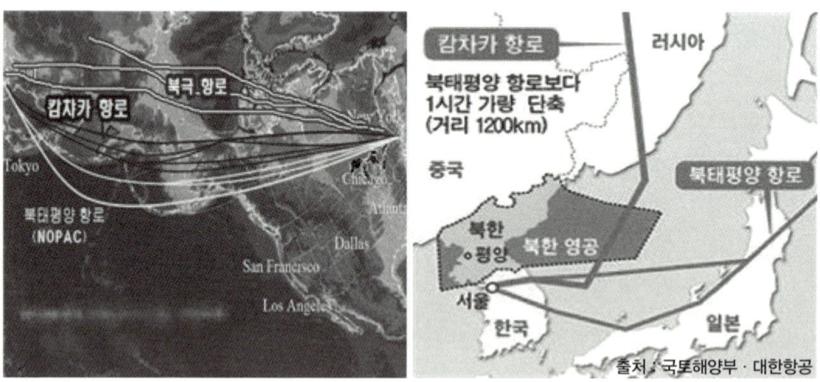

4 하늘의 자유

국가 영공주권의 원칙에 의하여 국가 간 비행이나 항공운송은 사전에 상호 합의되거나 허가되지 않고서는 금지하는 것이 기본이다. 따라서 국가 간 어느 정도까지의 비행이나 운송의 자유를 허용하는가가 문제되는데, 이는 하늘의 자유(freedom of the air)개념을 중심으로 논의가 전개되어 왔다.

1) 제1의 자유(first freedom of the air, first freedom right)

일명 영공통과의 권리(overflight right)라고도 하며, 국가가 외국항공기에게 정기적으로 또는 부정기적으로 자국에 착륙하지 않고 자국의 영공을 통과 비행하도록 허용한 권리 또는 특권이다.

그림 3-5 ○ 제1의 자유

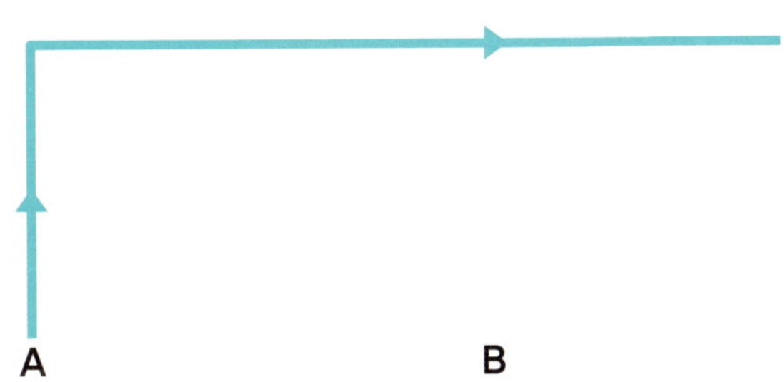

2) 제2의 자유(second freedom of the air, second freedom right)

일명 기술착륙의 권리(technical stop right)라고도 하며, 국가가 외국에게 정기적 또는 부정기적으로 비운송목적(non-traffic purposes)으로 자국의 영역 내에 착륙하도록 허용한 권리 또는 특권이다. 여기서 비운송목적이라고 함은 급유나 예기치 못한 필수적인 수리 또는 비상시에 착륙하는 것을 의미한다.

그림 3-6 ○ 제2의 자유

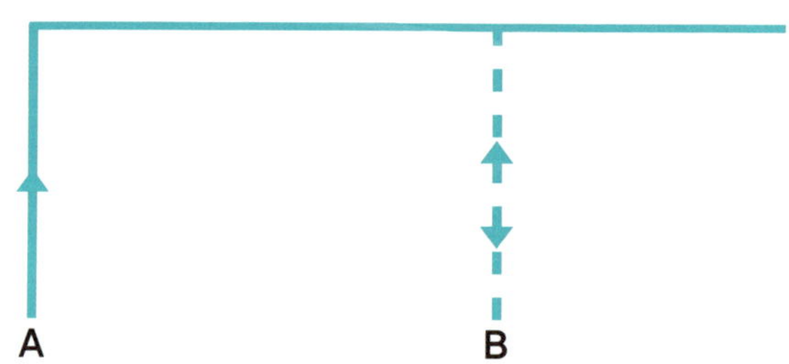

3) 제3의 자유(third freedom of the air, third freedom right)

정기국제항공서비스와 관련 일방국의 항공기가 일방국의 영역 내에서 여객, 화물, 우편물을 싣고 상대국의 영역 내에 내리도록 상대국이 일방국에게 허용하는 권리 또는 특권이다.

그림 3-7 ⭘ 제3의 자유

4) 제4의 자유(fourth freedom of the air, fourth freedom right)

정기국제항공서비스와 관련 상대국의 항공기가 여객, 화물, 우편물을 상대국의 영역 내에서 싣고 일방국의 영역 내에서 내리도록 일방국이 상대국에게 허용하는 권리 또는 특권이다.

그림 3-8 ⭘ 제4의 자유

5) 제5의 자유(fifth freedom of the air, fifth freedom right)

정기국제항공서비스와 관련 제3국으로부터 오거나 향하는 여객, 화물, 우편물을 일국의 영역 내에서 내리고 싣도록 허용하는 권리 또는 특권이다. 중간지점 제5의 자유(fifth freedom of the air at intermediate points)는 항공협정 당사국(A : 출발지 국가, C : 도착지 국가) 사이에 제3국(B)이 위치할 경우 제3국과 도착지 국가 사이의 운송권리를 뜻한다. 이 경우 출발지 국가의 관점에서 C와 B 사이의 운송권이 제5의 자유에 해당하나 실제로 A, B, C 3개국 모두가 A-B, B-C, C-A 간 항공협정을 체결하여 그러한 권리를 상호 허용하여야 한다. 이원지점 제5의 자유(fifth freedom of the air at beyond points)는 항공운송이 도착지 국가(B)를 넘어 제3국(C)에 있는 경우 출발지 국가(A)의 관점에서 B와 C 사이의 운송권리이며 역시 A, B, C 3개국 모두가 상호 간에 항공협정을 체결하고 그러한 권리를 허용하여야 한다.

그림 3-9 ⊙ 제5의 자유

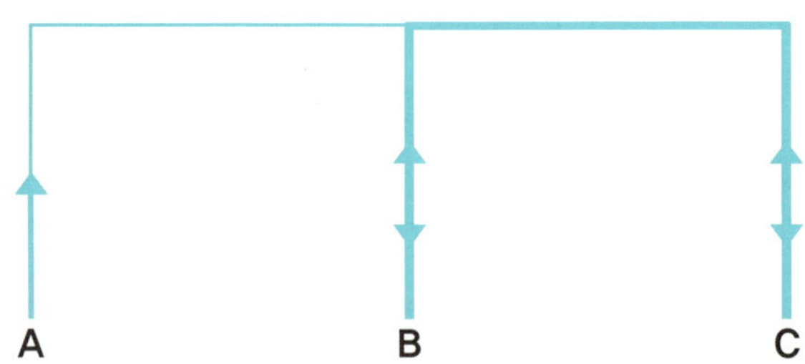

6) 제6의 자유(sixth freedom of the air, sixth freedom right)

이른바 제6의 자유는 정기국제항공서비스와 관련 항공사의 소속국 영역을 경유하여 두 개의 다른 국가 간을 이동하는 여객, 화물, 우편물을 운송하는 권리 또는 특권이다. [그림 3-10]에서 항공협정의 당사국은 A와 B이나 A국의 항공사가 C국에서 A국으로 경유하여 B국까지 운송하는 자유를 의미한다. 제1~5의 자유가 항공협정에 포함되는 것과는 달리, 제6의 자유는 협정에 포함되지 않고 항공사의 영업과 관련 사실상 행하는 개념으로 이해되고 있다.

그림 3-10 ◐ 제6의 자유

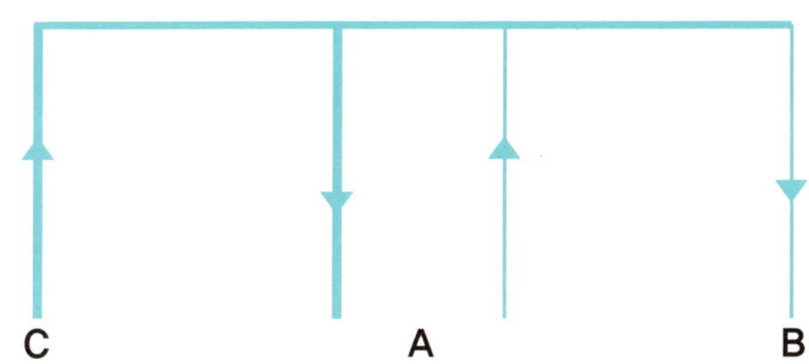

7) 제7의 자유(seventh freedom of the air, seventh freedom right)

이른바 제7의 자유는 정기국제항공서비스와 관련 허용국가의 영역과

제3국 사이의 여객, 화물, 우편물을 상대국가의 영역 내 지점에 포함할 의무가 없이 운송하도록 일국이 상대국에게 허용하는 권리 또는 특권으로, 서비스가 항공사의 소속국과 연결되거나 다른 서비스의 연장일 필요가 없다.

그림 3-11 ○ 제7의 자유

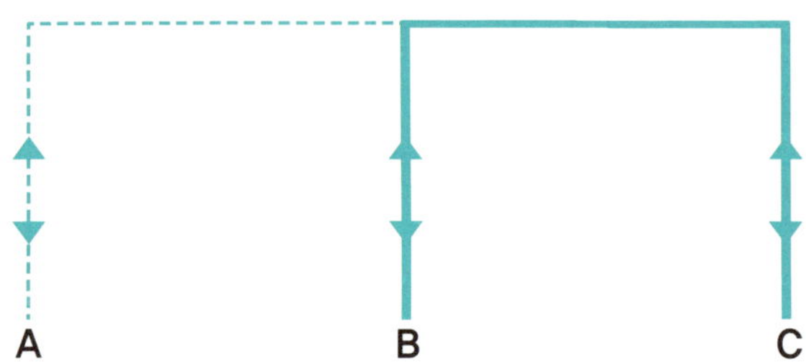

8) 제8의 자유(eighth freedom of the air, eighth freedom right, cabotage right)

이른바 제8의 자유는 정기국제항공서비스와 관련 외국항공사의 소속국 영역 내에서 또는 이른바 제7의 자유와 관련 허용국가의 영역 밖에서 출발하거나 종료하는 서비스의 경우 허용국가의 영역 내 두 지점 사이의 카보타주를 운송하는 권리 또는 특권으로 연결카보타주(consecutive cabotage)로도 알려져 있다. 항공운송에서 카보타주(cabotage)란 각각 외국선사에 의한 연안운송의 금지를 뜻하는 해운용어에서 유래한 것이며, 국내운송의 금지를 의미한다.

그림 3-12 ⭘ 제8의 자유

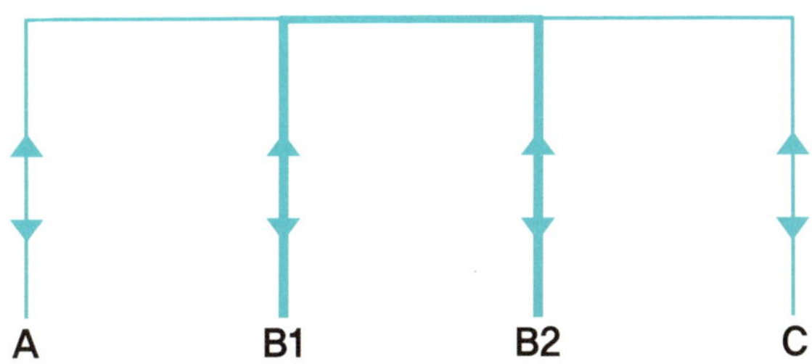

9) 제9의 자유(ninth freedom of the air, ninth freedom right, 'stand alone' cabotage)

이른바 제9의 자유는 전적으로 허용국가의 영역 내에서만 제공되는 서비스에서 허용국가의 카보타주를 운송하는 권리 또는 특권으로 독립 카보타주(stand alone cabotage)로도 알려져 있다.

그림 3-13 ⭘ 제9의 자유

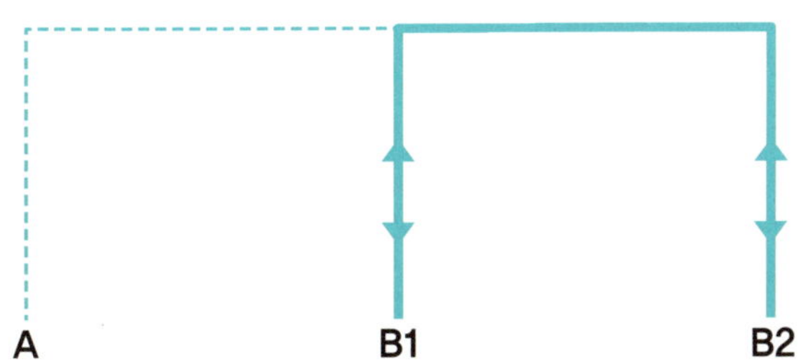

PART 2

Airline Service Management

A·I·R·L·I·N·E·&·M·A·R·K·E·T·I·N·G

CHAPTER 04 항공사 인적자원관리

1 항공사 종사자

1) 항공사 종사자의 개념

항공사 종사자는 항공에서 원하는 기능사 자격증을 취득하여 항공업무에 종사하는 사람을 말한다. 항공사 종사자의 종류는 대표적으로 승무원이 있고, 항공관제사, 항법사, 항공기관사, 항공통신사, 조종사, 부조종사, 교통항공관제사, 항공정비사, 운항관리사, 자가용 조종사, 사업용 조종사, 운송용 조종사, 항공교통관제사, 항공공장정비사, 경량항공기 조종사, 항공기관사, 시험비행조종사 등이 있다.

종사원은 모든 조직에서 한결같이 중요하지만, 항공사에서는 더욱 중요한 위치를 가진다. 항공사가 고객에게 제공하는 정서적 및 기능적인 서비스의 품질 대부분은 항공사와 종사원과 불가분의 관계에 있기 때문이다.

더욱 구체적으로는 예약 · 발권요원과 운송요원 그리고 객실승무원으로 대표되는 종사원은 항공운송서비스의 생산과 배달에 직접 참여할 뿐 아니라 그들과 접촉하는 고객은 그들의 태도와 행동으로부터 서비스의 질을 지각하고 평가한다. 또한 패키지화된 운송서비스의 품질관리요소에 포함된 정중한 환대정신, 문제해결, 그리고 고객에 대한 반응 등도 그들에 의해서만 제공 또는 처리가 가능하다. 그런 점에서 항공사의 서비스 질과 종사원의 관계는 직접적이므로 종사원은 항공사 운송서비스의 핵심이 된다.

2) 항공사 종사자의 직무

(1) 항공승무원

항공승무원(flight attendant)은 여객기에서 승객들에게 안내 및 기내식 제공을 하는 승무원이다. 캐빈 크루(cabin crew)라고도 한다. 성별에 따라 스튜어디스(stewardess), 스튜어드(steward)라고도 부르지만, 영미권에서는 성차별적인 용어라 하여 더 이상 쓰이지 않는다.

세계 최초의 항공승무원은 1930년 5월 8명의 간호사들이 샌프란시스코와 시카고를 운항하는 미국의 보잉에어트랜스포트사의 여객기에서 근무한 것이다. 당시 여객기는 성능이 낮아 운항할 때 흔들림 등이 잦았으므로 상당수 승객들이 운항 중 멀미를 하여 이들에 대한 간호를 하기 위해 간호사들이 탑승하였던 것이다.

① 평상시의 직무

가. 여객기가 이륙하기 전의 직무

- 기내시설의 이상 여부 점검
- 비행 중 필요한 기내용품의 수량 및 탑재 여부 확인
- 기내의 청결상태 확인

나. 여객기가 활주로로 이동할 때의 직무

- 안전띠, 구명복, 산소마스크, 비상탈출구의 사용법 등에 대한 시범(국내선)
- 승객의 안전띠 착용 여부, 기내의 이동물질의 고정, 금연 여부 등을 확인

다. 여객기가 이륙한 후의 직무

- 승객에게 헤드폰을 제공하며 영화나 음악을 선정할 수 있도록 사용법을 설명(국제선)
- 승객의 입국신고서와 세관신고서 등의 작성법을 설명(국제선)
- 승객에게 기내식을 제공(국제선)
- 승객에게 기내면세품을 판매(국제선)
- 환자나 도움이 필요한 승객을 보살핌

라. 여객기가 도착하는 공항에 도착하기 직전의 직무

- 착륙을 안내하는 기내방송
- 기내 최종점검을 실시
- 기내의 이동물질을 고정
- 승객의 안전띠 착용 여부를 확인

마. 여객기가 착륙할 때의 직무

- 승객들이 내리는 것을 도와줌
- 객실상태나 승객의 분실물 등을 점검
- 운항 관련 보고서를 작성

② 비상시의 직무

- 승객들을 안심시키며 필요한 조취를 취함
- 승객들을 신속하고 안전하게 탈출시킴

(2) 조종사

조종사(pilot)는 항공법, 운항규정, 관제법에 따라 각종 항공기를 조정하는 사람으로 주요 업무로는 운항관계 서류 검토, 승객수, 탑

재화물의 종류, 적재중량 등의 확인이 있다. 조종실 내 각종 계기의 작동상태, 동체, 방향타, 안테나, 랜딩기어 등의 정비상태, 연료 및 윤활유의 양을 점검·확인하며 비행 중 예상되는 모든 사항에 대하여 탑승 승무원들에게 브리핑한다. 관제탑과 항로, 기상상태, 항공기의 상태, 고도, 속도 등에 관한 정보를 주고받고 항공일지를 기록한다. 조종사는 운송용 조종사·사업용 조종사·자가용 조종사 등으로 구분된다. 부조종사도 같이 비행에 임하지만 조종사로서의 항공기에 대한 권한은 없다. 하지만 위급 시 조종사를 대신할 수 있다.

(3) 항공교통관제사

항공교통관제사는 항공기의 안전한 이·착륙을 돕기 위하여 비행기조종사에게 기상, 풍속 등의 정보를 제공하고 항공교통을 지휘한다. 관제탑에서 항공기의 이륙 및 착륙신고서를 확인하고 활주로 및 공항 주변의 기상상태를 점검한다. 이륙 및 착륙하고자 하는 항공기 조종사와 항공기의 목적지, 항공기의 상태, 연료의 잔유량 등에 대해 교신한다. 해당 항공기의 이·착륙 활주로, 예정시간, 순서 등을 배정하여 유도하고 이·착륙을 허가한다. 접근관제소에서 운항 중인 항공기의 위치와 고도 등을 확인하고 항로의 상태를 파악하여 고도의 상승 및 강하수준을 지시한다. 비상상황 발생 시 관련 기관에 연락을 취하고 비상착륙방법 및 비상활주로에 대해 안내한다.

(4) 항공기 정비사

항공일정 및 운항시간 등을 확인한다. 주기장에서 비행 전후의 항공기를 대상으로 검사장비를 이용하거나 육안으로 기체부분의 변형 및 파손, 부식상태 등을 점검한다. 점검 카드목록에 따라 전기, 보기 계통을 점검하고, 항공기에 장착되어 있는 기관의 작동상태를 정비한다. 오일 및 공압류의 유출 등 이상이 없는지 확인하고 이상 발견 시 원인을 찾고 수리한다. 부품을 점검하고 교환주기를 확인하여 사용수명이 완료된 부품을 교체한다. 신종 항공기 기술정보, 안전운항규정 등의 교육을 이수한다.

2 항공사와 내부마케팅

1) 항공사의 내부마케팅

항공사의 종사원은 고객과 접촉해서 운송서비스의 한 부분을 창출하고 그것을 판매하는 자이므로 항공사의 모든 종사원은 마케터(marketer)이다. 즉 항공사에는 전문적으로 판매 분야에 종사하는 판매원(salesman)이 있지만, 종사원도 고객과 직접 관계를 맺고 항공사의 평판과 이미지 창출에 관여하며 판매증대에 직 · 간접적으로 기여한다.

항공사는 다양한 단계에서 여러 종사원이 고객 한 사람 사람과 대면 관계를 유지하면서 운송서비스를 생산하는데, 이때 항공사의 고객은 여객인 사외고객과 항공사 종사원인 종사원으로 나누어진다.

이 관계에서 종사원은 항공사를 대신해서 사외고객에게 서비스를 판매한다. 그러나 이때 만약 종사원이 자사의 마케팅전략과 세일즈 포인트를 잘 파악하고 있지 못하거나 마케팅관리자가 의도하는 방향에 부합하지 못하면 만족스러운 서비스를 고객에게 제공하기 어렵다.

오늘날 항공사 마케팅의 초점은 여행객을 만족시키는 데 있는 만큼 마케팅관리자가 아무리 여행객지향적인 전략을 수립해 놓았더라도 종사원이 이에 협조적인 태도로 움직여 주지 않으면 그 전략은 실효를 거두기 어렵다. 따라서 항공사의 마케팅관리자는 어떻게 해서든 종사원이 철저한 고객지향적인 사고를 갖도록 교육시키고 관리해야 하는데 그 유효한 방법 중의 하나가 내부마케팅(internal marketing)을 전개하는 것이다.

내부마케팅은 서비스기업의 경쟁적 우위 확보를 위한 전략으로서 고객에게 지속적으로 높은 서비스 품질을 제공하는 데 발생하는 문제해결을 위하여 베리(Berry, 1976)에 의해 처음으로 제시된 개념이다. 즉 인적 서비스에 대한 중요성이 부각되면서 외부마케팅의 개념을 기업내부에 적용하는 것인데, 내부마케팅은 종업원을 내부고객으로 간주하고 직무를 내부상품으로 간주하여 더 많은 성과를 창출할 수 있는 업무

환경을 제공함으로써 종사원들을 만족시키는 마케팅활동과 기법의 집합이라고 정의할 수 있다.

항공사 간 경쟁이 심화되고 있는 시점에서 내부마케팅은 종사원을 내부고객으로 보고 외부고객의 만족을 위해 종사원의 동기를 부여하여 그들이 담당하는 직무에 대한 만족을 추구하는 활동이며 종업원의 욕구와 개성에 맞는 직무를 제공, 계획, 실행하는 마케팅활동이라 할 수 있다.

서비스업은 전반적으로 고객과의 접점에서 직접 서비스를 수행해야 하므로 서비스 제공 인력에 대한 효율적 운영이 중요한 경영의 요소로 인식되고 있으며, 조직 전반에 공유된 풍토와 분위기는 종사원의 태도와 행동에 영향을 미치는 것으로 논의되어 왔다. 높은 업무강도와 감정노동이 심한 항공종사원의 경우 내부적으로 업무환경 개선에 경영층의 노력이 이루어진다고 해도 직무특성상 감정소진의 위험이 매우 크므로 내부마케팅요인이 직무소진에 미치는 영향을 알아보고 소진과 직무몰입, 소진과 브랜드 애착과의 영향관계를 고찰해 보는 것도 의미가 있을 것이라 생각된다.

2) 항공사 내부마케팅전략

(1) 교육과 훈련

훌륭한 항공사의 종사원이란 저절로 육성되는 것이 아니라 일상업무의 수행과정에서 새롭고 능률적이며 고객에게 봉사하려는 노력을 통해 다듬어지고 만들어진다. 그러나 실제 항공사의 종사원은 자사의 경영 전략이나 항공사의 경영에서 자신이 얼마나 중요한 위치에 있는가를 이해하지 못할 때가 많다.

이렇게 되면 종사원은 자사와 고객에 대해 무관심해지고 그에 따라 고객만족과 자신의 만족을 추구할 수 없다. 그러므로 항공사는 조직 재활성화를 추구하고 조직성격을 고객중심으로 전환시키는 데 유효한 방법인 교육훈련프로그램의 실행에 철저해야 한다.

이 교육훈련프로그램에서는 특히 다음과 같은 내용이 강조되어야 한다.

첫째, 타 부서와 종사원 그리고 고객과의 관계에서 자신의 역할이 무엇인가를 인식한다.

둘째, 서비스전략과 고객지향적인 성과에 대해 종사원이 호의적인 태도를 갖도록 만들고 이를 더욱 계발시킨다.

셋째, 종사원 간의 커뮤니케이션 원활화와 판매 및 서비스기술을 향상시킬 수 있는 방법을 터득시킨다.

(2) 내부 커뮤니케이션

종사원이 생각한 아이디어들이 현장에서 운용될 수 있도록 지원해주는 일은 일종의 내부 커뮤니케이션이자 교육훈련프로그램의 중요성을 모든 조직원에게 인식시키는 계기가 된다. 일상업무의 수행 시 항공사 경영자가 조성하는 내부 분위기도 중요한데, 특히 부하직원을 인정해서 계획수립 시 그들을 참여시키는 일은 차후 활동에 대한 그들의 협조와 애착심을 미리 확보하는 수단이 된다는 점에서도 그러하다.

종사원은 현장에서 고객과 접촉하므로 고객의 욕구에 대한 귀중한 정보 소유자이다. 따라서 그들을 계획과정에 참여시키면 보다 효과적인 의사결정이 이루어질 수 있다. 의사결정과정에 참여한 종사원은 개방적이고 지원적인 내부 분위기에 만족할 것이고, 자신들에 대한 경영자들의 적극적인 격려에 감동함으로써 항공사와 고객에 대한 호의적인 태도가 형성되어 고객지향적인 서비스를 제공할 수 있다.

(3) 동기부여

종사원의 욕구는 그 성숙도에 따라 다양하게 변하므로 종사원의 취향에 맞춘 관리가 요구된다. 항공사처럼 고차원 욕구를 가진 종사원에게는 업무만족도를 높이는 리더십이 필요하며 동기를 부여하는 환경조성도 필요하다. 종사원에게 동기가 부여되면 기업 내에 활력이 넘치고 성취감이나 일에 대한 기대감과 흥분감까지 느낄 수 있다. 그렇게 되면 종사원은 고객의 얼굴을 보면 반갑고 그들을 만족시키기 위해 내가 해야 할 일은 무엇인가를 항상 생각하게 될 것이다.

(4) 권한위임과 책임부여

항공운송서비스의 생산은 항공기의 운용과 같은 유형자산의 집적에 의해서도 가능하지만, 더욱 중시되는 것은 생산과정에서 고객과 접촉하는 종사원의 서비스이다. 따라서 진실로 여객 개개인의 욕구를 잘 만족시켜 주는 항공사가 되려면 현장에서 멀리 떨어진 부서가 제정한 규정(manual)에만 의존할 것이 아니라 일상업무에 정통한 이들 항공사 종사원들에게 여객욕구와 문제를 현장에서 대처하고 처리할 수 있는 권한과 책임을 부여해야 한다.

그러나 많은 경우 그렇지 못하다는 것에 문제의 심각성이 있다. 이제부터라도 종사원의 역할분담에 관한 과감한 혁신이 이루어져야 한다. 즉 종래의 전통적이고 계층적인 항공사의 구조를 과감히 수평적으로 분화시켜 지금까지 지시에만 따랐던 항공사 피라미드 조직의 하부층 일선종사원들에게 책임을 과감히 위임함으로써 융통성과 임기응변을 발휘할 수 있도록 해야 할 것이다.

3 항공승무원 교육훈련

객실승무원은 항공운송서비스에 있어서 꽃이라 표현할 정도로 항공운송업에서 큰 비중을 차지하고 있다. 객실승무원은 기내라는 제한된 공간에서 승객에게 기내안전과 항공여행에 필요한 정보 그리고 수준 높은 서비스를 제공하여 목적지까지 편안한 여행이 되도록 최선을 다하는 전문가이며, 기내에서 발생하는 모든 응급상황에 적절히 대처할 수 있도록 훈련된 전문가이기도 하다.

객실승무원은 일차적으로 승객의 안전을 책임지고 있는 위치에 있다. 따라서 갑작스럽게 발생된 기체요동이나 비상사태 시, 크고 작은 부상을 입은 승객을 돌보아야 하는 상황에서, 혹은 기내에서 갑작스럽게 환자 승객이 발생된 경우에 이들을 돌보기 위해서는 비상 대처능력 함양과 기내서비스에 관련된 지식뿐 아니라 항공의학적 지식과 응급처치에 대한 교육도 받아야 한다. 또한 항공기 및 항공여행에 관련된 지식을 연마하고 의사소통에 필요한 여러 가지 역량을 갖추어야 한다.

항공법에 "객실승무원이라 함은 항공기에 탑승하여 비상탈출 진행 등 안전업무를 수행하는 승무원을 말한다"라고 정의되었듯이, 현재의 객실승무원은 기내서비스(in-flight hospitality)뿐만 아니라 기내안전(in-flight safety), 그리고 기내 정보전달 및 의사소통 지원(information & communication)에 관련된 부분으로까지 역할이 확대되었고 역할들을 원활하게 수행할 수 있는 객실승무원을 양성하고 유지하기 위하여 교육훈련이 구성되고 있다.

1) 객실서비스

항공사의 객실서비스(in-flight hospitality)업무는 기내에서 승객들에게 제공되는 물적 서비스와 인적 서비스를 말한다. 항공사의 서비스에 있어서 서비스의 초점은 객실에서의 서비스로 집중된다. 오늘날 객실서비스는 승객이 항공사를 선택하는 데 우선적으로 고려하는 요인 중 하나가 되고 있으며, 생활수준 향상에 따른 승객의 욕구가 다양화되고 증대될수록 객실서비스의 향상도 크게 자극을 받는다. 객실서비스는 항공운송서비스의 한 부분으로서, 비행 중에 행하여지는 유·무형의 서비스를 총칭한다.

(1) 물적 서비스

물적 서비스란 고객이 여행 목적을 달성하는 동안에 이용하거나 제공받게 되는 각종의 시설 및 장비로서 항공기 좌석, 식음료, 독서물, 기내 영화 및 음악, 오락기구 등을 말한다. 대부분의 항공사들이 제공하는 물적 서비스는 차이가 없을 정도로 흡사하였으나 최근 경쟁이 과열되면서 새로운 아이디어에 의한 서비스의 차별화 및 고급화전략으로 고객을 유치하려는 움직임이 활발하다.

① 항공기(aircraft)

항공기는 항공사를 상징하는 가장 대표적인 것으로 항공사의 전체적인 이미지에 결정적인 영향을 미칠 뿐만 아니라 객실서비스에도 가장 중요한 부분을 차지한다. 일반적으로 고객들은 대형기를 선호할 뿐만 아니라 첨단 시설을 갖춘 새 비행기를 좋아한다.

② 좌석(seat)

항공기 좌석은 일반적으로 일등석, 이등석, 일반석으로 나뉜다. 이들 좌석의 간격은 고객서비스에 커다란 영향을 미친다. 항공사들은 고객에게 보다 나은 편안함을 주기 위해 좌석 간 거리(seat pitch)에 관심을 가지며 또한 좌석의 사양과 디자인을 중시한다.

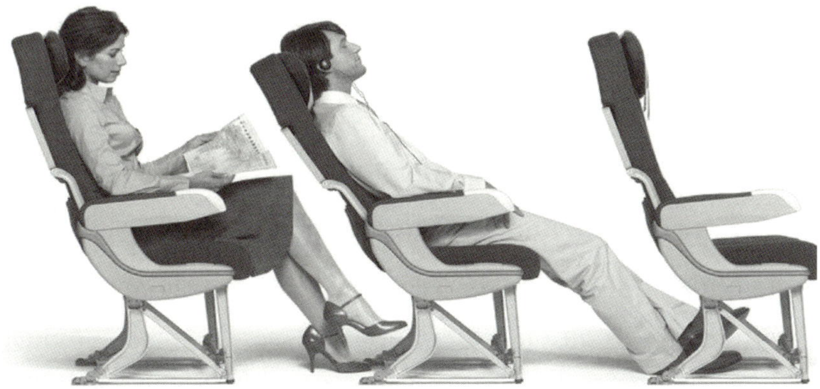

KLM의 Economy Comfort 좌석

③ 기내식

기내식이란 비행 중에 승객들뿐만 아니라 승무원에게 제공되는 음식으로 출발 전에 기내식공급회사가 각 항공사별 기물을 이용하여 기내

항공사 기내식서비스

에 탑재 · 보관한다. 객실승무원은 이를 서비스기준 및 절차에 따라 승객에게 제공한다.

④ IFE(In-Flight Entertainment, 기내 엔터테인먼트)

IFE란 In-Flight Entertainment의 약어이다. 항공기시스템이 communication(telephone, fax, email)과 information(news, weather, web content) 및 interactive service(video game, shopping)를 지원할 수 있는 여건이 이루어짐에 따라 승객에게 기내라는 제한된 공간에서 눈과 귀로 즐기고 접할 수 있는 모든 엔터테인먼트 콘텐츠(entertainment contents)와 이를 물리적으로 지원하는 하드웨어와 소프트웨어를 총망라하는 주요한 개념이다.

IFE는 고객들에게 목적지까지 항공사의 브랜드를 자연스럽게 표현하고 다른 항공사와 차별화된 서비스를 전달할 수 있으며, 이를 통해 고객들의 뇌리에 좋은 느낌을 갖도록 하여 향후 자연스럽게 연상케 할 수

항공사의 IFE서비스

있다는 점에서 객실서비스의 중요한 부분을 차지한다.

⑤ 매거진

매거진서비스란 기내라는 한정된 공간에서 고객에게 읽을거리를 제공하여 여행의 즐거움을 배가하고 여행기간 내에 느낄 수 있는 지루함을 감소시킬 수 있도록 고객에게 제공하는 신문, 잡지서비스를 말한다.

⑥ 음료

음료(beverage)는 기내식과 마찬가지로 승객에게 즐거움을 주는 중요한 서비스 물적 요소 중의 하나이다. 일반적으로 알코올 음료(alcoholic beverage)와 무알코올 음료(non-alcoholic beverage)로 나뉜다.

⑦ 유니폼

유니폼은 항공사를 상징하는 대표적인 것으로서 항공사의 CIP (Corporate Identity Program)에 결정적인 영향을 미치며 항공사가 지닌 가장 영향력 있는 상징물이다.

(2) 인적 서비스

서비스의 품질은 종사자가 어떠한 태도와 방법으로 서비스를 제공하는가에 따라 결정된다. 객실승무원은 고객이 목적지까지 안전하고 쾌적하게 도착할 수 있도록 이를 실행하는 중요한 역할을 맡고 있다. 그러므로 승무원은 자질, 태도, 예절, 용모, 기술, 지식, 대화법, 의사소통능력 등 다방면에서 뛰어난 면모가 요구된다. 따라서 객실승무원은 업무수행과 관련된 전문지식 및 서비스기술과 함께 고객응대를 위해 올바른 인사법, 미소, 자세, 대화법, 승객에 대한 호칭법 및 불만고객 응대법에 이르기까지 반복된 교육훈련을 통해 최상의 서비스가 제공될 수 있도록 노력해야 한다. 인적 서비스에 의한 중요성과 비중도가 점차 높아져 가면서, 각 항공사별로 선발과정이 더욱 엄격해지고 선발 후에도 지속적 교육을 실시하고 있다.

① 승무원의 대 고객서비스 태도

객실승무원의 서비스 태도는 항공사의 고객만족도를 결정짓는다. 따라서 승무원들은 회사에서 정해진 교육훈련체계에 따라 업무수행과 관련된 전문지식을 포함하여 서비스기술, 인사법, 대화법, 승객에 대한 호칭법 등을 반복훈련하여 최상의 서비스를 제공하고자 노력한다.

② 외국어 구사능력

객실승무원의 외국어 구사능력은 항공사의 고객만족도를 결정짓는데 큰 영향을 미친다. 특히 영어가 모국어가 아닌 국가의 항공사 객실승무원들은 비교적 영어구사력이 낮은 편이다. 글로벌 항공사가 되기 위해서 영어는 필수적이다.

③ 객실승무원의 이미지 메이킹

객실승무원 개개인은 항공사 이미지의 창출요소이며, 그 자체로서 항공사의 이미지를 전달한다. 고객에게 보여지는 비주얼서비스는 항공사의 고객만족도를 결정짓는 데 중요한 역할을 한다. 객실승무원의 이미지를 구성하는 것으로 메이크업, 헤어세팅, 피부, 워킹, 복장, 표정, 인사 등이 있다.

④ 기내방송

기내방송은 항공여행 중 기내에서 발생하는 모든 상황에 대한 정보를 적시에 정확하게 전달하여, 궁극적으로 안전하고 편안한 여행을 제공하는 데 목적이 있다. 따라서 정해진 절차와 시간에 따라 비행 관련 정보 및 서비스에 대해 정확한 내용을 전달해야 한다. 기내방송은 자국어와 영어를 기본으로 하며, 취항노선의 국적별 승객 분포를 고려하여 추가하는 것이 바람직하다.

2) In Flight Safety 교육훈련

(1) 초기훈련

정기항공운송사업자의 객실승무원으로서 근무한 경험이 없는 자 또는 정해진 자격상실기간을 초과한 승무원을 항공기에 탑승 근무시키기 위하여 실시하는 훈련이다. 초기훈련에서는 주로 정기항로 운송사업자가 보유 운항 중인 항공기 기종 가운데 한 개의 특정 기종에 제한하여 훈련을 실시하고 그 자격을 부여한다. 초기훈련을 이수한 객실승무원은 매 12개월 이내에 정기훈련 및 정기 자격심사를 이수하여 자격을 유지한다. 초기훈련의 구성 중에는 객실승무원 운항경험(supervised line experience)훈련이 포함되어 있다.

(2) 정기훈련

정기항공운송사업자로부터 상기 초기훈련 이상의 훈련을 이수하고 자격을 취득한 객실승무원이 자격유지를 위해 매 12개월 이내에 받는 훈련이다.

(3) 기종훈련

초기훈련에서 한 개의 특정 기종에 대한 훈련을 이수하고 자격을 취득한 객실승무원이 정기항공운송사업자가 보유한 다른 기종들에 대한 기종별 자격을 취득하기 위한 훈련이다. 반드시 기종별로 실시하여야 한다.

3) 객실승무원 CRM 교육

객실승무원에게 있어 CRM(Crew Resource Management, 승무원자원관리)은 객실승무원이 효율적으로 업무를 수행하고, 나아가 안전운항이라는 궁극적인 목표를 달성하는 데 필요한 자원관리개념으로 정의되고 있다.

객실승무원 CRM의 기본개념은 객실승무원이 안전운항에 필요한 자원이 무엇인지 이해하고, 그 자원을 효율적으로 활용하며, 주어진 환경과 유기적으로 작용하도록 하는 것이다.

다른 측면에서의 CRM 기본개념은 팀(team)에서부터 출발한다. 객실승무원은 업무적인 관계를 맺고 있는 운항승무원뿐만 아니라 정비사 · 지상직원 등 운항에 관련된 모든 인적 구성원과 한 팀을 이루고, 팀워크를 발휘하여 안전운항이라는 팀 공동의 목표달성을 추구한다.

(1) 의사소통

의사소통은 업무수행에 필요한 정보를 효과적으로 전달하고 주고받는 데 필요한 대화방법과 기술에 관한 내용으로, 승무원 간의 정확하고 구체적인 정보전달방법을 다루고 있다.

(2) 상황인식

상황인식은 제한된 시간과 공간적 범위 내의 구성요소를 인지하고 그 의미를 이해함은 물론 미래에 영향을 예측할 수 있는 능력에 관한 내용으로, 업무 중 발생하는 상황변화를 올바르게 이해하고 대응토록 하는 것이다.

(3) 의사결정

의사결정은 올바른 상황인식에 기초하여 업무수행에 필요한 건전하고 합리적인 결정을 내릴 수 있도록 하는 절차와 방법에 관한 내용으로, 비행 중 안전을 최우선으로 고려한 결정이 이루어지도록 하는 것이다.

(4) 직무관리

직무관리는 자신에게 주어진 업무의 범위와 역할을 인식하고 올바른 상황인식을 유지하며, 제한된 시간 내에 업무를 효과적으로 달성하기 위해 준비, 계획, 관리하는 방법에 관한 내용이다.

(5) 인간행동

인간행동은 스트레스와 피로 등 업무적 환경이 승무원의 행동과 신체에 미치는 영향과 반응을 이해하고, 업무수행에 필요한 최적상태를 유지하는 것에 초점을 맞추고 있다.

(6) 승무원 간 상호 협력

승무원 간 상호 협력은 객실승무원 개인과 개인, 객실과 운항승무원 간의 상호 이해, 신뢰를 바탕으로 팀워크를 유지하고, 구성원의 자발적인 참여를 통해 효과적으로 업무목표를 수행할 수 있는 팀워크의 상승효과 창출에 관한 내용이다. 특히 대부분의 항공사들이 상호 협력부분을 강조, 교육하고 있으며, 상호 협력은 객실과 운항승무원 간의 상호 협력뿐만 아니라 안전운항에 관련된 모든 사람을 포함하는 확장된 팀(expanded team)개념을 바탕으로 하고 있다.

4 대한항공 인사관리 사례

1) 인사철학과 원칙

대한항공의 인사는 그 대상인 구성원들을 양적 개념이 아니라 질적 개념으로 인식하는 것에서 시작된다. 따라서 구성원은 관리, 통제의 대상인 비용의 개념이 아니라, 투자 대상인 자산으로 인식된다. 대한항공의 인사는 인재를 찾고, 일에 몰두하게 하고, 유지하여 가지고 있는 실력을 마음껏 발휘할 수 있도록 방향을 설정하고 있다.

- 자율과 책임을 존중한다.
- 창의성과 도전정신을 중시한다.
- 열린 인사를 지향한다.
- 역량과 성과를 중시한다.

2) 인재상

(1) 진취적 성향의 소유자

대한항공의 첫 번째 인재상은 항상 무엇인가를 개선하고자 하는 의지를 갖고 변화를 통해 새로운 가치를 창조해 내고자 하는 진취적인 성향의 소유자이다. 지금과 같이 급변하는 시대에 필요한 인재는 고정관념을 깨뜨리고 미래를 관리할 수 있는 진취적인 사람이기 때문이다. 그러므로 대한항공은 주어진 일에 대해 항상 무언가 개선하고자 하는 의지를 갖고 사람들의 머릿속에 고정관념의 틀을 깨며 항상 변화하고 발전을 꾀하는 진취적인 사람들을 원한다.

(2) 서비스정신과 올바른 예절을 지닌 사람

대한항공의 두 번째 인재상은 단정한 용모와 깔끔한 매너, 따뜻한 가슴으로 고객을 배려하는 서비스정신과 올바른 예절을 지닌 사람이다. 항공사란 그 자체가 서비스의 결정체로 단정한 용모와 깔끔한 매너, 따뜻한 가슴으로 고객을 배려하는 모습은 모든 항공사들이 자기 직원에게 공통으로 바라는 이상적인 이미지이다. 항공사에 있어 주인정신과 프로정신은 바로 서비스정신으로 나타나게 된다.

(3) 국제적인 감각의 소유자

대한항공의 세 번째 인재상은 자기중심 사고를 탈피하여 세계의 다양한 문화를 이해할 수 있는 세계인으로서의 안목과 자질을 갖춘 국제적인 감각의 소유자이다. 글로벌 항공사에서 일하고자 하는 사람에 있어 유창한 외국어 구사능력은 기본이며, 오늘날과 같은 국제화 시대를 이끌어 갈 사람은 어학실력, 열린 마음 및 넓고 깊은 문화적 지식과 이해를 지닌 세계 시민이 되어야 하기 때문이다. 그러나 단순히 외국어를 잘하는 사람보다 우리의 고유한 문화의식을 바탕으로 외국의 문화와 습관, 에티켓 등을 충분히 이해하여 깨끗한 매너로 상대방을 존중하는 가운데 품위 있고 자신 있는 대화를 나눌 수 있는 능력, 이것이 대한항공이 원하는 인재상이다.

(4) 성실한 조직인

대한항공의 네 번째 인재상은 작은 일이라도 책임감을 가지고 완수하며 원만한 대인관계를 유지해 나가는 성실한 조직인이다. 거대한 조직의 구석구석에서 나사못과 윤활유 역할을 담당하는 성실한 일꾼이야말로 대한항공의 자산이라고 생각하기 때문이다. 아무리 능력이 탁월해도 매사에 최선을 다하는 성실성이 없다면 어느 곳에서도 환영받을 수 없다. 대한항공은 일의 성과와 함께 그 과정도 중시하기 때문에 화려한 스타플레이어보다는 보조플레이어의 성실한 역할을 높게 평가한다.

3) 인사제도

(1) 인사제도의 원칙

대한항공의 인사제도는 양성, 평가, 보상이 유기적으로 연계되어 있는 종합인사시스템(total system)을 지향하고 있다. 즉 대한항공은 '21C Global Leading Carrier'를 추구하면서 다양한 직종 구성에 맞는 다면적인 양성, 평가, 보상체계를 운영하고, 구성원은 이를 통해 일에 대한 성취감, 만족감을 높이고 동기를 부여받게 된다.

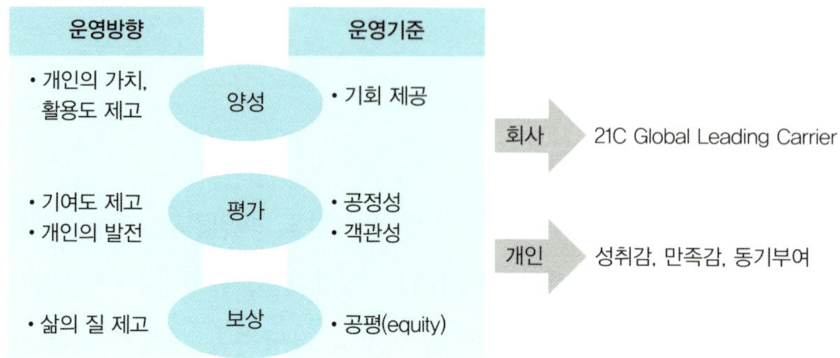

(2) 직원 양성체계

① 양성조직

대한항공에서는 양성에 대한 다양한 욕구를 충족시키기 위해서 다양한 프로그램을 개발 · 운영하고 있으며 글로벌 인적자원을 육성하는 데

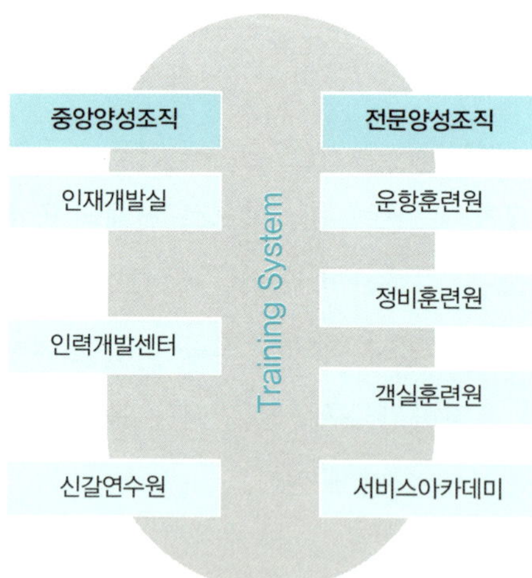

• 인재개발실과 인력개발센터가 양성에 관한 기본계획을 수립하고, 통합교육을 담당하고 있다.
• 교육의 전문성을 높이기 위해서 특성화된 전문교육기관을 운영하고 있다.
• 또한 U(Ubiquitous)-Learning을 구현하기 위해서 Cyber Campus를 운영하고 있다.

최상의 환경을 제공하고 있다.

② 직종별 양성체계

가. 기술직

- 정비 관련 전문관리자 및 전문 Engineer & Mechanic 양성을 목표로 하는 기술직은 교육훈련체계와 직무이동체계를 통해서 양성되고 있다.
- 해당 정비업무에 관련된 지식을 습득하기 위한 교육훈련체계를 통하여 기본교육과정 및 특수전문교육과정을 이수하고 전문자격을 취득하며, 계속적으로 보수교육을 받게 된다.
- 취득된 전문기술은 직무이동체계를 통하여 완성되고 있는데, 현장 및 지원부서, 본부부서 실무와 해외 파견 등 직무순환을 통하여 특정 정비 분야의 노하우(know-how)를 축적하여 최고수준의 전문성을 갖추게 된다.

나. 운항승무직

- 최고의 비행기술로 안전운항을 책임지는 조종사로서의 능력을 배양하기 위한 운항승무직은 첨단 훈련장비를 통한 최적의 훈련환경 속에서 양성되고 있다.
- 장 · 단기적인 지속적인 투자와 더불어 선진제도의 도입을 통한 양질의 교육훈련체계를 유지하고 있다.
- 철저하게 양성된 조종기술은 수시심사와 감사(Audit)를 통하여 끊

임없이 재확인하고 있다.

다. 객실승무직

- 기내안전을 바탕으로 승객에게 최상의 서비스를 제공할 수 있는 승무원을 양성하는 것을 목표로 하고 있다.
- 기내서비스의 질적 상향 표준화를 통한 최상의 서비스를 제공하기 위하여 상시 필수서비스교육을 실시하고 있다.
- 또한 기내방송교육과 국내선, 국제선, 상위클래스교육 등 특성화 교육을 통하여 전문성을 강화하고 있다.
- 안전한 비행환경 확보를 위하여 최신의 실물훈련 시설환경 속에서 정기 및 수시훈련을 실시한다.

라. 일반직

- 다직무를 경험한 유연한 관리자를 양성하기 위한 대한항공의 일반 종합직 양성체계는 기본양성체계를 근간으로 하여 구성되어 있다.
- 대한항공 경력개발제도(Career Development Plan)에 기초한 국내외 직무순환을 통한 풍부한 교육기회와 함께 다양한 업무경험으로 양성되고 있다.

③ 기본양성체계

- 대한항공의 기본적인 양성체계는 회사 및 해당 직급에서 요구하는 역할에 따라 단계별로 구성되어 있다.
- 양성프로그램은 Management Development 교육, 글로벌 역량강

화교육, 직무능력 향상교육, 조직활성화교육의 네 가지로 구분할 수 있다.

구분	기대역할 활용목표	Management Development	글로벌 역량강화	직무능력 향상	조직활성화
임원	경영능력제고	경영능력 향상과정			
고급 관리자	전략적 활용	관리능력 개발과정			
중간 관리자	직무 확충 직무 활용	MBA 경영일반과정	해외주재 해외 단기파견	전문기관교육 CDP (Career Development Plan)	Working Excellence
실무자	직무적성 확인 Job Skill 배양	문제해결능력 향상과정 항공경영 기초과정	영어/제2외국어	전달조직 또는 현장을 통한 교육	

A·I·R·L·I·N·E·&·M·A·R·K·E·T·I·N·G

05 CHAPTER 항공사 재무관리

1 항공사의 재무관리

재무관리의 공식적 목표는 주주들의 재산 극대화에 있다. 그러나 최근 항공사 재무관리의 기본적 책임이 항공사를 도산으로부터 막는 데 있는 경우도 많아졌다. 재무관리기능은 부채와 자산변화를 주시하고 미래의 소요자금을 산출하며 수입의 흐름을 측정하는 데 있다. 예산은 파생적이며 단순한 전술적 재무계획으로서 표준적 실적을 토대로 결정되고 계획과 통제에 동시에 활용된다. 훌륭한 예산체제가 되려면 항공사 통제 밖에 있는 요소에 대한 고려를 포함하고 있어야 하며, 따라서 다양한 실적수준을 포괄할 수 있는 유연한 것이어야 한다.

항공사의 재무업무는 두 가지 분야로 나누어 설명하는 것이 효과적이다. 첫째로는 항공사의 운영에 수반되는 비용과 수입에 근거한 이윤

발생이나 항공사 전체적 재무구조를 파악하기 위한 일반적 분야이며, 둘째로는 항공기 도입에 관련된 자금조달 등을 위한 의사결정 분야이다. 현대의 대형 제트 여객기는 그 엄청난 가격 때문에 효과적 금융방법으로 구입자금을 조달해야만 항공사가 무리 없이 운영을 계속할 수 있다.

1) 항공사 재무관리의 개념

항공사의 재무관리는 재무상의 목적을 달성하는 데에 있다. 항공사의 재무목적은 이윤극대화, 항공사의 자산의 증가, 주식 값의 상승 등이 될 수 있다. 재무업무는 회계업무와 감사업무로 나눌 수 있다.

회계업무는 항공사의 현금자산 운용에 주로 관련된 것이고 감사업무는 비용통제, 예측, 기획 등과 관련된 것이다. 항공사의 회계업무는 "항공사는 이윤을 발생시켰나?", "항공사는 만기된 어음의 결제능력, 기타 재무능력으로 볼 때 자금부족에 의한 파산의 위험은 없나?" 등과 같은 질문에 대한 답을 주기 위한 것으로 어떤 시점의 항공사의 재정상황이나 일정기간 동안의 재무실적을 나타내기 위한 것이다.

(1) 손익계산서

항공사의 회계기간 내 재무상의 운영실적은 손익계산서에 표시되는데 손익계산서는 회계기간 동안의 수입과 비용의 총괄에 의한 이윤발생과 손실발생을 나타내기 위한 것이다. 수입은 회계기간 내에 제공한 서비스에 의해 발생된 것만 포함하고 비용도 역시 회계기간 내의 수입 발생과 관련된 것만 포함하는데, 항공기 및 고정자산, 비반복적인 훈련 비용, 연구개발비용은 여러 해에 걸쳐 분할부담되어야 한다. 이와 같은 분할부담을 감가상각이라고 한다.

trading or operating account는 일반적으로 이자소득, 이자비용, 자산의 판매로 발생한 이익이나 손해를 제외시킨 것이며, profit and loss account or income statement는 순수 이자비용과 자산처분에 의해 발생한 손실이나 이윤을 포함한다. earned surplus는 세후 이윤으로서 주주배당금이나 사내유보로 쓰이게 된다.

항공기의 리스(lease)가 확산됨에 따라 운영하는 항공기의 소유권을 항공사가 보유하고 있느냐 아니냐에 의한 비용회계 차이에 의해 똑같은 경영성과에 대해서도 손익계산서상의 실적은 매우 다르게 나타날 수도 있다. 항공사가 소유권을 보유하고 있는 항공기에 대하여는 감가상각비가 운영비용에 포함되고, 항공기 구입자금조달에 따른 이자비용은 운영비용에서 제외되는 반면, 리스항공기에 대하여는 감가상각비, 항공기 임차와 관련된 이자비용 등이 모두 운영비용에 포함된다. 이로 인해 운영이윤과 순수이윤을 비교하는 데 왜곡현상이 나타날 수 있다.

또 다른 왜곡기능 항목은 감가상각비, 주요 정비비, 외환차익 등이다. 감가상각비는 감가상각방법이나 감가상각기간 등에 따라 달라지며 주요 정비비는 당해 연도의 비용으로 할 것인지 감가상각으로 할 것인지에 따라 달라질 수 있다.

여행사의 커미션은 비용으로 처리하기도 하고 수입에서 미리 제외시키기도 한다. 상용고객혜택제도에 의한 무료 티켓 증여에 수반한 비용은 비행실적에 따라 점차적으로 비용처리하거나 수입에서 제외시키기도 한다. 타 회사의 획득 등으로 생기는 영업권은 자본화하고 해가 지남에 따라 감가상각시키거나 사내유보에서 제외시킨다.

항공사의 회계정책은 크게 두 가지로 구분할 수 있다. 첫째는 미국, 영국, 네덜란드 등에서 적용하고 있는 방법으로서 투자자나 자본시장에 회사의 재무실적을 알리는 데 중점을 두어 회계자료를 생산하는 정책이며, 둘째는 독일, 프랑스, 일본 등에서 적용하고 있는 방법으로서 세금추산의 목적에 중점을 두어 회계자료를 비밀문건으로 작성하고 투자자를 위한 회계자료를 별도 작성하여 출판하는 정책이다. 후자의 회사들은 세금을 최소화하기 위하여 이윤도 축소하려는 의도를 갖게 된다.

(2) 대차대조표

대차대조표는 어느 한 시점의 항공사의 재무상태를 나타내기 위한 것이다. 대차대조표는 항공사의 자본을 어떻게 조달해서 어떻게 처분했는지를 보여주고 있으며, 조달된 자본이 단기부채인지 장기부채인지도 식별할 수 있게 되어 있다. 대차대조표는 회계형식과 순자산형식으로 나타낼 수 있다. 회계형식은 대개 자산과 부채를 별도의 페이지에 총계와 함께 표시해 주며 순자산형식은 한 페이지에 총자산에서 현금부채를 뺀 액수로 표시한다. 대차대조표는 항공사의 부채와 자산을 표시해 주는 것인데 부채와 자산은 균형을 이루어야 한다.

① 자산

가. 고정자산

고정자산은 항공사 비즈니스와 운영에 장기적으로 이용될 목적의 유형적 자산과 무형적(금융적) 자산을 포함한다. 매일매일 변화하지는 않으며 현금화할 수 있지만 단기간 내에 현금화하기 어려운 것이 특징이다.

| 표 5-1 | 고정자산의 분류

구분	내용
유형적 고정자산	유형부동산, 공장, 장비(항공기 등)
무형적 고정자산	장기투자자본, 영업권, 특허권, 노선권 등

고정자산에는 항공기와 소모품이 아닌 수리 가능한 부품들이 포함되는데, 감가상각을 한 후 가치만이 대차대조표에 산입된다. 대차대조표에 기록되는 자산의 가치는 현 시장가격이나 대체비용에 입각한 가격이 아니고 장부가치임에 유의해야 한다.

감가상각은 토지를 제외한 모든 유형의 고정자산에 적용되는데 장부가치는 유효 수명기간에 걸쳐 분산되며, 감가상각이 끝나고 난 후 잔여가치를 대개 10~40%로 잡는다. 자산의 수명기간과 잔여가치의 크기에 따라 감가상각률이 결정된다.

감가상각비는 손익계산서에 비용 항목으로 산입된다. 무형고정자산도 유효 수명기간 동안에 가치가 분산되며 이는 아모티제이션(amotisation)이라 한다. 아모티제이션이란 무형고정자산을 내용기간 내에 원가주의의 입장에서 감가상각하는 것을 말한다. 이것은 유형고정자산의 감가상각과 소모성 자산의 감모상각과 구별하여 가격상각이라고도 한다. 노선 운항권이 흔히 아모티제이션의 대상이 되는데, 대개 5년에서 40년 사이에 걸쳐 아모티제이션한다.

나. 현금자산

현금자산에는 현금과 1년 이내에 현금화할 수 있는 유가증권 등을 포함한다. 현금이란 소액현금과 만기 1년 이내의 은행예금을 뜻한다. 유가증권은 단기정부채권 또는 쉽게 현금화할 수 있는 단기투자증권 등이다. 유가증권은 매입가나 시장가격 중 낮은 가격이 대차대조표에 산입된다.

현금자산에는 수취계정도 포함되는데 항공사의 경우에는 여행사로부터 받을 티켓대금 등이 이에 속한다. 이 경우 채무 여행사 등이 도산 등의 이유로 티켓대금의 지불이행을 못할 경우도 있으므로 불량채무자를 고려한 적절한 감액을 한 후 대차대조표에 산입해야 한다. 현금자산계정에는 재고자산계정이 포함되는데 항공사의 경우 항공기 정비에 소요되는 부품이나 사무용품 등이 이 계정에 속하며 매입가나 시장가격 중 낮은 가격이 산입된다.

② 부채

가. 현금부채

만기일이 12개월 이내인 모든 부채를 포함한다. 이 부채는 항공사의 현금자산 등으로 변제해야 한다. 따라서 현금자산과 현금부채의 비율을 살피는 것은 대차대조표 분석에서 매우 중요한 일이다. 은행에서 빌린 단기부채, 장기부채 중 다음 회계연도 내의 상환분과 구매와 관련되어 물품공급회사에 지불하기로 한 계정, 서비스를 제공하고 아직 급료를 받지 못한 종업원에 대한 급료, 변호사서비스료, 전문가자문비용, 항공운송서비스를 아직 제공하지 않고 선불로 받은 운송요금 등이 현금부채계정에 포함된다.

나. 장기부채

만기일이 현재로부터 1년 이후인 부채를 장기부채로 본다. 분할상환하는 경우 1년 이내에 상환해야 할 부분은 장기부채계정에서는 빠지고 단기부채계정으로 옮겨진다. 금융 리스, 회사채 등이 장기부채의 주된 항목이다. 단기운영 리스는 운영비용으로 취급되므로 부채계정에서 빠진다.

다. 예비비

발생할지도 모르는 부채나 손실, 부담금을 위한 대비로 비축한 예비계정, 발생할 것이 확실하나 액수가 정해지지 않은 부채도 이에 포함된다. 연금, 퇴직복지비용, 법률비 등이 이에 속한다.

③ 주주의 재산 또는 자본

총자산에서 장 · 단기부채를 제외한 부분으로 항공사의 주주들이 보유하는 자본으로 간주되고 항공사의 순수가치에 해당한다. 주식자본,

누적된 사내유보금, 잉여자본 등이 이에 속한다.

주식자본은 주식의 액면가에 의한 주식권의 가치이며, 우선주와 보통주로 분류된다. 잉여자본은 주식발행 당시 주주들이 액면가 이상으로 지불한 프리미엄에 의해 형성된 자본을 위한 계정이다. 사내유보는 세금 이후 이윤에서 주식배당금 지급까지 끝내고 남은 금액을 사내에 유보시킨 것이다.

(3) 현금흐름표

현금흐름표는 회계기간에 걸쳐 발생한 현금 유입, 유출에 관한 대차대조표상의 주요 변화내용을 설명하기 위한 것이다.

현금의 흐름은 주로 항공사의 운영, 투자활동, 금융조달 등에 의해 발생된다. 현금의 유입은 항공사의 운영에 의한 것, 고정자산의 처분에 의한 것, 주식의 발행에 의한 것, 은행대부에 의한 것 등이 있고, 현금의 유출은 항공사 운영과 관련된 현금 지출, 배당금과 세금 지불, 항공기 구매, 다른 회사에서의 투자를 위한 현금 지출 등에 의한다.

(4) 재무비율

재무비율은 주식투자자, 은행 등이 항공사에 대해 투자나 대출 등의 의사결정을 할 때 필요한 회사의 재무평가에 사용되는 지표다.

| 표 5-2 | 재무평가의 지표

실적 관련 비율	• Operating Ratio • Return on Net Assets • Return on Equity
위험 또는 지급능력 관련 비율	• Interest Cover • Debt / Equity Ratio
유동성 관련 비율	• Current Ratio • Acid Test / Quick Ratio
주식시장 관련 비율	• Dividend Cover • Dividend Yield • Market Capitalization • Earnings per Share • Price / Earning Ratio
가치 관련 비율	• Net asset Value per Share

2) 항공기 구매 금융조달

항공기 획득을 위한 금융방법을 선택할 때는 비용, 세금관계, 유연성 등을 고려해야 하는데 항공기 획득을 위한 자금의 조달원으로는 내부유보금의 활용, 자본증자, 대부나 회사채 등에 의한 외부차입, 리스시장 이용, 항공기 제작사의 금융주선 등을 들 수 있다.

항공사의 수익률은 전반적으로 낮고, 현금흐름도 소요자금을 소화할 만큼 좋지 않은 경우가 많아 항공사들은 항공기 조달 의사결정에 신중해야 한다. 더구나 항공기 제작사들은 항공기 인도 이전 3~4년 기간 동안 항공기 가격의 25% 정도를 미리 지불해 줄 것을 요구하는 경우가 많아 여유자금이 있는 시점에 항공기를 인도받을 수 있도록 계획하는 것이 좋다.

항공사들은 사내유보금, 증자 등에 의한 내부금융과 대부와 회사채 발생 등의 외부차입에 의한 항공기 획득비용 마련에 한계를 느끼고 다양한 방법으로 리스시장 활용을 모색하고 있다.

그림 5-1 ● 국적 항공사 항공기 신규 도입 추이

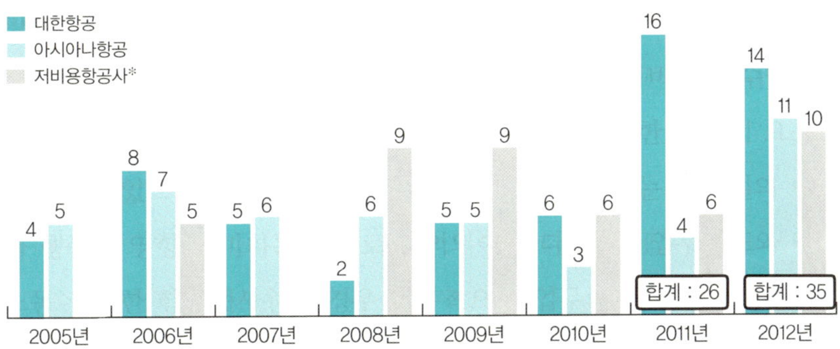

* 저비용항공사 : 제주항공, 진에어, 에어부산, 이스타항공, 티웨이항공

(1) 현금흐름의 활용

최근 항공사들은 사내유보금으로 항공기 획득 금융을 완전 충당할 만큼 채산성이 좋지는 않으며, 항공기 획득 소요자금의 1/4 정도만 보조할 수 있는 수준이 일반적인 것으로 알려졌다.

(2) 기존 자산의 전환에 의한 방법

이 방법은 중고 항공기 매매가 활발할 때 이용할 수 있는 방법으로서 항공기나 장비를 매각하고, 그 항공기를 다시 리스(sale and lease back)함으로써 현금흐름을 개선시켜 그 자금을 다시 활용하는 방법으로 흔히 응용된다. 이와 같이 하여 운영 항공기 대수를 늘리거나 낡은 항공기를 교체하는 효과를 갖는 방향으로 운용할 수도 있다. 많은 리스회사들이 'sale and lease back' 거래를 하고 있으며 어떤 항공사들은 리스회사를 자회사로 설립하여 이 방법을 적용하기도 했다.

(3) 증자에 의한 금융조달

재무구조가 좋은 항공사들은 신주발행 등의 방법으로 자본금을 늘려 항공기조달을 위한 자금 마련을 할 수 있으나 현실적으로는 충분한 자본조달이 어려워 항공기 획득 자본 일부만을 충당할 수 있을 것이다.

(4) 부채에 의한 자본조달

은행 등의 금융기관으로부터 자금을 대부받는 빚에 의한 자금조달이 가장 흔히 쓰이는 금융방법이다. 대출에는 담보대출과 무담보대출이 있는데 담보대출이 많으며 항공기 소유권을 담보로 하는 경우도 흔하다.

금융기관들은 대출 시 항공사의 위험성을 조사하게 되는데, 현금흐름 위험성, 장비의 위험성, 정치적 위험성 등을 고려하고 위험성이 높다고 판단된 항공사에게는 대출조건을 까다롭게, 이자율을 높게 적용한다.

(5) 항공기 제작사의 금융상 지원

항공기 판매경쟁에 의하여 항공기 제작사들이 항공사의 항공기 구입을 위한 금융을 돕고 있다. 주식발행에 의한 증자를 돕기 위해 항공사의 신주를 구매해 주거나, 리스를 주선해 주는 등의 방법으로 항공기 제작사는 항공사의 항공기 구입 금융조달을 돕고 있다.

(6) 리스에 의한 항공기조달

항공기 구입을 위해서는 적지 않은 선금 지불과 막대한 자본이 소요되므로 항공사는 리스에 의한 항공기조달을 선호하게 되었고, 리스 제공자도 항공기 소유권을 보유함으로써 위험을 느끼지 않게 되어 최근 들어 널리 적용되는 항공사 금융의 한 방법이 되었다.

미국의 항공기 전문리스업체 ILFC와 ILFC에 항공기를 임대한 에티오피아항공

① 리스의 발달과 항공사의 재무구조

새로운 항공기 획득방법의 변화는 항공사의 비용 및 재무구조에 영

향을 줄 것이다. 항공사의 재무상태를 나타내는 부채와 자본의 비율도 회계방법이나 자금조달방법에 의해 달라질 수 있게 되었다. 1980년대에는 대출금융의 확장과 불경기에 의한 자사가치 감소로 부채비율이 높아졌었으나 최근에는 리스의 활용으로 부채비율이 낮아졌다.

② 리스에 의한 항공기조달의 장 · 단점

가. 장점

- 항공사 보유 항공기에는 적용될 수 없는 세금혜택을 리스제공회사를 통해 누릴 수 있다.
- 대량구매에 의한 할인혜택도 리스제공회사를 통하여 누릴 수 있다.
- 항공사의 현금자산, 현금부채를 높여 신용도를 높여 준다.
- 선불지급이나 보증금(deposit)의 필요성이 없어 상당한 정도의 초기 자본이 절약된다(항공기 제작사는 항공기 판매 시 판매가격의 33%까지 선불을 요구하고 은행은 대출금의 15% 정도의 보증금을 요구하는 경우가 일반적이다).
- 항공기 구매의 경험이 없어도 된다.
- 리스금융은 대차대조표에서 제외시킬 수도 있다.
- 단기리스를 이용하면 항공기가 구식화되어 발생하는 위험을 방지할 수 있다.

나. 단점

- 구매를 위한 대출금리보다 리스비용이 더 비싸다.
- 항공기 판매에 의한 이익금은 리스회사가 누리게 된다.
- 항공기 세부구조를 항공사가 원하는 대로 개조할 수 없다.
- 운영비용이 증가된다.

2 항공사의 수요예측

1) 항공 수요의 특성

(1) 수요의 집중화

다른 산업과 마찬가지로 항공운송시장도 요인에 따라, 시간대에 따라 그리고 연중 계절에 따라 수요가 큰 폭으로 변화하는 특징을 보인다. 이러한 항공 수요의 집중화현상의 유형과 강도는 노선별 · 지역별로 다양하게 나타난다.

대부분의 항공사는 피크기간 동안 초과하는 항공 수요를 흡수하기 위하여 공급-운송력을 증가시키고 있다. 그런데 항공산업의 특성상 공급을 일단 증가시키면 비수기가 되더라도 항공사가 임의로 수요에 맞추어 공급을 감소시킬 수 없기 때문에 항공사에 있어서 성수기와 비수기의 공급 조절은 매우 중요한 문제이다. 왜냐하면 항공사가 피크기간에 초과 발생하는 수요를 흡수하고자 한다면 운항승무원이나 객실승무원 등과 항공기를 직접 운항하는 데 필요한 관련 인력, 판매나 엔지니어링과 같은 스태프, 항공기를 비롯한 추가시설 등의 여유 운송력을 확보해야만 하기 때문이다.

항공서비스 수요에 있어서의 이러한 피크현상은 제도적인 혹은 기후적인 요인 때문에 발생한다. 방학, 기업의 연중 휴가 패턴, 크리스마스와 같은 종교적 축제일, 주요 문화행사 혹은 스포츠행사와 같은 연중 휴가의 분포와 기간 등이 계절적인 항공 수요의 피크현상을 일으키는 제도적인 요인이다. 이와 같은 제도적인 요인과 기후요인이 동시에 영향을 미치는 경우 계절적인 피크현상은 더욱 두드러지게 나타난다.

유럽의 경우를 보면 학생들과 회사원들이 전통적으로 지중해지역에서 여름휴가를 거의 같은 기간에 보내고 있다. 따라서 유럽에서는 여름기간 동안 북유럽지역으로부터 남쪽으로 이동하는 사람들로 인하여 여름 휴가시즌에 항공 수요 피크현상이 집중적으로 발생하고 있다. 또한 크리스마스 때 매우 추운 기후를 보이는 북아메리카지역의 캐나다와 미국 일부지역의 주민들은 플로리다와 카리브 연안의 따뜻한 날씨 아래서 일광욕을 즐기기 위하여 동시에 이동하는 현상을 보이고 있다. 따라서 12월부터 1월 초까지 카리브 연안으로 가는 항공노선에서 피크현상이 두드러지게 발생하고 있다.

시간대와 요일에 따른 피크현상은 근무시간 패턴과 관계도 있다. 업무 목적의 여객 수요인 경우 하루 중 이른 아침과 초저녁 항공편에 수요의 집중화현상이 발생하고 주중에는 월요일과 화요일 그리고 금요일에 수요의 집중화현상이 발생한다. 그러나 목요일과 금요일이 휴일인 이슬람교의 경우 비즈니스 여행의 피크여행은 이와 상이하게 나타난다.

레저 목적의 항공여행 수요는 주말이 피크이며 이와 같은 현상은 성수기에 더욱 심하게 발생한다. 계절적인 성수기와 비수기현상은 지역별 · 노선별로 상이하게 나타난다. 따라서 피크기간이 상이한 노선을 운항하는 항공사들은 시즌에 따라 노선 간의 항공기와 여타의 자원을 이동시킴으로써 변동에 효율적으로 대처할 수 있다.

항공여객 수요와 관련된 또 다른 특징으로 수요의 방향성이 매우 뚜렷하다는 점을 들 수 있다. 한 방향의 수요가 피크인데 반대방향의 수요는 정반대이거나 그에 훨씬 못 미치는 수요 패턴을 보여주고 있다. 이는 편도 여행 수요인 경우는 출발지와 도착지 간의 교통량 불균형현상이 원인이고 왕복 여정이나 일주 여정인 경우는 출발일자 및 도착일자 사이의 시차 때문에 발생하는 것이다. 이러한 현상은 실제로 많은 노선에 존재하고 있으며, 노선의 양 지점 간의 연중 휴일이 상이하다든지 하는 제도적인 차이에서도 발생하고 있다. 이러한 방향적인 불균형은 특히 북대서양이나 유럽에서 오스트레일리아 등으로 행하는 장거리 노선에서 많이 발생한다.

수요의 계절적인 변동은 항공사 운영의 많은 부분에 영향을 미치기 때문에 항공사들이 극복해야 하는 중요한 문제 중 하나이다. 항공기와 승무원의 이용률, 그리고 탑승률 및 단위당 원가에 영향을 미치는 교통량의 피크와 피크오프문제를 최소화하기 위하여 항공사는 가격정책, 운항 스케줄, 수리 및 보수체크와 광고 캠페인 계획을 신중히 결정해야 한다. 피크 시 수요 폭발현상에 효과적으로 대처하기 위해서 항공사는 항공가를 일치시키거나 피크기간 동안에는 임시직 종업원을 고용하는 방안을 모색할 수도 있다. 그러나 어떠한 방법을 이용하든지 항공사에게 수요의 피크현상은 항상 최적의 대안을 모색해야 하는 어려운 과제이다. 그리고 이는 항공사의 전략계획 수립 및 마케팅 활용에 있어 기본적인 제약요인이 된다.

(2) 수요의 소득탄력성과 가격탄력성

레저 여행은 개인소득수준과 매우 밀접한 관련을 가지고 있다. 미시간대학에서 행한 항공여객에 대한 조사연구에서 개인소득이 증가함에 따라 다음과 같은 두 가지 현상이 발생하는 것으로 분석되었다.

첫 번째 현상은 사람들은 소득이 증가하면 할수록 필수품 이외의 사치품 등에 보다 많은 소비를 한다는 것이었다. 그 중에는 여행에 대한 지출 증가가 크게 나타났는데 이는 육상, 해상, 항공기 등의 거의 모든 교통수단의 경우에 공통적인 것으로 나타났다.

두 번째 현상은 장거리 여행의 경우 비용은 높지만 보다 쾌적하고 편리한 교통수단인 항공여행이 육상이나 해상여행에 대해 강력한 경쟁력을 갖게 됨으로써 항공수단으로 수요의 추이가 차츰 이동한다는 것이다. 즉 소득이 높을수록 장거리 휴일 여행과 친지나 친구 방문에 대한 지출이 늘어나고 동시에 육상 및 해상교통수단보다는 항공기를 이용한 여행에 보다 많이 지출되고 있다는 것이다. 소득변화와 항공 수요와의 관계는 소득탄력성이라는 개념으로 정의할 수 있다. 소득증가로 인해 발생한 수요의 증가율은 수요의 변동을 가져온 개인소득의 변화율로 나누어 구할 수 있다.

그러나 레저를 위한 항공여행비용은 새로운 형태의 지출이기 때문에 소득이 증가하는 초장기에는 매우 높은 성장률을 기록하다가 포화상태에 이르러서는 더 이상 레저 여행에 대한 수요가 증가하지 않는 단계에 이르게 된다. 즉 수요에 있어 한계점이 존재한다. 한편 비즈니스 여행 수요는 대체로 개인의 소득과는 유의적인 관계가 없다. 비즈니스 여행 수요는 여행객 개인의 소득과 관련이 있는 것이 아니라 이들을 고용하는 고용주들의 상황 및 필요와 상관이 있다. 업무 목적의 여행객 수요를 전체적으로 조망해 보면 국내 총생산 혹은 한 국가의 국민소득에 대한 여러 가지 측정치가 비즈니스 여객 수요와 밀접한 관련성을 보이고 있다. 즉 국가 전체 부가 증가할수록 비즈니스 여행객 수요가 증가할 것이다.

따라서 비즈니스 여객 수요도 소득탄력성 계산이 가능한데 이는 개인소득을 이용해서가 아니라 국민소득의 변화를 이용하여 추정이 가능하다. 소득과 항공 수요와의 관계를 분석한 연구결과에 의하면 항공여객 수요의 소득탄력성은 대체로 1.5와 2.5 사이인 것으로 나타나고 있으며 소득과 함께 가격 또한 항공 수요와 매우 밀접한 관계를 형성하고 있다. 그러나 탄력성의 방향은 소득탄력성과는 반대의 방향으로 작용한다. 즉 가격과 수요가 역으로 작용하기 때문에 항상 음의 값을 갖게 된다. 따라서 운임이 올라가면 수요는 떨어지고 운임이 하락하면 수요는 증가한다. 이러한 탄력성 역시 소득탄력성과 같은 방법으로 계산된다.

그러나 이러한 가격탄력성을 계산할 때 사용할 운임의 종류를 선정하는 것이 난제로 작용한다. 항공운임은 그 종류가 매우 다양하고 복잡하며 계절별, 기간별로도 큰 차이를 나타내기 때문에 어느 운임을 사용하여 가격탄력성을 계산해야 할지 매우 모호하다. 보통 일반석 요금이 가장 널리 이용되고 있다. 업무 여행객의 경우 앞서 소득탄력성에서와 마찬가지로 항공운임을 자신들이 지불하지 않기 때문에 운임의 변화에 민감하게 영향받지 않는다.

즉 이들은 가격탄력성이 매우 낮은 고객 집단이 된다. 그러나 휴가 여행객이나 이들 중에서도 특히 소득이 낮은 계층은 항공운임에 대한 변화에 상당히 민감하게 반응한다. 이러한 현상은 고객 집단에 따라서 가격의 인하 및 상승이 유발하는 효과는 매우 다르게 나타남을 시사하고 있다. 즉 가격탄력적인 시장에서는 운임 인하가 수요의 증가로 나타나지만 가격이 비탄력적인 시장에서는 운임 상승이 수익의 증가로 나타나고 있다.

2) 항공사 수요예측

(1) 일반적인 수요예측

수요예측이란 수요분석을 기초로 하여 시장조사 등 각종 예측조사 결과를 종합하여 장래의 수요를 예측하는 일을 말한다. 산업 전체의 수요가 질적 · 양적으로 어떤 경향을 나타내고 어떤 상태에 있는가를 과거 및 현재의 자료를 기초로 하여 예측한다.

기업의 성과 및 성장을 규정하는 주요인은 개개 기업이 제공하는 제품 및 서비스와 시장수요이다. 따라서 제품이나 서비스의 개량 · 개발과 함께 시장수요의 변동을 정확하게 파악하는 일은 중요하다. 이 수요예측은 단지 일정기간에 있어서의 기업의 전 제품 또는 한 제품의 매상전망, 즉 개별기업의 범위 내에서의 예측에 국한하지 않고, 널리 다른 산업과의 관련, 경제 전체의 추세로까지 그 범위를 확대하는 것이 바람직하다. 왜냐하면 수요예측은 현재로부터 장래에 걸친 기업활동을 위한 의사결정의 기초를 구성하기 때문이다.

그러나 일반적으로 예측의 기술적 문제 때문에 외부환경요인 및 수단적 요인의 현상을 주어진 것으로 하여 예측하는 경우가 많다. 따라서 이들 요인에 어떤 변동이 나타나면 예측 값을 재검토하지 않으면 안 되며, 또 기업활동의 의사결정 결과를 분석 · 평가하는 경우에도 수요예측 단계까지 피드백되지 않으면 안 된다. 그러므로 수요예측은 단발적 행동으로 끝나서는 안 되며, 언제나 의사결정과 일체를 이루는 것으로서 매니지먼트 사이클(management cycle)에 결부되어 있어야 한다.

(2) 항공사 수요예측

최근 좌석 공급수가 유효수요를 초과함에 따라 항공사 수요예측은 항공사 마케팅 수립에 있어 기초가 되고 있다. 수요예측방법은 크게 객관적 기법과 주관적 기법으로 나뉘는데, 대부분의 항공사는 좌석예약률, 시장점유율 등 객관적 기법에 의존하고 있었다. 객관적 기법의 한계점은 시장조사방법 및 전문가의 견해와 같은 주관적 기법은 거의 활용하지 않고 있다는 점이며, 특히 시장조사자료인 여행사자료는 그 활용도가 미비하게 나타났다. 항공사의 여행사자료에 대한 낮은 신뢰도

원인은 항공사의 선택요인과 소비자의 항공사 선택요인의 차이 때문이라고 볼 수 있다.

즉 여행사는 자사의 이익을 위해 소비자의 항공사 선택에 영향력을 끼치고 있었으며, 항공사는 이런 여행사에 대해 부정적인 반응을 보이는 것으로 나타났다. 항공사는 항공사 수요예측에 있어 자사의 자료, 신뢰할 수 있는 기관의 자료 그리고 여행사를 통한 자료 순으로 이용하고 있었다. 또한 항공사는 여행사정보에 대해 높지 않은 신뢰를 보이는 반면, 항공사의 마케팅전략에는 적극 반영하였다. 소비자의 항공사 선택기준은 안정성, 서비스, 가격 등의 순이었지만 여행사의 항공사 선택기준은 가격, 좌석 확보 순이었다. 조사 결과 여행사는 소비자의 항공사 선택에 많은 영향을 미치고 있었다.

수요예측은 항공사 여객 영업부에 매우 중요하다. 특히 항공권의 특성상 계절적 수요에 상당히 민감하기 때문에 수요에 대한 예측을 하여야 하고, 항공사는 미리 수요를 예측하여야 기자재를 준비할 수 있게 된다. 이처럼 수요예측은 불확실한 여건을 전제로 기업의 미래지향적 의사결정을 효과적으로 실행하기 위한 기업환경의 여건변화에 대한 정보를 제공한다. 또한 판매계획 및 판매통제의 가장 기본이 되는 출발점이기 때문에 이를 토대로 하여 노동력의 고용수준, 시설비의 구매수준, 판매계획의 통제 등에 관한 의사결정이 이루어진다.

특히 항공사의 항공권은 당일 판매하지 않으면 익일 판매를 할 수 없는 상품이며, 항공권은 한정된 좌석수로 인하여 일반 상품과는 상당한 특이한 점을 감안한다면, 항공사의 미래 수요예측은 매우 중요하다고 할 수 있다. 즉 수요예측은 마케팅전략 수립 및 공급 조절에 있어서 필수적인 기초자료가 되므로 경영의사결정을 위한 가장 중요한 요소이다. 신뢰성 있는 수요예측에 의해서 경영자는 공급량 및 공급을 위한 각종 준비에 대한 정확한 의사결정을 할 수 있게 된다.

항공사 수요예측의 대부분은 작년 항공사 판매실적에 금년도 목표를 가산하여 수요예측을 하는 방법을 사용하고 있어, 순수한 입장에서의 수요예측이 아니라 목표치가 가산된 수요예측인 경우가 많다. 따라서 수요예측의 잘못으로 인하여 판매기회를 상실, 많은 매출의 손실을 가져오더라도 정확하게 그 손실액이 눈에 띄지 않아 묵시 또는 묵과되는 경우가 많다. 이에 대한 어려움은 아주 정확한 방법이 없다는 점이다.

현재 사용하고 있는 항공사 수요예측방법은 1~2개월 전에 재수립하기 때문에 항공사 수요예측이 90% 정도 적중하면, 항공사 판매 및 예약 통제자의 노하우(know-how)에 의하여 나머지 10% 정도의 오차는 줄일 수 있다. 정확한 항공사 수요예측이 설정되면 개인고객의 예상판매 항공권수를 설정하고 나머지 항공권을 단체예약 또는 여행사에 배정하여 일정시점까지 통제하다가 만석(100%)의 예약이 접수되면 마감(close)하고, 노쇼(no-show) 및 취소폭만큼은 고가 항공권의 판매에 주력한다. 따라서 항공권 판매의 수요예측은 필수적이며 시간의 흐름에 따라서 예약상태의 변화를 고려하여 조정 · 관리한다.

한편 항공사 수요예측은 주위 환경의 변화에 민감하게 작용한다. 즉 정치, 경제, 사회, 문화적인 환경변화에 따라서 수요가 변할 수 있다. 따라서 주위 경쟁항공사와의 정보교환이 원활해야 하며, 고객 목적지 국가들의 정치 · 경제적인 여건변화에 대한 정보를 수시로 접할 수 있어야 하고, 거래가 빈번한 주요 여행사로부터 예약요청상태 및 주위 환경에 대한 정보를 교환하여 참고하는 것이 급격한 변화에 대처할 수 있는 방법이 된다.

항공사 수요예측은 어느 항공사에서나 실시하고 있고, 그에 따라서 판매정책이 수립되어 왔다. 그러나 그 방법이나 기간에 있어서 문제점을 안고 있다. 특히 앞에서도 말했듯이 항공사에서 행하고 있는 수요예측방법은 작년도 판매실적에 금년도 목표치를 가산하여 대략적으로 전년 대비 몇 % 가산하거나 또는 Load factor(좌석이용률)를 판매예측데이터로 이용하고 억지로 그 데이터에 맞추려고 애쓰는 것이 현실이다.

(3) 항공권의 수요와 공급적 특성

항공사의 항공권은 본질적으로 변동이 심한 수요에 직면하고 있으며, 타 산업 및 제품과 비교하여 하루 단위로 판매되고 있는 것이 특성이다. 항공권의 수요주기는 주중 혹은 주말, 그리고 월별 및 계절별 성수기와 비수기로 구분된다. 그 중에서도 특히 고려해야 할 것은 월별 및 계절별 수요주기이다. 왜냐하면 전자의 경우는 주중과 주말이라는 단지 두 형태의 수요주기가 1주일마다 순환되기 때문에 단기적인 전략으로 대처하기가 쉽지만, 월별 및 계절별 수요변화는 여러 형태의 수요가 존재하며, 1년을 주기로 순환되기 때문에 수요예측에 어려움이 따르기 마련이다.

성수기에는 공급 좌석수보다 많은 수요가 발생되어도, 비수기에는 공급 좌석수보다 훨씬 낮은 수요가 나타난다. 따라서 성수기에는 동일 상품인데도 불구하고 항공사의 가격과 좌석이용률이 상승하여 좌석의 수익을 재고하는 데 노력의 대가를 충분히 얻을 수 있지만, 비수기에는 가격이 하락할 뿐 아니라 수요 또한 하락하기 때문에 항공사경영에 있어서 이중고를 감수하고 있는 실정이다. 일반 상품의 경우 수요가 급증하면 수요에 따르는 공급을 늘릴 수 있지만 항공권은 수요변동에 관계없이 새로운 항공사의 신규 취항 또한 현재 취항의 증편 및 기종 변경이 없는 한 공급 좌석수가 일정하고 공급을 임의대로 늘릴 수 없다.

따라서 공급의 한계가 있고 항공사 요금 또한 마음대로 올려 받을 수 없는 것이다. 꾸준한 출국자수의 증가로 항공사의 판매가 원활해져서 높은 수익을 예상할 때, 새로운 항공사의 취항 및 증편만이 항공 좌석 공급의 증가를 가져올 수 있다. 장기적으로는 계속적인 내국민 출국수 증가와 외국인 입국수 증가로 인하여 공급 좌석수의 증가가 계속될 것으로 예측되지만 타 사업과 비교하여 항공 좌석의 공급은 쉽게 이루어지지 않는다.

3) 항공사 수요예측의 기본 데이터

(1) Load Factor(좌석이용률)

항공기의 실제 부하율을 나타내는 말로서 여객기가 보유한 전체 좌석 중 실제 판매된 승객의 좌석이용률은 패신저 로드팩터(passenger load factor)라고 한다. 일반적으로 항공업의 손익분기점(break even point)이 되는 비율은 60%로 보고 있는데, 이는 항공운임에 따라 달라질 수 있다. 각 항공사는 보통 과거 수년간의 데이터를 축적하고 있으며, 수요를 예측할 때 가장 많이 활용하고 있는 자료이다.

(2) Market Share(시장점유율)

특정 업종의 제품시장에서 취급되는 전체 거래량 중에서 특정 기업이 차지하는 비율을 뜻한다. 항공업에서는 외부업체를 이용하거나 각 지역별 출국자수에 대비한 자사의 이용객수를 자체 비교하는 방법을 사용하여 시장점유율을 측정한다.

(3) Local Sale(한국 출발 판매)

항공사는 보통 특정 지역을 왕복하는 경우가 많다. 따라서 한국에서 출발을 한 후 외국에서 돌아오듯이, 한국에서 출발하는 항공 좌석에도 외국에서 입국한 후 돌아가는 승객들이 있다. 다시 말해, 항공기의 Load Factor(좌석이용률)가 높은 것과 한국 출발 승객의 판매가 많은 것과는 별도로 볼 수 있다. 따라서 Load Sale은 각 항공사에서는 좌석이용률과 함께 수요예측을 하는 데 필수요소가 되고 있다.

4) 사우스웨스트항공 사례

허브 켈러허(Herb Kelleher)의 리더십에 힘입어 1971년 롤린 킹(Rollin King)에 의해 설립된 뒤 단 3대의 항공기로 텍사스의 댈러스, 휴스턴, 샌안토니오 사이를 운항하는 작은 지역항공사로 출범했던 사우스웨스트항공은 세계적인 항공사로 자리 잡았다. 현재 사우스웨스트항공은 미국 내 32개 주 63개 도시에 취항하여 연간 8,300만 명이 넘는 승객을 수송하고 있으며, 운영하고 있는 비행기수는 모두 481대에 달한다. 종업원수가 설립 당시 195명에서 2007년 3만 2,664명으로 늘어났지만 그동안 한 번도 정리해고를 한 적이 없으며, 항공사고도 거의 없었을 정도로 대 고객서비스와 안전관리에 성과를 내왔다.

사우스웨스트항공은 포춘지가 선정하고 있는 미국에서 가장 존경받는 기업에 매년 포함되어 왔으며, 가장 일하기 좋은 100대 기업 중 최상위권을 매년 유지하는 등 대표적인 우량기업으로 평가받아 왔다. 미국 내에서 승객수 2위, 세계 2위의 항공업체에 올라서는 기염을 토하고 있다. 사우스웨스트항공은 마일리지서비스를 가장 먼저 시작했고, 고령자에 대한 할인, 항공권 없는 여행, 펀(FUN) 요금, 펀 화물 등을 첫 도입하는 등 새로운 제도를 만들어 내면서 세계 항공산업의 지형을 바꿔 왔다.

사우스웨스트항공은 위기의 상황 속에서도 꾸준한 광고로 마케팅전략을 구사하여 자사를 홍보했다. 타 항공사가 거침없이 구조조정을 단행할 때도 단 한 명의 해고 없이 흑자경영을 일구어내 많은 기업들의 부러움을 샀다. 이처럼 사우스웨스트항공이 예상치 못했던 위기를 극복할 수 있었던 가장 큰 이유는 그들이 재무건전성에 무엇보다 노력을 기울였기 때문이다.

평소에 보수적인 경영방식을 고집해 오면서 부채비율은 낮게, 현금 보유율은 높게 유지해 온 탓에 예기치 못한 위기의 상황을 극복해 낼 수 있었다. 또한 자사의 사업특성상 유가의 변동에 의한 영향을 많이 받을 수 있기 때문에 유가헤징을 통해 유가가 폭등할 때에도 저렴한 항공유를 공급받으며, 자사의 경쟁우위 중 하나인 저렴한 이용요금을 유지할 수 있었다. 유가헤징을 통해 고객수요를 유지했을 뿐만 아니라 헤징 자체로도 많은 이익을 남겨 어려운 여건 속에서도 수익을 남길 수 있었다.

사우스웨스트항공은 총지분의 13%가량을 직원들에게 배당한다. 이는 임금소득을 보완하는 자본소득으로서의 역할을 하며, 고용안정에도 기여하고, 회사의 성장을 공유하여 직원의 기업에 대한 애사심을 고취시킴으로써 생산성을 향상시키는 역할을 했다. 인적자원관리 측면에서 직원들에게 근무하기 좋은 환경을 제공함과 동시에 재무 측면에서 자사의 주식 중 일부를 직원에게 배당함으로써 직원들의 역량과 열정을 충분히 끌어냈던 것이다.

이러한 전략들을 바탕으로 경기침체기에도 수요를 늘리기 위한 요금할인을 과감히 단행하고, 시설 또는 서비스 등에 대한 투자도 점진적으로 확대해 나갔다. 이것은 경기침체기에 타 항공사들이 구조조정과 함께 투자비용절감 등의 전략을 쓰는 것과는 크게 대조되는 점이다. 사우스웨스트항공은 경기의 호황과 불황을 가리지 않고 자사의 경쟁력을 위한 투자를 게을리하지 않았기에 그들만이 가질 수 있는 차별화된 경쟁력을 확보할 수 있었다.

06 CHAPTER 항공사 업무관리

1 예약

항공 좌석은 재고가 불가능한 상품이다. 항공기가 출발하면 판매하지 못한 좌석은 상품으로서의 가치를 상실하기 때문이다. 이러한 운송상품은 특정 시간대, 요일, 혹은 특정 구간에 수요가 편중되는 특징이 있다.

항공사로서는 이러한 수요의 편중현상을 완화하여 수요가 고르게 분포되도록 유도함으로써 가능한 한 좌석 판매율을 극대화하고자 한다. 이를 위해 항공사는 각 항공편마다 탑승거부상태나 공석의 발생이 최소화되도록 항상 예약상황을 철저히 파악하고 관리해야 한다. 그렇지 않으면 상품의 판매기회를 상실함으로써 수익성이 저하되고, 여행객들은 여유 좌석이 있음에도 불구하고 희망하는 항공기의 탑승기회를 잃게 된다.

1) 예약의 개념

항공사가 제공하는 좌석은 물리적 실체로서 중요한 것이 아니고 특정 날짜나 특정 시간에 활용될 수 있을 때 비로소 상품으로서의 가치가 존재한다. 예약(reservation)은 이러한 특성을 지니는 상품을 적기에 탄력적으로 고객에게 공급함으로써 좌석 판매를 촉진하고, 수요를 예측하여 공급규모를 계획하는 수익관리의 측면과 타 항공사나 타 운송수단과의 서비스경쟁에서 우위를 확보하기 위한 서비스 측면의 양면을 모두 충족시켜야 하는 마케팅의 핵심적 업무이다. 따라서 예약이란 고객으로 하여금 단순히 항공기의 좌석을 미리 확보해 두도록 하는 것만을 의미하지 않는다. 고객이 항공기를 이용하는 전후의 과정에서 필요한 정보를 제공하고 이와 관련된 서비스 일체를 수행함으로써 항공사의 수익이 극대화되도록 하는 역할을 모두 포함한다.

2) 예약의 기능

예약의 가장 기본적 기능은 고객이 항공여행과 관련하여 요청한 사항들을 기록하고 보관하여 고객이 희망하는 여정이 순조롭게 실현되도록 하는 것이다. 그러나 예약의 기능은 단순히 고객이 필요로 하는 여정을 제공하는 것으로 한정되지 않는다. 내부적으로는 좌석 판매와 예약통제의 기능을 수행하고 외부적으로는 고객에게 다양한 정보와 여행 서비스를 제공하는 접점이 예약업무이다.

(1) 예약 판매기능

예약은 좌석을 적기에 탄력적으로 공급하여 좌석이 최대한 이용될 수 있도록 함으로써 회사 전체의 수익이 극대화되도록 한다. 이를 예약의 판매업무라 한다. 예약의 판매업무란 발권으로 연결되어 상품 판매를 실현하는 판매촉진활동이다.

(2) 예약 통제기능

예약은 재고 좌석의 통제기능을 수행한다. 재고 좌석의 통제란 항공기 출발 전까지 판매되지 않은 좌석수를 최소화하는 동시에 초과예약 상황이 발생하지 않도록 하는 관리활동이다. 즉 좌석이용률을 극대화시켜 수익을 높이는 동시에 고객에게는 원하는 항공편을 이용할 수 있도록 하는 통제시스템을 구축하여 운영하는 업무를 말한다.

(3) 고객서비스기능

예약업무는 탑승수속에 필요한 기초자료인 승객명단을 제공할 뿐만 아니라 특별한 서비스나 개별적인 관심과 보호를 필요로 하는 여행자에 대해서는 모든 관련 부서에 통보하여 요구사항이 원만히 제공되도록 한다. 이 밖에도 여행에 관한 여러 가지 사전준비를 돕는 기능을 수행함으로써 항공사의 서비스경쟁력을 결정한다. 예를 들어 호텔예약, 차량대여 등 교통편정보의 제공과 예약, 그리고 특별기내식의 사전예약, 목적지 국가의 환율 등 각종 여행정보를 제공함으로써 서비스를 확대할 수 있다.

그림 6-1 ○ 예약의 기능

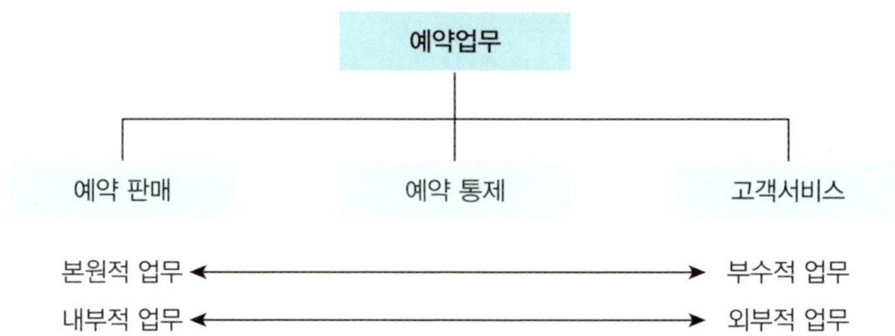

3) 컴퓨터예약시스템(CRS)

CRS(Computer Reservation System)는 항공사의 주 컴퓨터에 연결된 컴퓨터의 단말장치를 통해서 예약업무를 자동으로 처리하는 시스템이다. 이 시스템은 고객의 예약을 접수하고 예약된 내용을 저장하고 관리하는 모든 과정을 실시간으로 수행하도록 하는 컴퓨터프로그램이다. 항공사의 예약관리를 자동화할 목적으로 개발된 CRS는 정보통신의 발달과 함께 정보처리능력이 크게 향상되어 오늘날에는 여행과 관련한 다양한 정보를 제공하는 종합정보시스템으로서 그 이용 분야가 획기적으로 확대되었다. 항공여행을 위한 예약, 발권, 운임정보뿐만 아니라 호텔 등 여행과 관광서비스 분야에 걸쳐 널리 이용되고 있다.

2 발권

1) 발권의 개념

항공사의 발권(ticketing)은 고객과 항공사 모두에게 매우 중요한 의미를 지닌다. 여행자로서는 자신이 예약한 여정대로 여행하겠다는 것을 항공사에 최종적으로 확인해 주는 과정이다. 발권은 또한 항공사로 하여금 항공기에 실제로 탑승할 승객을 확인하는 근거를 제공한다. 동시에 발권을 통해 예약된 기록을 확인하고 승객에게 항공여행에 필요한 사항을 주지시킬 수 있다. 발권업무 담당자는 항공운임의 적용기준과 항공권 발행에 따르는 제반규정이나 운임의 산출기준을 알고 있어야 한다. 이들은 또한 이러한 지식을 바탕으로 발권에 관한 지식이 부족한 여행자들을 알기 쉬운 용어로 이해시켜 주어야 한다.

특히 공항에서의 발권업무는 일반 영업지점에서의 발권과는 달리 항공기 출발시간에 임박하여 도착하는 승객을 대상으로 하기 때문에 시간적인 제약이 뒤따른다. 따라서 공항에서의 발권은 주로 정상운임을 적용하는 항공권의 발권과 초과수하물권의 발행 등 간단한 사항을 처리한다. 그러나 비상상황의 발생 시 항공권의 재발행, 타 항공사로의 배서 등의 업무도 신속히 처리해야 하므로 전문적인 지식과 경험을 필요로 하며 동시에 사내 발권부서와의 긴밀한 협조체제도 구축하고 있어야 한다.

고객을 직접 상대하는 발권 카운터는 탑승을 앞둔 고객들과 직접 대면하는 항공사의 영업현장이다. 따라서 발권담당자의 업무능력, 태도, 언어, 표정 등은 바로 회사의 이미지로 직결된다. 그리고 항공사의 발권 카운터는 항공사의 상품이 직접 구매되는 장소로서 그 구매과정 자체가 하나의 상품요소이다. 이러한 특성으로 인해 발권담당자는 서비스 자세와 함께 항공권의 발행에 따르는 제반규정이나 업무에 대한 지식을 충분히 갖추고 있어야 한다.

2) 발권의 기능

발권업무는 크게 두 가지로 구분된다. 첫째, 본원적 업무이다. 예약을 통해 작성된 PNR에 기초하여 항공권을 발행하는 업무이다. 둘째, 부수적 업무이다. 방문고객을 대상으로 항공여정과 운임의 종류 및 조건 등을 설명하고 여행과 관련된 각종 정보를 제공하며 예약 및 항공여행과 관련된 부수적 서비스를 제공한다. 그리고 예약기록이 없는 내방고객에게는 여정을 작성해 주고 운임의 종류를 설명해 주어 이들이 적절한 상품을 구매할 수 있도록 도와주며 항공권을 발급하는 업무를 수행한다.

발권업무는 업무가 수행되는 위치적 특성에 따라 후방업무와 카운터

업무로 구분할 수 있다. 후방업무는 고객을 직접 대면하지 않고 후방사무실(back office)을 중심으로 발권과 관련된 업무가 수행된다. 주로 세부시장별로 개인이나 단체 또는 고객별 · 지역별 여행자의 구매욕구를 충족시킬 수 있는 적절한 운임과 상품을 계획하고, 다양한 고객욕구를 고려하여 결합요금을 개발하는 역할을 담당한다. 카운터업무는 방문고객을 상대로 예약과 함께 발권업무를 수행하는 판매기능을 수행하며, 좁은 의미의 발권업무를 말한다.

3) 항공권

항공권(passenger ticket)은 항공여행을 하려는 고객과 항공운송을 담당하는 항공사 간 계약으로 사용되는 운송증표이다. 이에 대한 올바른 취급은 항공업무의 기본이며, 동시에 대 고객서비스 있어서도 중요한 요소가 된다.

여객항공권의 종류를 살펴보면 ① 일반 항공권(MIT : Manually Issued Ticket), ② 전산항공권(TAT : Transitional Automated Ticket), ③ 은행결제항공권(BSP : Bank Settlement Plan Ticket), ④ 지역결제항공권(ASP : Area Settlement Plan Ticket)의 네 종류가 있

다. 발권에서 가장 중요한 것은 운임의 계산인데, 운임의 계산규칙은 복잡하고 어려운 인상을 주고 있으며, 확실히 운임의 종류도 점점 늘어가는 경향이고, 적용규칙도 복잡하게 되어 있다. 그러나 기본적인 운임 계산의 규칙은 부분적인 변경은 있어도 근본적인 변화는 없다. 특히 항공운임은 여행상품의 기초를 이루므로 그 계산규칙의 이해는 매우 중요하다.

3 운송

1) 운송의 개념

운송(traffic)업무란 항공여행을 하는 여객이 안전하고 쾌적하게 여행할 수 있도록 공항에서 이루어지는 일련의 서비스를 말한다. 출발지 공항에서는 승객의 여행 구비서류(항공권, 여권, 비자 등)를 확인하고, 여객에게 좌석배정, 수하물접수, 탑승안내를 하며, 도착지 공항에서는 승객의 입국편의를 위해 입국사열 및 수하물 통관안내와 사고수하물의 처리를 한다.

항공사의 운송업무란 넓은 의미에서 영업활동과 관련한 예약과 항공권의 발권, 공항에서의 승객탑승과 화물의 탑재, 항공기의 운항과 기내서비스, 항공기의 정비 및 지상조업, 운항관리 등 여객과 화물의 운송을 위한 일련의 활동을 말한다. 그러나 좁은 의미에서 운송업무는 공항을 중심으로 여객과 화물을 대상으로 수행되는 서비스활동을 의미한다. 공항의 운송업무는 다시 여객의 탑승과 관련한 여객운송(passenger traffic)과 화물의 탑재와 관련한 화물운송(cargo traffic)으로 나누어진다.

항공기 운항(flight operation)은 항공기 출발지 공항에서 운항을 준비하는 과정에서부터 이륙, 순항 그리고 도착지 공항에 착륙하여 주기장에 이동하기까지 일련의 항공기 이동과 관련한 업무로 구성된다.

2) 운송의 기능

고객의 입장에서 보면, 항공사가 판매하는 운송서비스상품이란 한 장소에서 다른 장소까지 여객이나 화물을 운송하는 활동이 된다. 운송서비스가 이루어지는 과정은 항공기의 운항 전과 운항 중 및 운항 후의 3단계로 구분할 수 있으며, 각 단계마다 서비스가 제공된다. 이는 곧 항

그림 6-2 ◐ 운송서비스의 흐름

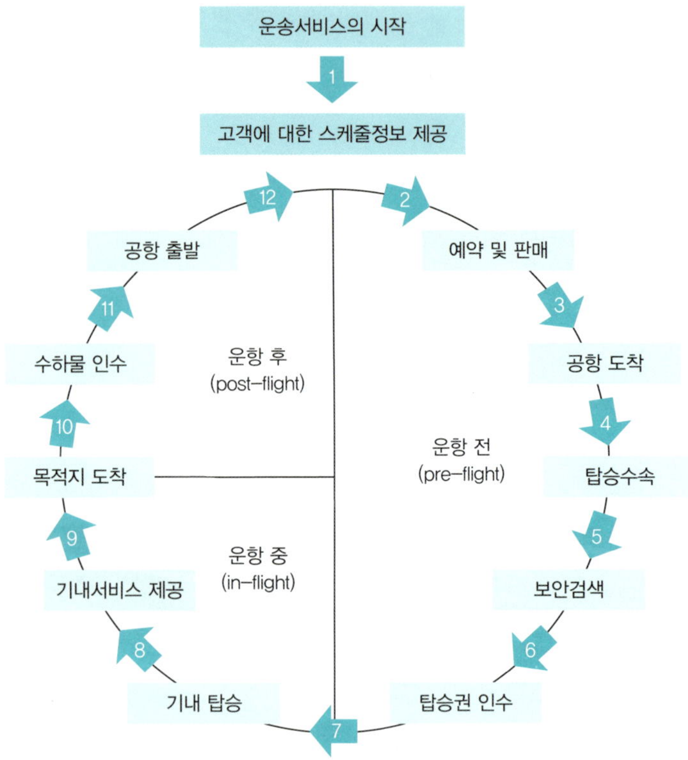

공운송상품이 경험적인 것인 동시에 고객의 욕구에 따라 제공되어 만족도에 의해 상품의 가치가 결정되는 특성을 지니고 있음을 의미한다.

이러한 상품 특성 가운데에는 항공기의 종류, 객실의 배치, 예약 및 좌석확보의 용이성, 스케줄, 정시성과 기내서비스, 공항서비스 등이 특히 중요한 요소가 된다. 그러나 현대의 운송시장에서 항공기의 종류나 객실의 배치 등은 매우 유사하여 차별화가 제한된다. 다른 요소들 역시 유의적인 차이점을 쉽게 발견하기는 어렵다. 따라서 현대의 운송시장에서 상품차별화는 각 항공사 고유의 이미지나 서비스상품이 개별시장에서 고객의 요구에 맞추어 추구하는 가치에 놓여진다.

4 객실

1) 객실의 개념

객실은 상품의 생산과 소비가 동시에 이루어지는 장소이다. 여행자의 입장에서 보면 객실은 여정 가운데 공간적 이동을 하면서 많은 시간을 보내는 공간이다. 객실에서 제공받는 서비스는 항공사로부터 구매한 상품을 소비하는 현장에서 직접 제공받는 효용으로 인식하게 될 뿐 아니라 관광의 경험을 구성하는 중요한 요소가 된다. 따라서 다른 업무에 비해 객실서비스는 상대적으로 높은 수준의 서비스가 요구되며, 특히 인적 서비스가 강조된다.

객실서비스(cabin service)란 기내에서 탑승객들에게 제공되는 모든 물적 · 인적 서비스를 의미한다. 물적 서비스(physical service)는 항공여행자가 항공기를 탑승하여 착륙할 때까지 안전하고 쾌적한 여행이 되도록 하는 데 필요한 각종 시설물과 서비스물품을 탑재하여 편의를 제공하는 업무를 말하며, 인적 서비스(personal service)는 승객으로 하여금 안전하고 쾌적한 여행을 할 수 있도록 기내에 비치된 물품이나

그림 6-3 항공 객실서비스의 흐름도

장치를 이용하여 대인적으로 돕는 업무를 의미한다.

객실업무를 보다 넓은 의미로 정의하면, 기내에서 제공하는 서비스 업무만이 아니라 승객이 탑승하기 이전부터 기내의 시설물을 점검하고 운항 중 필요한 비품과 서비스물품을 주문하여 조달하는 업무와 비행 전 브리핑, 승객의 탑승안내 그리고 목적지 도착 후의 입국서류 작성, 연결항공편에 대한 안내, 승객의 하기안내 그리고 항공편의 결항, 지연에 따른 승객의 안내업무 등을 모두 일컫는다. 특히 서비스 주체인 객실승무원이 기내에서 수행하는 인적 서비스는 대부분 승객 개인을 상대로 직접적인 인적 거래의 형태로 제공되기 때문에 서비스산업의 대표적인 환대(hospitality)업무라고 할 수 있다.

2) 객실의 구성

일반적으로 객실서비스는 서비스의 내용에 따라 좌석안내서비스, 음료 및 기내식서비스, 기내판매서비스 그리고 승객의 요구에 의한 서비스의 기본적인 단위업무로 구성된다. 또한 객실서비스는 다음과 같이 업무의 진행순서에 따라 구분할 수 있다.

먼저 객실서비스는 항공가의 운항단계에 따라 각각 비행 전(pre-flight) 서비스, 비행 중(in-flight) 서비스, 비행 후(post-flight) 서비스로 나누어진다. 비행 전 서비스는 예상 기내식의 파악, 필요한 기내물품의 확인 등 기내에 탑재할 품목을 준비하고 이에 따라 탑재를 점검하는 업무, 기내의 청결상태를 점검하고 승객의 탑승을 돕는 업무 등으로 구성된다. 비행 중 서비스는 항공기가 이륙하여 순항하는 단계부터 목적지 공항에 착륙하는 단계까지 기내에서 제공되는 업무들로 이루어진다. 여기에는 음료 및 칵테일서비스와 기내식, 기내면세품의 판매, 승객의 개별적인 요구에 응대하는 서비스, 그리고 승객의 입국서류 작성에 대한 서비스 등의 업무들이 포함된다. 비행 후 서비스는 목적지 공항의 기상안내, 연결항공편에 대한 안내 그리고 환송인사 등의 업무로 수행된다.

A·I·R·L·I·N·E·&·M·A·R·K·E·T·I·N·G

07 CHAPTER 항공사서비스

1 항공서비스

1) 항공서비스의 의미

항공서비스란 항공기라는 유형재를 운항하여 무형재인 운송서비스를 고객에게 제공하는 것을 말한다. 승무원들이 제공하는 정중한 서비스와 비행경험으로 고객이 느끼게 되는 안락함 및 편리성 등의 서비스가 주된 속성이고 여기에 항공기, 비행시간, 중간 기착지 정도와 같은 부가적 서비스가 수반된다.

항공서비스는 항공기를 이용해서 설정된 항공노선을 따라 비행하면서 승객을 친절하고 안전하게 그들의 목적지까지 운송해 주는 데 그 목적이 있으며, 비행 중 승객은 항공사가 제공하는 여러 형태의 서비스를 경험하게 된다. 승객이 목적지에 도착했을 때에는 구매대가로 받는 유형재는 없지만 원하는 목적지까지 무사히 도착한 안도감과 함께 비행 중의 안락함과 쾌적성 그리고 기내승무원의 서비스를 제공받게 된다. 말하자면 서비스가 주된 속성이고 여기에 유형재와 추가적인 무형의 서비스가 수반된 것을 말한다. 이는 단순히 여객과 화물을 실어 나르는 운송의 개념이 아닌 21세기의 국가 경쟁력을 대표하는 복합적 서비스 산업이다.

이와 같이 항공사서비스는 고정적인 상품과 유동적인 상품으로서의 서비스의 결합으로 완전한 상품가치를 실현한다. 따라서 항공사의 상품은 공간과 인적 서비스의 결합물이라 할 수 있으며 고정적 상품과 유동적 상품의 양면성을 갖고 있다.

고정적 상품으로서 공간(좌석 및 화물실)은 주로 항공기의 종류, 좌석 그 자체의 고유성, 화물실의 광협, 항공기의 유지 · 관리 등에 의해 좌우된다. 따라서 항공사가 어떠한 항공기와 항공스케줄을 채택하느냐가 중요하게 된다.

한편 유동적 상품으로서의 서비스는 출발지에서부터 목적지까지의 운송에 관련되는 일체의 서비스를 포함한다. 즉 관광객의 경우 좌석의 예약, 항공권의 발매, 시내와 공항 간의 지상운송, 공항에서의 탑승수속, 항공사가 제공하는 상품은 좌석의 판매로부터 목적지에 객체를 운송하는 서비스를 완료함으로써 비로소 상품가치를 실현하게 되고, 지불된 요금에 대한 대가의 급부를 완료하게 된다.

그러므로 항공운송사업이란 항공사가 항공기를 사용하여 국내 및 국외를 이동하는 승객과 화물 및 우편물을 운송하는 서비스를 제공하고 항공요금과 항공운임을 받아 경영해 나가는 사업체라고 규정할 수 있다.

2) 항공서비스의 특성

(1) 무형성

항공서비스는 무형성이 지배적이고 노동집약성이 대단히 높은 서비스이므로 고객은 탑승경험 후에야 항공사서비스 품질을 인식할 수 있다. 그러므로 고객은 무형성으로 인한 불확실성을 최소화하기 위해 항공사의 평판과 구전 등에 적극적인 관심을 갖고, 서비스 품질에 대한 표시 및 증거를 추구하며, 상표 충성도에 크게 의존한다. 이러한 고객의 반응에 따라 항공사는 운항횟수, 운항소요시간, 목적지, 도착시간, 중간기착지 정도, 기내 식음료 등의 유형적 단서나 증거를 강조할 필요성을 갖는다.

(2) 비분리성

항공서비스는 생산과 소비의 비분리성으로 인해 정기운항 스케줄상의 항공서비스가 해당 운항 편에서 모두 소화되지 않을 경우 판매기회는 상실되고 기회손실이 발생한다. 따라서 항공사는 항공 좌석이용을 제고시킬 수 있는 적절한 마케팅프로그램을 개발하고 적극적 홍보활동을 추진해야 한다.

(3) 이질성

항공서비스를 소비하는 활동은 시간, 요일, 월, 계절별로 수요변동폭이 크다. 특히 해외관광여행의 경우는 외부환경요인인 기후, 경기변동, 국내외 정세, 국민생활의 안정, 환율시세, 정부의 해외여행정책 등에 영향을 받는다. 그러므로 이를 수용해야 하는 항공서비스 제공자의 생산활동도 자연히 불연속적이 될 수밖에 없다. 이러한 항공서비스의 이질성으로 인하여 각 항공사는 꾸준히 항공 수요가 발생될 수 있도록 마케팅전략의 개발과 적극적 실천이 요망되며 경기변동 등 환경의 변화에 민감하게 반응해야 한다.

(4) 소멸성

항공서비스의 소멸성은 과잉생산으로 손실을 발생시킬 수 있을 뿐만 아니라 과소생산으로 이익기회를 상실시키기도 한다. 그러므로 항공사는 유휴 항공기의 보유, 종업원의 다기능화, 대기나 예약제도를 통하여 수요를 제고시키거나 수요와 공급을 일치시켜 나가야 한다.

3) 항공서비스의 분류

항공운송서비스는 물적 서비스와 인적 서비스, 기내서비스, 지상서비스 그리고 항공운송 패키지서비스의 5개 부문으로 구성된다. 물적 서비스는 물품, 환경, 서비스 제공시스템으로 형성되며, 인적 서비스에는 일선 승무원들의 고객지향적인 사고방식이 포함된다. 기내서비스는 객실서비스와 기내식으로 구성되고, 지상서비스는 항공권의 예약 · 발권 등 지상 교통서비스로 이루어지며, 마지막으로 항공운송 패키지서비스는 핵심서비스와 보조서비스부문으로 세분하여 살펴볼 수 있다.

그림 7-1 ◘ 항공서비스의 분류

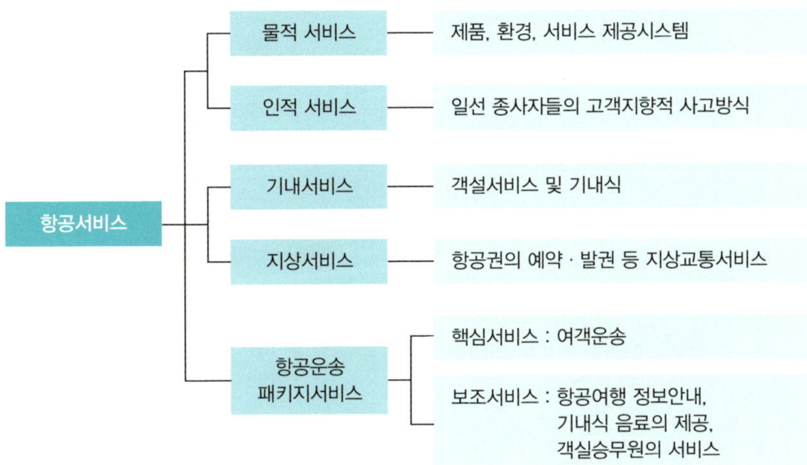

4) 항공서비스의 매트릭스(Matrix)

[그림 7-2]에서는 기내서비스 만족도조사와 더불어 같은 내용의 질문에 대해 중요도를 묻는 조사를 병행하여 중요도 만족도 매트릭스분석을 실시하였다. 이는 중요도 실행도분석을 원용하여 중요도 만족도 분석(importance satisfaction analysis)을 실시한 것으로 승객들이 기

내서비스요인 중 어떤 요인을 중요시하고 있는지 또 어떤 요인에 만족도가 높은지를 조사하여 향후 항공사서비스 개선에 효과적인 투자가 가능하도록 하였다.

그림 7-2 ◐ 항공서비스의 중요도 만족도 매트릭스

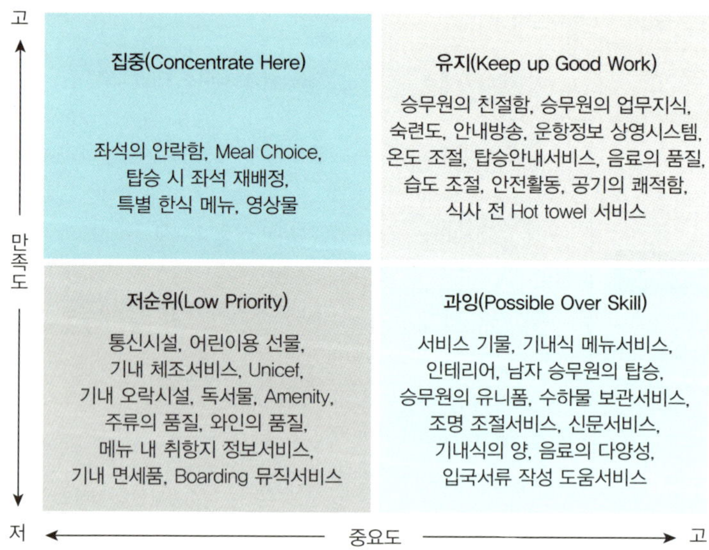

(1) 집중(Concentrate Here)

좌석의 안락함, 밀초이스(meal choice), 탑승 시 좌석 재배정(일행 분리, 통로, 창 측 좌석 선호 승객의 좌석 재배치 등) 등이 이 영역에 속하는 것으로 나타났다. 좌석의 안락함의 만족도가 낮게 나타난 것은 이코노미 클래스 좌석공간의 협소함에 기인한다 하겠다. 참고로 좌석 관련 만족도가 가장 낮게 나타난 좌석 간 간격(pitch)의 경우 조사 대상

항공사는 외국항공사 평균과 동일한 수준인 것으로 조사되었으며, 이는 좌석은 불편하더라도 저렴한 항공여행을 선택하는 수요가 많음을 말해 준다. 밀초이스 항목은 보통 승객이 두 가지 메뉴 중 한 가지(양식 또는 한식, beef 또는 chicken 등)를 선택할 수 있도록 되어 있으나 해당 비행의 승객 구성(국적 등)이나 기타 상황적 요인들로 한 가지의 메뉴가 많이 선택되어 늦게 식사하는 승객이 원하는 종류의 메뉴를 선택하지 못하는 경우의 불만을 반영한 것이다.

(2) 유지(Keep up the Good Work)

승무원의 친절함, 승무원의 업무지식, 기내 안내방송 등으로 나타났다. 승무원의 친절함을 포함한 대부분의 승무원 관련 인적 사항이 중요도 항목에서 높은 순위를 차지했다는 것은 답답하고, 협소한 공간에서 긴 시간을 보내야 하는 승객들에게 승무원의 인적 서비스 항목이 얼마나 중요한 요소인지를 확인시켜 준 결과라고 판단된다. 이와 관련한 높은 만족도는 승무원들의 서비스에 고객들이 만족한다는 것을 나타내며, 이러한 결과는 밀봉하지 않은 만족도조사 설문지를 서비스를 제공한 승무원에게 다시 제출한다는 상황적 요인도 작용했다고 판단된다.

(3) 과잉(Possible Over Skill)

이 영역에 해당되는 항목으로는 남자 승무원의 탑승, 승무원의 유니폼, 기내식의 양 등으로 분석되었다. 남자승무원 탑승 항목의 낮은 중요도는 과거에 비해 줄어든 승객들의 보안의식을 반영하는 결과라 판단되며, 승무원의 유니폼, 기내식의 양에 대해 승객들이 그리 중요하게 생각하지 않고 있다는 점도 흥미로운 결과라 하겠다.

(4) 저순위(Low Priority)

기내 통신시설(기내 인터넷, 위성전화, 좌석 간 전화 등), 어린이용 선물, 기내 체조 영상물 상영서비스 등이 이 영역에 속하는 것으로 조사되었다. 통신시설의 경우 이용 시 위성 사정으로 인한 잦은 불통현상, 다소 비싼 통신요금 등이 원인이라 판단되고, 어린이용 선물 항목의 경우 어린이 동반 승객에게 승객의 바쁜 상황을 고려하여 설문지 작성을 의뢰하지 못했던 상황적 요인을 감안할 수 있겠다. 기내 체조 항목은 승객들의 설문 작성시간을 확보하느라 착륙 직전에 실시하는 해당 서비스 이전에 설문지가 배포되어 항목 평가 자체가 어려운 점이 있었다.

2 항공사서비스 사례

1) 해외서비스 사례

(1) 사우스웨스트항공사

① 비용절감을 통한 고객만족

사우스웨스트항공은 항공기를 이용하여 목적지에 가고자 하는 승객을 정시에, 그것도 가능한 저렴한 가격으로 갈 수 있게 하면 자신들이 운영하는 항공사를 이용하게 될 것이라는 단순한 개념으로 치열한 경쟁을 하는 항공업계에 뛰어든 롤린 킹과 허브 켈러허에 의해 설립되었다.

저렴한 가격의 국내 단거리 운항의 틈새시장을 공략하기 위해서는 비용절감이 최우선되어야 하는데, 이를 위해서 사우스웨스트항공은 혁신적인 방법으로 저비용을 실현하였다. 비행기 기종의 통일화, 포인트 투 포인트(point to point) 직운항방식, 그리고 서비스의 간소화이다.

이 항공사는 여행사를 이용하지 않고 공항에서 자동화된 발권시스템을 통해 항공권을 직접 발급받을 수 있게 하여 여행사에 대한 불필요한 수수료를 없앴다. 또한 지정 좌석제를 없애고 탑승하는 순서에 따라 승객이 원하는 좌석에 앉을 수 있게 하여 수속시간과 자리를 찾는 시간을 줄여 운항시간을 단축하였다. 또한 단거리노선만을 운항하기 때문에 기내식을 제공하는 대신 땅콩과 스낵 종류만을 제공하여 비용절감을 하였다.

② 독특한 외부 고객만족서비스

비용절감이 서비스 소홀로 이어질 수 있다는 염려를 사우스웨스트항공은 획기적이고 승객에게 재미를 주는 'FUN'경영 방침으로 불식시켰다. 기내에서 안전수칙을 랩으로 방송하거나 "우리는 지금 방향을 잃었습니다. 그러나 목적지에는 매우 빨리 도착하고 있습니다"라고 안내방송을 한다든지, "기내에서 담배를 피우실 때는 언제든지 날개 위에 마련된 테라스에서 피우면 됩니다"라고 금연방송을 하여 승객들에게 재미를 선사하였다.

승무원들은 재미있는 분장으로 깜짝쇼를 하기도 하고, 부활절이나 핼러윈데이 같이 특별한 날에는 그날에 어울리는 다양한 의상을 입기도 하며, 항공사에 전화를 건 고객들에게는 "담당자와 30초 이상 연결되지 못한 고객은 8번을 눌러 주십시오. 그렇다고 빨리 연결되는 것은 아니지만 적어도 기분은 좋아질 것입니다"라는 재미 있는 안내 메시지를 전하기도 한다. 또한 제한된 공간에서의 지루함을 달래는 방법으로, 기내에서 제공하는 음료수와 땅콩 봉지에 "귀하를 위해 마련한 사치스런 서비스"라고 적혀 있는가 하면, 비행기 안 금연문구에 "흡연은 비행기 날개 위 스카이라운지를 이용해 주십시오. 거기에는 〈바람과 함께 사라지다〉가 상영되고 있습니다"라고 적어 고객의 재미를 유발한다.

그뿐만 아니라 비행기 도장도 취항지의 특색에 맞춰 737기 기체를 범고래 모양으로 도장한다든지 미국적 향토색이 짙은 각 주의 상징들의 문양을 도색하기도 했다. 이러한 독특한 고객만족서비스를 하는 사우스웨스트항공은 승객의 불만이 제일 적은 항공사, 30년 동안 사고가 없는 항공사, 신속한 탑승 및 정시출발, 정시도착 등으로 이익을 내는 항공사이며 미 포춘지 선정 우수기업에 수차례 상위 랭크되는 등 현재 미국 내 4위의 항공사로 성장하였다.

(2) 스칸디나비아항공사

① MOT의 의미

MOT(Moment Of Truth)란 스페인의 투우 용어인 'Moment De La Verdad'를 영어로 옮긴 것인데, 스웨덴의 마케팅학자인 리차드 노만(R. Norman)이 서비스 품질관리에 처음으로 사용하였다고 한다. 원래 이 말은 투우사가 소의 급소를 찌르는 순간을 말하는데, "피하려 해도 피할 수 없는 순간" 또는 "실패가 허용되지 않는 매우 중요한 순간"을 의미한다. 따라서 MOT란 '진실의 순간'이라는 통상적 번역보다 '결정적 순간'이라는 말이 더 적합하다.

서비스 품질관리에서 MOT 또는 결정적 순간이란 "고객이 조직의 어떤 일면과 접촉하는 접점으로서, 서비스를 제공하는 조직과 그 품질에 대해 어떤 인상을 받는 순간"을 말한다. 일반적으로 MOT는 고객이 종업원과 접촉하는 순간에 발생하지만, '광고를 보는 순간'이나 '대금 청구서를 받아 보는 순간' 등과 같이 조직의 여러 자원과 직접 또는 간접적으로 접하는 순간이 될 수도 있다. 항공서비스의 경우를 예로 들어 보면, 고객은 다음과 같은 MOT들을 경험할 수 있다.

- 정보를 얻기 위해 전화했을 때
- 예약할 때
- 공항 카운터에 다가갔을 때
- 순서를 기다리고 있을 때
- 탑승권 판매직원과 카운터에서 만났을 때
- 요금을 지불하고 탑승권을 받을 때
- 출발입구를 찾고 있을 때
- 보안검사대를 통과할 때
- 출발라운지에서 출발을 기다릴 때
- 티켓을 건네고 탑승할 때
- 탑승하여 승무원의 환영을 받을 때
- 좌석을 찾고 있을 때
- 수화물보관소를 찾고 있을 때
- 좌석에 앉았을 때

고객과의 접점에서 발생하는 MOT가 특히 중요한 이유 중 하나는 고객이 경험하는 서비스 품질이나 만족도에는 소위 '곱셈의 법칙'이 적용되기 때문이다. 즉 여러번의 MOT 중 어느 하나만 나빠도 한순간에 고객을 잃어버릴 수 있다. 따라서 MOT 하나하나가 그 자체로서 상품인 것이다.

② MOT를 적용한 스칸디나비아항공

1970년대 말 석유파동으로 인해 세계 항공업계는 큰 시련을 맞았다. 17년간 연속해서 흑자를 기록하였던 스칸디나비아항공(SAS)에서도 1979년과 1980년 사이의 2년 동안에 3,000만 달러의 적자가 누적되었다. 이러한 위기 가운데 39세의 얀 칼슨(Jan Carlson)이 이 항공사의 사장으로 취임하였다.

칼슨은 15초 동안의 짧은 순간순간이 결국 스칸디나비아항공의 전체 이미지, 나아가 사업의 성공을 좌우한다고 강조하였다. 스칸디나비아항공에서는 대략 한 해에 1,000만 명의 고객이 각각 5명의 직원들과 접촉했으며, 1회 응대시간은 평균 15초였다. 따라서 고객의 마음속에 1년에 5천만 번 회사의 인상을 새겨 넣는 것이었다. 이러한 결정적 순간의 개념을 도입한 칼슨은 스칸디나비아항공을 불과 1년 만에 연 800만 달러의 적자로부터 7,100만 달러의 흑자경영으로 전환시켰다.

MOT의 개념을 소개하기 위해 칼슨은 '불결한 트레이'를 자주 예로 들었다. 만약 승객들이 자신의 트레이가 지저분하다는 것을 발견하게 된다면, 같은 순간에 그들은 탑승하고 있는 비행기가 불결하다고 느끼게 된다는 것이다. 이처럼 MOT는 서비스 제공자가 고객에게 서비스 품질을 보여줄 수 있는 극히 짧은 시간이지만, 자사에 대한 고객의 인상을 좌우하는 극히 중요한 순간이다.

결정적 순간은 고객이 서비스를 제공하는 조직과 어떤 형태로 접촉하든지 간에 발생하며, 이 결정적 순간들이 하나하나 쌓여 서비스 전체의 품질이 결정된다. 따라서 고객을 상대하는 종업원들은 고객을 대하는 짧은 순간에 그들로 하여금 최선의 선택을 하였다는 기분이 들도록 만들어야 한다는 것이 칼슨이 말한 MOT의 기본이었다.

2) 국내서비스 사례

대한항공과 아시아나항공은 우리나라를 대표하는 최고의 항공사로서 최고의 서비스를 통한 최고의 고객만족을 목표로 하고 있다. 또한 국내뿐 아니라 동북아의 중심지로 자리 잡고, 나아가서는 세계 최고의 항공사를 목표로 하여 다양하고 차별화된 세계 최고의 서비스를 선보이며 꾸준히 개발하여 나가고 있다.

이 두 항공사는 고객중심경영을 위해 한국의 정신이 살아 있는 서비스를 개발, 고객의 감동과 가치를 창출하고, 고객중심의 경영을 통해 세계 서비스산업을 선도하는 기업이 되는 것을 목표로 하고 있다. 또한 기업환경 변화에 유연하게 대응할 수 있도록 변화지향적인 기업풍토를 조성해 국제경쟁을 높이고자 한다. 두 항공사는 최고의 서비스를 목표로 하고 있기 때문에, 이른바 '루이비통' 같은 명품을 연상시키는 서비스에 초점을 맞추고 있으며 이미 스타렉스에서 실시한 항공사조사에서 5성의 항공사로 채택됨은 물론 기내서비스의 오스카상으로 불리는 머큐리상을 각각 3회, 2회 수상하였다. 다른 항공사에서는 실시하지 않는 차별화된 서비스의 개발과 함께, 식상함에서 벗어난 기내식을 개발하는 등 이른바 '명품서비스'를 제공한다.

(1) 대한항공의 플라잉맘서비스

2007년 머큐리상 기내서비스부문 금상을 수상한 대한항공의 '플라잉맘서비스'는 일반적으로 항공사들이 제공하는 비동반 소아 승객서비스에 한국적 모성애를 결합시킨 차별화된 기내서비스이다. 보호자 없이 탑승한 아동들에게 담당 승무원이 배치돼 무엇을 먹었는지, 잠은 얼마나 잤는지, 건강에 이상은 없는지 등을 엄마처럼 세심히 보살펴 주는 서비스이다. 담당 승무원은 이 같은 체크내용을 편지로 작성해 도착지의 부모에게 전달한다. 대한항공은 많은 부모들이 홀로 비행기를 타는 어린이들의 안위를 걱정한다는 점에 착안, 2002년부터 이 서비스를 시작했다. 이 서비스는 비행시간 5시간 이상의 중 · 장거리 항공편에 탑승하는 소아 승객에게 제공되며 매년 평균 1만 명 이상이 이용하고 있다.

(2) 아시아나항공의 차밍서비스

아시아나항공은 2006년 4월부터 장거리노선 승객들을 대상으로 기내 뷰티서비스인 '차밍서비스'를 실시하고 있다. 그 중 마스크팩서비스는 낮은 습도로 인해 피부가 건조해지기 쉬운 기내에서 보습을 위해 마스크팩을 제공하는 것으로 장시간 비행 후에도 깔끔한 모습과 쾌적한 기분을 유지할 수 있어 여성고객뿐 아니라 요즘 미용에 관심이 높아지고 있는 남성고객들로부터도 커다란 호응을 얻어 현재까지 약 3만 8,000여 명의 승객이 이용했다.

(3) 차별화된 기내식

비행기를 이용해 보지 않은 사람조차도 대한항공의 기내식인 비빔밥은 익히 알고 있을 것이다. 대한항공은 1998년 비빔밥을 출품해 '머큐리상' 기내식 부문 대상을 수상하였다. 비빔밥의 경우 엄선된 청정야채를 사용하며, 엄격한 위생관리와 함께 품질개선을 위해 정기적으로 외국인 조리사들을 국내로 초청해 조리교육을 시키는 것은 물론 국내의 조리사를 수시로 해외에 파견하여 해외현지의 조리사를 대상으로 한 추가교육을 실시하는 등 꾸준한 노력을 기울여 오고 있다.

또한 2006년 8년 만에 다시 비빔국수로 금상을 수상함으로써 기내식 품질의 우수성을 다시 한 번 국제적으로 인정받게 됐다. 비빔국수는 비빔밥 이후 지속적인 한식 메뉴 개발을 통해 이루어진 결실로, 2005년 7월 1일부터 장거리 국제선에서 세컨드 밀(두 번째 식사)로 서비스되어 승객들로부터 높은 인기를 얻어 왔다. 비빔국수는 맛과 영양이 뛰어나면서도 열량이 낮은 대표적인 웰빙식품의 하나로 이번 수상을 계기로 내외국인들로부터 보다 많은 사랑을 받을 것으로 기대된다. 실제 설문조사를 통해 얻은 90%가 넘는 승객들의 호감도와 이번 수상을 계기로, 비빔국수서비스 제공노선을 현재 미 동부 장거리노선에서 유럽 및 대양주노선까지 확대할 계획이다. 또한 비빔국수는 중량 또한 기존 메뉴에 비해 70% 이하 정도로 작아 고유가 시대에 맞는 대표 기내식의 하나로도 폭넓은 사랑을 받을 것으로 기대된다.

(4) 캐주얼한 편안한 서비스

티웨이항공, 제주항공과 같은 항공사는 가격과 효율을 중요시하는 서비스전략을 바탕으로 하여, 고객들에게 친근하고 즐거움을 제공하는 새로운 형태의 서비스전략을 세우고 있다. 이들은 항공사의 가장 우선적인 목표인 안전성을 기반으로 하여 가격경쟁력을 통한 고객만족과 고객이익 중시, 지역경제의 활성화 등을 목적으로 운영하고 있다. 기내서비스 또한 사우스웨스트항공과 비슷한 FUN경영을 추구하고 있다. 이들은 비행시간이 짧은 국내선을 위주로 비행을 하는 점에 착안, 편안한 휴식보다는 좀 더 활동적이고 흥미 위주의 참여형 서비스에 중점을 두고 서비스를 제공하고 있다.

① 승무원 개인 블로그 운영 및 이용 후 피드백

티웨이항공은 대한항공이나 아시아나항공과는 다른 개념의 흥미 있고 즐거운 다양한 서비스를 제공하고 있다. 승무원별 개인 블로그를 운영하여 궁금한 사항이나 탑승 후 소감을 공유하고, 홈페이지의 탑승소감과 칭찬하기 등의 피드백을 통한 고객관리를 통하여 고객에게 흥미를 유발하고 고객의 충성심을 높이는 효과를 가져왔다.

② 고객 사진 찍어주기

항공사를 이용하는 모든 고객을 대상으로 한 사진 찍어주기 이벤트는 항공사를 이용하는 고객에게 "추억을 선물해 드립니다"라는 새로운 개념의 감성서비스개념이라고 할 수 있다. 선물은 언젠가 없어지기 마련이지만 사진은 평생 머릿속에 남는다는 새로운 아이디어로 간단하면서도 고객들에게 흥미를 유발하고, 고객들의 메일을 통하여 발송하거나 홈페이지에 업로드하여서 여러 고객들과 사진을 서로 공유하고 간직할 수 있는 새로운 이벤트이다.

③ 제주항공의 빙고게임, 닌텐도DS 대여, 말벗서비스

제주항공은 낮 시간에 제주로 가는 비행기 안에서 비행의 무료함을 배려한 빙고게임을 제공한다. 게임방법은 희망자에 한하여 5가지 숫자를 고른 후 퀴즈를 내고 맞히는 사람이 자신이 원하는 숫자를 말하는 방식이다. 5명의 퀴즈 정답자가 부른 숫자를 모두 적은 사람이 우승하게 되고 소정의 선물을 받게 된다. 또한 신청자에 한하여 닌텐도DS를 대여해 주는 서비스도 제공하고 있으며, 주변의 동행자가 잠들고 무료해 보이는 승객에게 스튜어디스가 자연스레 말을 건네는 모습도 눈에 띈다. "1시간여의 시간에 무엇을 할 수 있겠어?"라고 생각하기 쉽지만, 제주항공은 그 시간을 활용하여 다양한 서비스를 제공하고 이를 통해 고객에게 만족을 주고 있다.

④ 시즌별 다양한 서비스 제공

여름철 페이스페인팅과 타투 그려주기, 겨울철 산타복 선물추첨, 마술과 같은 다양한 이벤트로 비행시간 동안의 지루함을 털어버리고 계절별 고객의 기억에 남을 만한 이벤트를 제공함으로써 단순한 이용수단의 개념을 넘어서 가는 목적지까지 즐겁고 재미있는 다양한 이벤트를 시즌별로 제공하고 있다.

3) 서비스 품질의 사례분석

(1) 싱가포르항공(Singapore Airlines)

지구촌 50개국 200여 국제도시에 83개 노선을 가진 세계적인 항공기업인 싱가포르항공은 지난 2000년대부터 연간 매출액이 100억 달러 이상인 초우량기업이다. 세계적인 경기침체와 여행객 감소로 거의 모든 항공사가 급격한 침체 국면에 빠져들고 있는데도 이 항공사만은 최고수준의 순이익을 내고 있다. 국제항공운송협회에 가입된 140여 항공사 가운데 랭킹 1위를 마크한 항공사로 유명세를 더하고 있다. 여행 전문잡지인 영국의 '홀리데이 위치(*Holiday Which*)'에서 좌석의 안락성, 기내서비스, 기내식, 청결부문 등 8개 항목에 걸쳐 실시한 종합평가에서 1위를 차지하였다. 싱가포르항공이 이러한 좋은 서비스 이미지를 얻어내기까지는 반세기가 걸렸다. 공기업이면서도 세계적 민간항공사의 서비스를 압도하는 비결은 철저한 경쟁논리와 차별화된 서비스 품질관리와 포지셔닝 전략이다.

- 싱가포르항공의 마일리지 클럽카드 : 세 가지 등급으로 나누어져 있고 각 등급마다 혜택을 차별화한다.
- 감각적인 체험을 기본으로 하는 캠페인 전개 : 대표적인 예로 기내 승무원을 싱가포르 걸(Singapore Girl)이라는 아이콘으로 만들어서 1990년대 말 스테판 플로리안 워터스 향수를 소개하며 감각서비스의 절정을 이루었다. 이 향을 기내 전체에 퍼져 나가게 했다. 특허를 받은 이 향수는 항공사만의 트레이드마크가 되었고, 향을 맡은 고객들은 후각이라는 감각을 통하여 기내의 모습을 상상할 수 있게 되었다.
- 차별화된 종업원들의 적극적인 서비스 마인드 : 대부분의 항공사들이 비슷한 사내이념과 비전을 가지고 있고, 고객중심의 서비스를 제공하기 위해 노력한다. 사람만이 다른 항공사가 복제할 수 없는 요소임을 최상의 가치로 삼고 그 어느 경쟁상대도 벤치마킹할 수 없는 고유한 서비스 품질혁신이 가장 큰 상위개념으로 자리 잡았다. 종업원의 서비스 품질관리에 따른 적절한 보상과 함께 최고의 서비스 항공사에서 최고의 서비스를 제공하는 담당자라는 자부심을 만들어 주는 기업문화 속에서 끊임없이 가치를 창출하고 있는 것이다.
- 전자정보시스템의 도입 : 긴급의료 보조단체인 국제 SOS와의 협정을 체결하여 기내 원격의료서비스(Tele-Medical Service)를 도

입했으며, e-mail과 휴대전화, 호출기 등으로 승객들의 스케줄 변경사항을 제공하는 서비스를 실시하고 있다.

고객의 니즈를 만족시키는 전략은 마침내 매년 흑자를 기록하고, 1994년을 기점으로 세계 최고의 수익을 얻는 항공사가 되었다. 싱가포르항공의 핵심키워드는 '최고추구, 안전중시, 고객우선, 직원만족, 성실, 팀워크'이다. 고객의 요구를 주도적으로 실행할 수 있도록 교육하며 현장업무가 곧 교육의 연장이다. 선도적인 기내서비스를 선보이는 싱가포르항공은 고객을 만족시키기 위해서 끊임없이 노력하고 있으며 전 세계 국제항공기 중 항상 선두자리를 지키고 있다. 이에 따라 많은 항공사들이 싱가포르항공을 벤치마킹하고 있다.

| 표 7-1 | 싱가포르항공의 서비스 품질전략

구분	First Class	Raffles Class	Economy Class
모토/ 분위기	• 최고의 서비스 • 고급, 우아	• 편안하고 품격 있는 서비스 • 현대적 고급스러움	• 저렴한 가격의 깔끔함
기내 편의시설	• 가죽 좌석, 매트리스, 깃털이불, 커다란 베개, 세면용품, 화장용품, 맞춤서비스 • 16~20 좌석 유지	• Space bed의 마련	• 실로 짠 양말 • 발판, 머리받침 • 칫솔과 치약 • 크리스 월드
기내식	• 전 세계 요리, 와인 • 네 가지 음식선택권 • 음식예약서비스 • 노선별 특성화된 메뉴 제공	• First Class와 유사	• 두 가지 메인 음식 선택권 • 다양한 스낵 • 가벼운 먹을거리 • 폭넓은 음료선택권

A·I·R·L·I·N·E·&·M·A·R·K·E·T·I·N·G

08 항공사마케팅
CHAPTER

1 항공사마케팅

1) 항공사마케팅의 개념

항공사마케팅은 항공운송업의 수요 측면을 다룬다. 시장에서 소비자의 욕구를 만족시킴으로써 수입을 얻는 것이 항공사 운영의 궁극적 목표라 할 수 있으므로 항공사 운영의 방향 결정에 주도적 역할을 하는 기능이 마케팅활동이라 할 수 있다. 마케팅은 수요를 수입으로 전환시키는 역할을 해야 하며 이를 위하여 항공사의 모든 부서는 수평적으로 상호작용을 해야만 한다.

기능적으로 보아 마케팅은 수요의 분석, 수요개발, 수요조정, 계획 등을 포함한다. 따라서 마케팅은 승객의 욕구를 파악하고, 티켓을 판매하고, 승객을 처리한 후 그 결과를 다시 계획에 반영하는 일련의 행위를 모두 포함하는 개념이다.

제조기업의 공산품이든 항공사의 운송서비스이든 그것이 현대인의 경제생활과 사회생활에 시간적 · 장소적 효용을 창출해 주고 인간의 욕구를 충족시킴으로써 행복한 삶을 보장해 준다는 점에서는 동일하므로 항공사마케팅도 당연히 마케팅의 한 분야이다. 이에 따라 항공 좌석을 승객들이 이용하도록 그들에게 일시적으로 소유 내지 사용하게 하는 항공사마케팅은 당연히 서비스마케팅의 실천대상이다.

항공사는 여러 차원에서 제조기업과 상이하다. 항공사의 경영특성과 그 상품의 이질성으로 인해 항공사마케팅은 자연히 특수성을 띠게 된다. 이는 곧 항공사마케팅이라는 지식체계가 대상으로 삼는 영역을 기존 마케팅으로 해결할 수 없음을 의미한다. 다시 말해, 항공사마케팅은 부분적으로 차이가 없으나 서비스상품이 갖는 특성으로 인해 마케팅수단의 강조점과 마케팅 믹스 등은 달라질 수밖에 없는 특수마케팅의 형식을 취하게 된다.

일반적으로 마케팅과정의 절차는 소위 말하는 4P(Product, Price, Place, Promotion)로서 설명하는 경우가 많다. 항공사마케팅의 경우도 이 절차로 설명할 수 있으나, 4P 이전에 항공여행자와 항공운송시장에 대한 분석이 선행되어야 할 것이며, 향후 3P(People, Process, Physical evidence)를 더한 7P로 분석을 고도화해야 한다.

2) 항공사마케팅의 특성

항공사의 마케팅문제는 전통적인 제품마케팅에서 발견되는 문제와는 상이하다. 그 차이점은 항공 수요와 공급이 갖는 특성에 근거한다. 운송서비스는 구매 이전에 사용이 가능한 물리적 형태를 띠지 않으며, 무형적 경험(intangible experience)이 판매된다. 이처럼 생산 · 저장되어 판매되는 제조업의 제품과 달리 판매 대상이 서비스이므로 생산과 소비가 동일시점에서 이루어진다.

이에 따라 제품에서 일어나는 재고과정은 재화의 생산과 소비를 연결시켜 주는 고리 역할을 한다. 그러나 운송서비스의 공급은 저장할 수 없다. 예컨대, 캔맥주와는 달리 항공 좌석은 해당 운항편에서 모두 소화되지 않으면 안 되므로 저장의 문제는 발생하지 않는다. 즉 캔맥주는 저장시설에 보관해 두었다가 수요가 변화하면 공급량을 조절하여 출하할 수 있지만 운송서비스의 제공능력은 미리 결정되어 있다. 이 점이 바로 항공사 경영자들로 하여금 시설의 효율성 제고와 완전 가동률을 확보해 줄 서비스의 생산계획을 수립해야 하는 부담을 가지게 한다.

항공사에 있어 고객의 만족은 항공사 직원이 제공하는 서비스의 함수이다. 그러므로 항공사는 인적 색채가 농후한 기업이자 고객 개개인의 특성에 기초해서 서비스를 제공하는 기업이다. 다시 말하면 항공승객은 다양한 개성체이므로 그들의 개성을 무시한 획일적인 서비스의 제공은 자제되어야 한다. 환대(hospitality)와 서비스훈련에 중점을 두는 항공사가 고객의 애호를 받는 것도 바로 이러한 이유 때문이다.

2 항공사서비스의 마케팅전략

1) 항공사서비스의 마케팅전략

오늘날 경제의 성장, 개인가처분소득의 증가 등으로 인하여 과거에 비해 서비스의 개념이 다양화되고 유형의 재화와 구분되는 독립적인 상품으로서의 역할을 하게 되었다. 이러한 서비스상품 중의 하나가 항공서비스이다. 항공서비스는 과거 단순한 교통의 역할을 수행하여 장소적 장애와 시간적 장애를 해결해 주는 도구적 역할을 수행해 왔으나 과학기술의 발달로 인하여 개발된 항공기는 경제성, 대량성, 고속성, 정시성이라는 특성을 통하여 일반인의 일상생활에서 차지하는 비중이 매우 높아지게 되었다.

따라서 항공서비스란 항공기라는 하드웨어(hardware)를 이용하여 설정된 항공노선을 비행하면서 승객을 친절히 모시고 안전하게 목적지까지 운송해 주는 데 그 목적이 있다. 이때 승객은 운송서비스를 구입하지만 그들이 목적지에 도착했을 때는 구매대가로 받은 유형재는 아무것도 없고 단지 비행 중에 경험한 안락함과 쾌적성 그리고 기내승무원들의 정중한 서비스와 비행 끝에 무사히 도착한 안도감을 경험하게 되는, 이를테면 서비스가 주된 속성이고 여기에 다소의 유형재와 추가적인 서비스가 수반된 것으로 개념적 정의를 규정할 수 있다.

또한 항공서비스는 승객의 명시적 요청에 의해 제공되는 욕구만족의 핵심주체로서 독립적이고 확인 가능하고 소유에 의해 효용이 발생하기

보다는 행위나 성과에 의해 효용이 나타나게 되는, 본질적으로 다소의 유 · 무형의 행위에 의해 발생하는 가치의 영역이라고 할 수 있다. 또한 유 · 무형의 연속선상에서 보면 항공기라는 유형재의 지배보다는 서비스라는 무형성의 지배가 더욱 크게 작용하는 서비스라 할 수 있다.

항공서비스는 예약(reservation), 탑승수송(check-in), 차량연계, 발권(ticketing), 요금제시(fare display), 호텔과 여행사 등의 관광기업과 연계성 등을 포함하는 종합적 상품의 특성을 보유하고 있다. 즉 고정적 상품으로서의 항공서비스는 항공노선, 항공기 종류, 항공기 좌석 자체의 고유성 등을 포함하며, 유동적 상품으로서의 항공서비스는 출발지에서부터 목적지까지의 운송에 관련된 일체의 서비스를 말하는데 좌석의 예약, 항공권 발매, 탑승수속, 기내서비스, 수하물수송, 여행정보 등이 여기에 포함된다.

다시 말하면 고객이 항공권을 구입한다는 것은 단순히 지정된 일자에 지정된 장소로 이동할 수 있는 권리만을 획득하는 것이 아니라 탑승 이전부터 탑승 시 기내서비스, 항공기 이용 후까지 종합적인 서비스를 제공받고 이용할 수 있는 것이기 때문에 이동, 인적 서비스 제공 등과 같은 광의의 서비스를 항공서비스로 정의할 수 있다.

항공서비스는 비가시적, 무재고, 무형성이라는 특성으로 인하여 생산된 서비스의 이용률 제고가 매우 중요하다. 그러므로 1970년대 후반부터 치열해진 항공업계의 경쟁으로 인하여 항공서비스의 마케팅전략의 효과적 수립, 실시가 매우 중요하게 되었다.

2) 항공사서비스의 4P전략

(1) Product

대한항공뿐 아니라 아시아나항공 등 전 세계적인 항공들은 항공시장에 대해 철저히 분석하여 개발하고 고객에 대해 보다 향상된 서비스를 제공하고, 소비자들에게 쉽게 접근할 수 있는 상품들을 개발하려고 노력하고 있다.

예를 들어 유명한 노스웨스트항공은 저렴한 항공료로 시장을 넓히고 있으며, 싱가포르항공은 기내승무원서비스를 극대화하고 있고, 에어프랑스는 맛있고 뛰어난 기내식, 네덜란드항공은 우아한 서비스, 루프트한자항공은 안전운항, 일본항공은 부드러움과 편안함을 그들만의 콘셉트로 마케팅활동을 펼치고 있다.

(2) Price

항공사의 판매가격은 항공시장에서의 세분화 및 차별화를 보여준다고 할 수 있다. 대한항공은 고가정책을 실시하고 있다. 국내 경쟁업체인 아시아나항공보다 국내선의 경우는 조금 더 높은 가격대의 가격전략을 펼치고 있다. 가격은 서비스의 비재고성의 특성으로 수요와 공급측면의 관리에서 매우 중요한 비중을 차지한다. 이러한 수요와 공급을 조절하기 위해 대한항공은 비수기에는 탑승률 개선을 위한 특별가격을 제공하고, 성수기 때는 수익률 개선을 위한 항공권 경매 등을 시행하고 있다. 원가절감을 위해서는 시간대별 가격차별화전략도 실시하고 있으며, 마일리지 적립이나 다양한 이벤트상품으로 할인권을 제공하는 등의 다양한 혜택을 고객들에게 제공하고 있다.

(3) Place

① 간접 판매 : 대리점 판매

대리점을 통한 판매를 극대화하기 위하여 사례기업과의 친화력을 유지하고 적절하고 경쟁력 있는 가격제공, 좌석과 화물공급 지원 등의 직접 지원과 판촉, 광고, 교육 지원 등의 간접 지원에도 노력을 하고 있다.

② 직접 판매

직접 판매는 항공사 매표소 판매와 인터넷 판매가 있다. 대한항공은 인터넷 판매제도를 실시하여 고객들의 항공권 구매경로를 넓혀 주었고, 유통 판매망이 확대되어 소비자들에게 보다 가깝게 접근하려고 노력하고 있다.

③ 키오스크 시행(무인정보 검색시스템)

IATA의 업무 간소화의 하나인 표준화된 공용 셀프서비스의 일환으로 대한항공은 키오스크(KIOSK)를 시행하고 있다. 대한항공 관계자는 "키오스크 운영 도입 시 대한항공에서 주목한 것은 'Easy Check-in', 'Fast Check-in', 'Less Queuing Time'이다"라며 "이 같은 세 가지 목표가 성공적으로 진행되고 있어 시스템 인지도를 높여 효율성을 증대시킬 계획"이라고 했다.

(4) Promotion

고객을 위한 항공서비스 촉진전략 중 고객서비스에 우선하는 촉진제도의 개발이 시급하며 가장 각광을 받고 있는 촉진제도 중 하나가 상용고객우대제도(FTBS : Frequent Traveller Bonus System)이다. 대한항공은 1983년 아주 오래전부터 이 프로그램 개발을 완료하여 VIP고객들을 대상으로 상용고객우대제도를 시행해 오고 있다. 호텔 제휴 판촉제도뿐 아니라 렌터카회사와도 제휴 판매촉진제도를 시행하고 있다.

3 국내항공사 마케팅전략

1) 대한항공

(1) 귀족마케팅

항공업계에 고급석 수요가 늘자 '귀족마케팅' 경쟁을 하고 있다. '마일리지 인상'에 대비해 인상 전 마일리지로 좌석을 승급한 고객들이 많아진 근본적인 원인은 비즈니스석 이상 좌석에 대한 수요가 크게 늘어난 탓이기 때문이다. 고급 항공시장이 활황세를 띠자 항공사들이 앞다투어 서비스를 개선하고 시설투자에 나서고 있다. "앞으로 상위 1~5%의 최상층을 주목한 이른바 'VVIP마케팅' 등 귀족마케팅을 더욱 강화해 나갈 것"이라고 밝히고 있다.

대한항공은 2009년까지 고급사양의 1등석, 비즈니스석 환경 조성을 위해 약 1,600억 원을 투입하였으며, 단계적으로 B747-400 기종에 누에고치(cocoon) 모양을 본뜬 '퍼스트 클래스 코쿤시트'를 도입하였다.

항공사로서는 이윤이 큰 1등석, 비즈니스석에 승객이 몰리는 것이 반가운 일이다. "상위 20% 고객이 전체 매출액의 80%를 좌우한다"는 경제학자 파레토의 '80 대 20' 법칙이 항공업계에서도 가시화하고 있는 것이다.

(2) 차별화된 기내식

대한항공을 타는 가장 큰 즐거움은 역시 기내식이다. 1990년대 초반부터 선보인 비빔밥을 비롯해 2006년 기내식 분야의 오스카상이라 불리는 머큐리상을 수상한 비빔국수까지 '스타 메뉴'가 많다. 최근 개발한 한식 메뉴는 곤드레나물과 버섯밥이다. 나물 특유의 향과 맛이 고스란히 전해진다. 낙지덮밥도 신 메뉴 중 하나이다. 낙지 조리 시 생기는 물기를 없애고 막 조리한 듯한 느낌을 주기 위해 많은 실험과 연구를 거쳤다. 여름철, 인천에서 출발하는 비즈니스 고객에게는 오이냉국을 비빔밥과 함께 서비스한다.

(3) 유스마케팅(youth marketing)

미국 10개 도시 최다 노선 운항이라는 점을 홍보하기 위해 한국의 젊은 스타들을 등장시켜 미국의 숨은 명소를 여행하는 TV 광고 시리즈를 방영하여 광고를 접한 사람들로 하여금 한 번쯤은 가보고 싶다는 생각이 들도록 자극하였다. 또한 대한항공 여행정보 사이트에 네티즌들의 여행체험기를 담은 UCC를 올릴 수 있도록 하여 젊은 층의 라이프스타일에 맞추어 꾸미고, 친숙한 느낌을 주도록 만들어 젊은이들의 감수성을 자극하였다. 대한항공의 마케팅은 단순히 광고로만 그치지 않고 광고와 함께 고객참여마케팅을 유도한다.

(4) SK텔레콤 제휴마케팅

대한항공과 SK텔레콤은 SK텔레콤 을지로 본사에서 대한항공 조현민 상무와 SK텔레콤 장동현 부사장이 참석한 가운데 마케팅 제휴 체결식을 가졌다고 밝혔다. 이에 따라 양사는 대한항공을 타고 우리나라를 출발해 중국 또는 일본을 여행하는 고객들에게 파격적인 가격의 로밍서비스 패키지인 '대한항공 Excellent T 로밍'을 제공한다(2013년 기준).

이 서비스를 이용하는 고객은 중국 및 일본에서 5일간 음성 100분, SMS 100건, 데이터무제한 등을 5만 9,000원(부가세별도)에 사용할 수 있다. 또한 '대한항공 Excellent T 로밍' 상품 출시를 기념하여 9월 30일까지 인천공항, 김포공항의 대한항공 탑승수속 카운터와 SK텔레콤 로밍 데스크에서 경품 스크래치 카드를 배포하는 이벤트도 실시하였다. 대한항공과 SK텔레콤은 항공업과 통신업이라는 양사의 특징을 접목한 다양하고 차별화된 상품을 개발하여 여행객들에게 제공하였다.

(5) 최고의 서비스마케팅기업 선정

대한항공은 마케팅 전문가들이 뽑은 2012년 최고의 서비스마케팅기업으로 선정됐다. 2012년 서비스마케팅학회 춘계학술대회에서 서비스마케팅 대상을 수상했다고 밝혔다. 대한항공 관계자는 "이번 수상은 A380 등 차세대 항공기 도입 및 객실 명품화 프로젝트로 서비스환경 개선노력을 기울였을 뿐만 아니라 다양하고 새로운 광고 캠페인을 통해 고객들에게 직접 다가가는 노력을 기울인 점 등이 높은 평가를 받았기 때문"이라고 설명했다.

한편 대한항공은 다양한 광고 캠페인과 혁신적인 마케팅을 선보이며 '대한민국 광고대상', '소비자가 뽑은 좋은 광고상', '서울 영상광고제 TV CF 어워드', '비즈니스 트래블러' 선정 최고 광고 캠페인 항공사 등 국내외 주요 상들을 휩쓸며 좋은 평가를 받았다.

(6) 연예인마케팅

대한항공이 연예인의 해외공연을 후원해 공동마케팅에 나섰다. 대한항공은 월드투어가 진행되는 약 5개월에 걸쳐 '비'의 이미지가 새겨진 홍보 항공기를 운영했고 80여 명의 공연 스태프와 20t의 공연 장비도 무료로 수송해 주었다. 여기에 투입된 비용만도 18억 원에 달한다. 대한항공은 '비와 함께 세계로 나아가는 대한항공'이라는 이미지 구축을 위해 막대한 비용을 아끼지 않았다.

2) 아시아나항공

(1) FUN마케팅

경쟁사인 대한항공과 차별적인 이미지를 전달하기 위해 그동안 항공사에서 보지 못했던 색다른 역발상마케팅을 펼치고 있다. 광고에서는 친절, 미소, 여성이라는 가치 아래 회사에 대해 부드럽고 여성스러운 이미지를 느낄 수 있도록 유도하고 있다. 기내에서는 색동이 캐릭터를 활용한 팬시용품을 만들어 판매하고 있으며, 어린이들에게 색동이 선물을 하면서 자사의 친근하고 부드러운 이미지를 전달하고 항공사의 경직된 이미지를 과감히 떨쳐버리고 캐릭터마케팅이라는 역발상을 펼침으로써 친근한 이미지로 다가오고 있다.

(2) 커뮤니케이션

이른바 '눈맞춤서비스'라고 명명되었던 키즈마케팅을 살펴보자. 아시아나항공 승무원들은 어린이 고객을 마주하게 될 경우에는 반드시 무릎을 꿇고 자세를 낮춘 다음에 어린이 고객 눈높이에 맞춰서 인사를 하고 대화를 한다. 또한 기내 마술서비스인 '플라잉 매직서비스'로 세계적으로 권위 있는 '머큐리상'을 수상했다. '플라잉 매직서비스'는 장시간의 항공여행에서 생기는 고객들의 지루함을 해소시켜 주기 위한 일종의 기내 엔터테인먼트서비스로 마술쇼와 생일축하 음악연주, 페이스페인팅, 칵테일쇼, 스트레칭 체조 등으로 구성돼 있다.

또 다른 커뮤니케이션마케팅으로 아시아나항공이 국내기업 가운데 처음으로 트위터를 통해 팔로워들과의 만남을 열었다. 트위터의 장점인 '소통'을 활용하는 것으로 신선한 평가를 받았다. 하지만 원활한 의사소통이 이루어지지 않은 문제점이 있다.

| 표 8-1 | 아시아나항공의 서비스마케팅

팀명	서비스내용
매직팀	해적복장 승무원의 탑승인사, 마술쇼, 여름용 칵테일 즉석 제공, 별도의 생일축하공연
차밍팀	네일아트, 메이크업체험, 피부관리(보습 마스크팩)
타로팀	타로점
딜라이터즈팀	휴가지 전통의상 패션쇼
일러스트팀	휴가지 배경의 캐리커처서비스
승무원체험팀	승무원체험 이벤트
기타	어린이고객 특별 이벤트(영어브리핑, 페이스페인팅, 손부채 만들기, 탑승 기념사진 촬영)

(3) 인터넷 좌석서비스

인터넷 좌석배정은 인터넷을 이용하여 어느 곳에서나 간편하게 원하는 좌석을 예약하거나 인터넷 탑승권을 사전에 인쇄함으로써 시간을 절약하고 공항에서의 혼잡을 피할 수 있는 서비스이다.

(4) 귀족마케팅 : 오즈 쿼드라 스마티움

기존에 서비스하던 비즈니스 클래스를 한 단계 더 업그레이드시킴으로써 차별화된 서비스를 시작하였다. 항공업계에서 아시아나항공을 뜻하는 알파벳코드가 오즈(OZ)이고 쿼드라(Quadra)는 네 가지 장점을 의미한다. 스마티움은 똑똑하다는 smart와 공간을 뜻하는 um을 합성해서 만들었는데 인텔리전트한 스페이스로 아시아나항공의 비즈니스 클래스 시트를 의미한다.

그림 8-1 OZ Quadra Smartium 네 가지 특별함

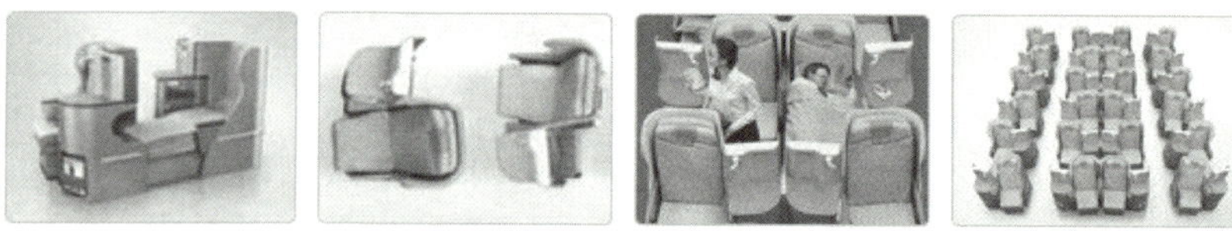

Full Flat 침대형 시트 | Privacy 독립된 나만의 공간 | Direct Access 자유로운 출입 | Staggered Layout 효율적 좌석배치

(5) QR코드마케팅

아시아나항공은 2010년 11월부터 QR코드를 활용한 다양한 마케팅을 선보이고 있다. QR코드 인식 애플리케이션을 실행 후 코드를 스캔하면 자동으로 해당 모바일 페이지로 이동하는 방식으로 고객들이 손쉽게 각종 정보를 확인할 수 있다. 이 외에도 아시아나항공은 QR코드 서비스를 제공함으로써 스마트폰 시대를 선도하는 기업 이미지를 구축하고 있다.

(6) 문화마케팅

아시아나항공이 국립현대미술관과 손을 잡고 문화마케팅에 나섰다. 아시아나항공은 국립현대미술관의 전시관계자 항공권 및 전시작품 운송료 할인 등을 제공하고, 국립현대미술관의 주요 작품 및 다양한 콘텐츠를 기내에 상영하는 등 승객들에게 다양한 현대미술 작품을 접할 수 있는 기회를 제공한다.

(7) 일본 MK택시 공동마케팅

아시아나항공이 세계 최고 서비스기업으로 뽑힌 일본의 MK택시와 손을 잡는다. 아시아나항공은 일본 도쿄 아시아나항공 일본 지역본부에서 MK택시와 마케팅업무 협약식을 갖고 제휴를 위한 전략적 양해각서(MOU)를 교환했다고 밝혔다.

이번 제휴로 아시아나클럽 회원은 일본 하네다, 나리타공항에서 도쿄까지 이동할 때 MK택시를 이용하면 최대 40% 요금할인과 결제금액 1,000원당 5마일 적립혜택을 받게 된다.

4 외국항공사 마케팅전략

1) 아메리칸항공(American Airlines)

비즈니스 승객에게 가장 인기가 많은 메뉴 중 하나가 후식으로 제공하는 '아이스크림 선데'이다. 인천-댈러스 구간을 매일 운항하는 아메리칸항공은 한국 승객을 위해 기내식에 가장 많은 신경을 쓰는 곳 중 하나이다. 주 요리의 경우 다섯 가지 중 선택할 수 있어 선택의 폭이 넓다. 허브를 가미한 밥과 돼지고기 안심, 참깨를 넣은 밥과 함께 제공하는 구운 대구살, 제철 채소와 다진 쇠고기로 맛을 낸 비빔밥 등 한국인이 좋아할 만한 메뉴가 많다.

2) 영국항공(BA : British Airways)

IMF 여파로 1998년 국내에서 철수했다가 2012년부터 재취항을 결정한 영국항공에서 가장 돋보이는 것은 비즈니스 좌석이다. 한쪽 좌석은 정방향으로, 붙어 있는 또 하나의 좌석은 역방향으로 엇갈리게 배치해 옆 사람을 신경 쓰지 않고 독립적이고 편안한 시간을 보낼 수 있다.

상대방과 마주 보는 구조지만 칸막이를 올릴 수 있어 불편함이 없다. 이 같은 디자인은 한국의 '음과 양'의 조화를 염두에 둔 것으로 영국 탠저린 디자인 이돈태 공동대표의 아이디어이다.

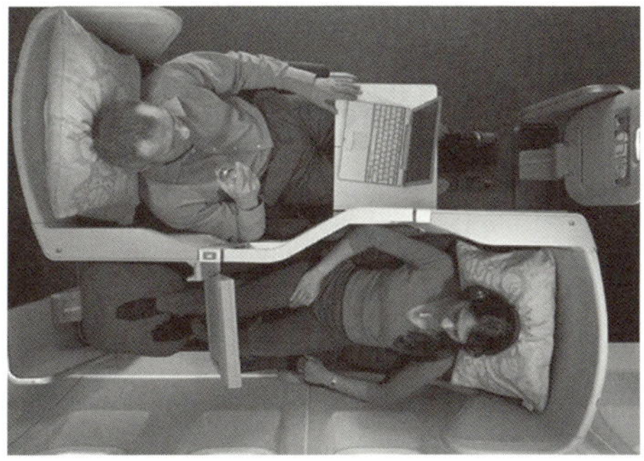

3) 델타항공(Delta Air Lines)

최근 설문조사에 따르면 승객들이 가장 중요시하는 기내 경험이 수면으로 나타났다. 이를 위해 웨스턴호텔의 '헤븐리' 침구류를 기내용으로 맞춤 제작해 비즈니스고객에게 제공한다. 델타항공은 모든 국제선 비즈니스 좌석이용객에게 '헤븐리' 베개와 이불을 제공하고 있다. 12시간 이상 소요되는 항공편에 탑승한 승객에게는 허리받침용 베개도 준비된다.

4) 에티하드항공(Etihad Airways)

아랍에미리트연합의 국영항공사인 에티하드항공은 비즈니스 클래스와 퍼스트 클래스를 대상으로 최고급서비스를 제공하는 것으로 유명하다. 180도로 완벽하게 젖혀져 침대처럼 사용할 수 있는 좌석, 이탈리아의 유명 가구 브랜드 폴르토나 프라우의 가죽으로 마감한 팔걸이, 전 세계 유명 레스토랑 출신 전문 식음료 매니저가 추천하는 기내식, 밝기 조절이 가능한 조명 등이 대표적이다. 보통 퍼스트 클래스 이용고객에게만 제공하는 무료 리무진 기사서비스도 장점이다. 목적지에 도착하면 기사가 운전하는 차를 타고 숙박지나 미팅 장소까지 편하게 이동할 수 있다. 아랍에미리트는 물론 영국, 프랑스, 독일 등 15개국에서 이용 가능하며 출발 24시간 전에만 예약하면 된다.

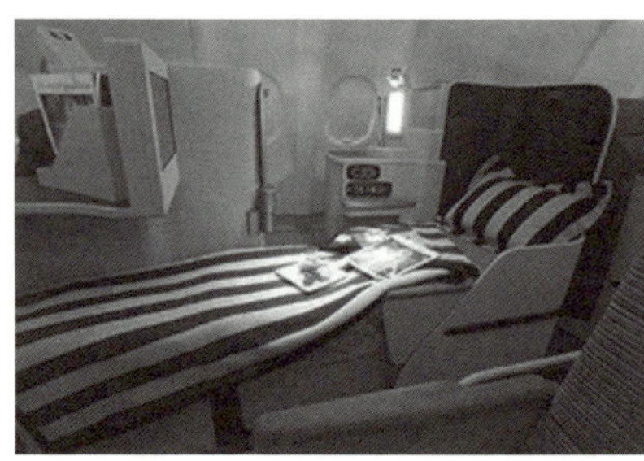

5) 싱가포르항공(Singapore Airlines)

싱가포르항공은 "장거리 운항을 위한 직항 비행편의 증가와 함께 최

첨단의 시설을 갖춘 침대 좌석은 비행하는 동안 일을 하거나 수면 또는 단순히 휴식을 취하고자 하는 승객들에게 없어서는 안 될 필수요소가 되었다"라는 것을 인지하고 특별하게 고안된 'Space Bed'를 여행하는 비즈니스 승객들에게 제공하고 있다. 이것은 경제적인 문제가 있긴 했지만 다른 많은 가능성들과 광범위한 시장분석 그리고 고객들의 의견을 참고로 하여 고객들이 원하는 바라고 생각했기 때문에 제공하게 되었다.

5 항공사 여객 전세기 운용사업

1) 전세기사업의 배경

최근 3~4년 동안 한국의 여행자 수요층은 온라인 여행시장의 활성화와 더불어 기존 40~50대 위주의 여행시장에서 20~30대 위주로 수요층이 재편되고 있다. 이에 따라 변화된 수요층의 다양한 욕구에 대응하기 위해 비정기적인 계절성 전세기와 정기적인 전세기 등 다양한 전세기가 운항되고 있는 상황이다.

현재 한국여행시장은 온라인 위주의 시장으로 재편되고 있는 상황이며 온라인 예약활성화를 위해 각 여행사마다 많은 예산을 할당하고, 고급인력을 동원하여 온라인시스템을 개발 · 보완하고 있다. 온라인 여행시장의 활성화는 온라인 예약이 가능한 젊은 층의 수요에 맞춘 것인데 20~30대의 젊은 층은 기존의 항공 정기편으로 만족을 못하고 기존에 없었던 노선, 다른 사람들이 경험하지 못한 목적지에 대한 강한 욕구를 가지고 있고 이러한 욕구에 여행사와 항공사는 전세기로 대응하고 있는 상황이다. 여행선진국인 미국, 유럽, 일본 등지에서는 훨씬 전에 이러한 전세기사업이 활성화되었다.

여행 수요가 증가하면서 외국 국적항공사가 한국에 대대적으로 취항하게 되어 항공사 위주의 여행시장에서 수요자 위주의 여행시장으로 재편되고 수요자의 욕구에 부합하는 목적지로 외국항공사의 총판매대리점(GSA : General Sales Agent)의 전세기사업이 활성화되기 시작하였으며, 외국항공사 총판매대리점의 전세기사업의 성공으로 대형 여행사들이 독자적으로 또는 몇몇 여행사들이 연대하여 전세기사업을 시행하면서 항공전세기사업이 활성화되기에 이르렀다.

2) 전세기 항공수송의 개념

전세기 항공수송은 첫째 정기편과 같이 공표된 시간표에 따라서 일정한 노선을 운항할 의무가 없고, 둘째 항공권을 개별로 발행하지 않으며, 셋째 전세기편의 좌석을 여객 각자에게 소매하지 않는 조건으로 실시하는 항공수송이다. 따라서 전세기 항공수송은 항공을 직접 여객에게 판매하는 것이 아니고 여행업자나 대절자에게 일괄적으로 판매하며, 여행업자는 여행상품이나 기타 여러 가지 형태로 여객에게 판매하는 형식을 취한다.

3) 전세기 항공수송의 특성

(1) 대절계약

전세기 항공수송은 항공사와 대절자 간의 대절계약(charter contract)을 근거로 이루어진다.

(2) 운영노선

정기항공수송은 운영하는 노선이 정해져 있으며, 공표된 특정 구간과 운항시간에 따라 정기적으로 운항하지만, 전세기 항공수송은 대절자의 운송요청에 의해 운항하며 따라서 운항요일, 운항구간, 운항시간 등이 일정하지 않다.

(3) 좌석의 이용률과 운임적용

전세기 항공수송은 대절자가 항공기의 전 수송력을 대절하기 때문에 이용률이 평균 50~60%로 운항하는 정기편과는 달리 전 항공기 대절(entire plane-load charter)의 형태로 이루어진다. 따라서 전세기수송은 이용률 100%라는 항공기의 효율적인 이용으로 저운임수송이 가능하다. 1인당 운임은 전세기편이 정기편보다 일반적으로 저렴한 것이 특징이다.

(4) 운임의 제약

정기항공수송은 항상 적용할 운임을 공표하여야 할 뿐만 아니라 각종 할인요금도 공개하여야 하며 여객에 따라 운임을 차별 적용할 수 없다. 그러나 전세기 항공수송의 경우에는 정기편과 같이 IATA에 의해 정해진 요금이 없으며 각 항공사가 자사의 수송원가를 기준으로 각각 요금을 설정하여 적용한다.

(5) 이용자격의 제한

정기항공의 보호육성과 저운임에 의한 정기항공시장의 침투를 억제하기 위하여 각국 정부는 전세기편의 이용자에 대하여 대절자격을 설정하여 그 이용을 제도적으로 제한하고 있다. 이러한 제한은 이용자 자신의 특성에 의해 이용자격을 인정하는 경우와 여행형태를 제한하여 이용자격을 인정하는 경우로 대별되나 정기항공과는 달리 일반 공중의 전세기편 이용은 인정하지 않고 있다.

(6) 연간 가동률과 기업의 안전성

정기항공수송은 연간 가동률에 있어서 계획대로의 실적을 기대할 수 있으나 전세기 항공수송은 영업집객의 노력 여하에 따라 가동률이 좌우되며 항공기를 유휴시킬 위험성이 크다.

(7) 공공성과 국가자본의 참여

정기항공사는 공공적 성격이 강하기 때문에 노선의 면허, 필요한 자본 및 자금의 조달 등 자국 정보의 보조정책면에서 혜택을 받는 경우도 있지만 전세기항공사는 레저산업적 성격이 강하기 때문에 정부가 직접 자본참여를 하는 예는 거의 없다.

(8) 운항형태의 제한

정기항공의 운항권은 국제선의 경우 항공협정상 하나의 특권으로 인정되는 데 반하여 전세기편의 운영이 정부 간의 협정에 의해 인정되는 경우는 극히 적다. 전세기항공은 실제 운영에 있어서 정기항공을 보호해야 할 입장에 있는 각국 정부로부터 운항횟수, 구간, 시간대 및 사용공항에 대하여 제한을 받는다.

6 상용고객우대제도

1) 상용고객우대제도의 개념

항공사의 상용고객우대제도(frequent flyer program)는 미국정부의 규제완화 이후에 항공운임전략의 일환으로 1981년 5월 아메리칸항공이 자사를 자주 이용하는 승객에게 유형의 보상형태를 제공한다는 개념으로 오늘날 대부분의 항공사 상용고객우대제도의 모델이 되는 'AAdvantage Program'을 항공운송업계에서 최초로 도입하였다.

항공사 상용고객우대제도는 특정 항공사를 빈번하게 이용하는 상용고객에 대해 항공사가 이용실적(탑승거리)에 따라 무료 항공권 및 항공료 할인권, 호텔 무료 숙박권이나 렌터카 무료 사용권 등을 고객에게 제공함으로써 실질적인 경제적 혜택을 주고 있다. 현재 가입회원의 누적 탑승거리는 국제항공운송협회(IATA)에서 공시하는 도시 간 운항거리(TPM : Ticketed Point Mileage)를 기준으로 하고 있다.

뿐만 아니라 누적된 이용실적의 정도에 따라 우편 및 이메일을 통한 항공여행정보의 제공, 공항 특별 라운지 이용, 전용카운터 이용, 수하물 우선처리 등의 서비스혜택도 제공하고 있다. 항공사의 상용고객우대제도는 다른 사업에도 영향을 미쳐 신용카드, 장거리 통신, 주유소, 호텔, 자동차 임대 등 다양한 산업에서 유사한 제도를 채택하고 있으며 항공사의 마일리지 누적과 연결된 상용고객우대제도가 전 세계 약 92개가량 운영되는 것으로 추정하고 있다.

2) 상용고객우대제도의 특성

마일리지(mileage)는 고객의 충성도(loyalty)를 창출하고 유지하기 위한 항공사의 판매촉진활동의 하나로 상용고객우대프로그램이란 이름으로 나타났다. 마일리지는 말 자체에서 알 수 있듯이 승객이 여행한 거리(mile)에 따라 일정한 점수를 주어 나중에 상품을 준다는 의미로 항공사에서 시작하였으나, 현재에는 사회 전반에 걸쳐서 적용되는 추세이다. 항공업계에 불어닥친 규제완화와 세계적인 경기침체는 항공사 간 경쟁을 더욱 가속화시켰고, 가격경쟁으로 항공사들이 경영상의 어려움을 겪게 되었다. 그리고 서로 경쟁우위의 확보를 위해 여러 가지 마케팅프로그램을 개발하였으며 그 중 성공적인 마케팅프로그램이 상용고객우대제도이다.

최근에는 항공사들의 상용고객우대제도가 제휴를 통해 보다 강력한 경쟁력을 갖춘 고객유인프로그램으로 발전해 가고 있다. 세계화 추세로 항공운송산업의 경쟁구조도 그룹 간의 경쟁구조로 변모해 나가고 있으며 자본 참여를 최소화하면서 제휴사들 간 사업운영상의 독립성을 유지하는 상용고객우대제도 제휴, 공동 운항 편명사용(code-share), 공동 컴퓨터 예약망 등과 같은 업무 제휴가 활성화되고 있다. 항공사 간의 제휴뿐만 아니라 호텔, 렌터카, 철도, 면세점 등의 유관산업과 신용카드사, 통신사 등으로 제휴는 확대되고 있다.

상용고객우대제도의 운영이 성공적인 마케팅으로 자리 잡음으로써 여러 효과를 기대할 수 있게 되었다.

첫째, 상용고객우대제도는 회원으로부터 항공사에 대한 고객충성도 유인효과를 제공한다.

둘째, 상용고객우대제도는 항공사에게도 효익이 돌아오고 고객들에게는 실질적인 가격할인의 효과를 창출한다.

셋째, 규모의 효과이다. 거의 모든 항공사가 경쟁적으로 상용고객우대제도를 실시함에 따라 고객은 많은 상용고객우대제도 중에서 자신에게 가장 유리한 것을 선택하게 되나 대체적으로 그들의 거주지역으로부터 가장 다양한 노선망을 운항하는 항공사의 상용고객우대제도를 선택하는 경향이 있는 것으로 나타났다. 노선망이 다양할수록 마일리지 누적이 용이하고 보다 쉽게 보너스를 받을 수 있기 때문이다.

넷째, 상용고객우대제도는 신생항공사들에 대한 시장진입장벽으로서의 역할을 한다. 즉 고객들은 특정 항공사를 지속적으로 이용함으로써 마일리지를 한 항공사에 누적하려는 경향이 있기 때문이다.

다섯째, 제휴사 및 일부 마일리지 보유 고객에 대한 마일리지 판매로 수요 촉진 및 마일리지 판매에 따른 선수입효과를 도모할 수 있다.

여섯째, 상용고객우대제도가 항공사에 가져다준 최고의 자산은 회원들에 대한 정보자료이다.

일곱째, 최근에는 항공사 간에 범세계적인 네트워크를 구축하고 있다. 즉 상용고객우대제도는 항공사 간 Alliance의 핵심부문이 되고 있다.

3) 상용고객우대제도의 사례

(1) 대한항공

대한항공의 마일리지서비스는 ‘스카이패스’와 ‘모닝캄’으로 나눌 수 있다. 스카이패스는 항공여행을 자주 하는 상용고객에게 대한항공 및 제휴사 이용에 대한 사은의 뜻으로 무상으로 마일리지를 적립해 주고 항공기 여유 좌석을 이용하여 보너스 항공권, 좌석승급 보너스 등의 혜택을 주는 상용고객우대제도이다. 모닝캄은 적립한 마일리지에 따라 모닝캄 클럽, 모닝캄 프리미엄 클럽, 밀리언 마일러 클럽의 우수회원으로 나누어진다. 대한항공의 모닝캄 클럽의 회원이 되면 다양하고 차별화된 혜택을 받을 수 있다.

그림 8-2 ◐ 대한항공의 상용고객우대제도

구분	스카이패스 클럽	모닝캄 클럽	모닝캄 프리미엄 클럽	밀리언 마일러 클럽
카드				
자격	대한항공 고객이면 누구나 1회 가입으로 평생회원	대한항공 5만 마일 이상 또는 40회 이상 탑승자 격 취득 2년간 유효	대한항공 또는 Sky Team 50만 마일 이상 탑승	대한항공 또는 Sky Team 100만 마일 이상 탑승

(2) 아시아나항공

아시아나항공은 '아시아나클럽'을 통해 마일리지서비스를 제공한다. 신규 회원이 되면 최초 실버 회원이 되고, 누적한 아시아나항공 및 Star Alliance 항공편의 마일리지나 아시아나 탑승횟수에 따라 골드, 다이아몬드, 다이아몬드 플러스, 플래티늄 회원으로 승급되며, 회원등급이 상향될수록 더 많은 혜택을 제공한다.

그림 8-3 ⭘ 아시아나항공의 상용고객우대제도

구분	일반회원	우수회원			
	실버	골드	다이아몬드	다이아몬드 플러스	플래티늄
카드	Asiana Club Silver	Asiana Club Gold	Asiana Club Diamond	Asiana Club Diamond Plus	Asiana Club Platinum
승격 및 자격유지 조건	–	'기준일'로부터 매 24개월간 2만 탑승마일 적립 또는 아시아나항공 30회 탑승	'기준일'로부터 매 24개월간 4만 탑승마일 적립 또는 아시아나항공 50회 탑승	1. '기준일'로부터 매 24개월간 10만 탑승마일 적립 또는 아시아나항공 100회 탑승 2. '가입일'로부터 평생 총 50만 탑승마일 적립 또는 아시아나항공 500회 탑승	총 100만 탑승마일 적립 또는 아시아나항공 1,000회 탑승
우수회원 자격유지 기간	–	2년	2년	1. 2년 2. 평생	평생
스타얼라이언스 우수회원혜택건	–	STAR ALLIANCE SILVER	STAR ALLIANCE GOLD	STAR ALLIANCE GOLD	STAR ALLIANCE GOLD

(3) 대한항공과 아시아나항공 비교

① 대한항공과 아시아나항공의 마일리지서비스 비교

구분	대한항공	아시아나항공
국내선 탑승횟수 인정	0.5회	1회
모닝캄/골드 승급조건	5만 마일	2만 마일 (다이아몬드 4만 마일)
모닝캄/골드 승급조건 탑승횟수	40회 (국내선만 이용 시 80회)	30회 (다이아몬드 50회)
제휴사 인정 마일리지	2만 마일	2만 마일
모닝캄 프리미엄/다이아몬드 승급조건	50만 마일	4만 마일 (다이아몬드 플러스 : 누적 50만 마일)
모닝캄/골드 유지조건	3만 마일 (제휴사 1만 마일 인정)	2만 마일 (제휴사 차별 없음)
마일리지 유효기간	10년	10년

② 대한항공 '모닝캄'과 아시아나항공 '골드' 비교

구분	대한항공 '모닝캄'	아시아나항공 '골드'
수하물 우선처리	○	○
전용 체크인	○	○
수하물 무료 추가허용	10kg	10kg
승급 시 마일리지 공제할인	×	5,000마일
라운지 이용 횟수(2년간)	4회	2회
공항대기탑승 우선권	×	○
예약대기 시 우선권	○	○

제휴사혜택	스카이팀 엘리트 회원	스타얼라이언스 실버 회원
제휴사 대기예약 우선권	○	○
제휴사 대기탑승 우선권	○	○

③ 같은 등급인 대한항공 '모닝캄'과 아시아나항공 '다이아몬드' 비교

구분	대한항공 '모닝캄'	아시아나항공 '다이아몬드'
조건	5만 마일/유지 3만 마일	4만 마일/유지 4만 마일
수하물 무료 추가허용	10kg	20kg
라운지 이용 횟수 (2년간)	4회 (대한항공편 이용 시에만 가능)	무제한 (제휴항공사 이용 시에도 가능)
동반자 라운지 이용	가능 (회원 본인 이용 횟수 1회 차감)	가능
전 세계 제휴사 라운지	×	동반자 1인까지 이용 가능
제3자 보너스 항공권 양도	×	○

A·I·R·L·I·N·E·&·M·A·R·K·E·T·I·N·G

09 항공사 유통관리

CHAPTER

유통(distribution or place)이란 특정 제품이나 서비스의 흐름을 돕기 위하여 참여하는 일련의 중간상인 및 매개인(agent)으로 이루어지는 통로이다. 고객의 상품 이용 가능성과 편리성 증대를 기할 수 있도록 하는 모든 활동인 유통은 기업과 소비 간을 연결하는 역할을 하며, 또 이로 인해 기업목표와 마케팅목표가 조화를 이루게 된다. 한편으로는 유통경로가 너무 여러 단계라든가, 생산자가 받는 가격과 소비자가 지급하는 가격 차이를 가지고 단순히 중간상이 부당한 이득을 보고 있다는 등의 성급한 진단이 내려지고 있기도 하다. 따라서 항공사의 유통경로는 운송서비스상품이 여러 대리점 등의 중간상을 거쳐 흐르는 과정을 포함하는 루트(route)이므로 이를 통해 운송서비스상품과 항공여행정보가 고객들에게 유용하고 편리하게 제공되며, 항공권의 구입 시 그들에게 접근이용성을 보장해 주도록 설정 · 운용되는 것이 중요하다.

Ticketless Travel Service, 무인항공권서비스, 전자발권 등으로 다양하게 표현되는 전화발권서비스는 항공사 발권서비스에 대한 새로운 개념으로 항공사 발권업무는 물론, 항공운송업 제품의 유통경로에 일대 변화를 가져오고 있다. 세계적으로 1억 명이 넘는 인구가 사용하는 인터넷은 새로운 항공예약의 직접 유통경로로 주목받고 있으며, 인터넷을 이용하는 수가 기하급수적으로 증가함과 동시에, 인터넷을 통한 항공예약은 간접 유통경로인 여행사에도 막대한 영향을 미칠 것이다.

1 항공사 유통관리

1) 유통경로의 유형

국제항공운송업의 유통경로는 직접 유통과 간접 유통으로 나눌 수 있다. 항공사가 이용하고 있는 항공서비스상품의 유통경로는 직접 이용자(소비자)에게 제공되는 직접 유통경로와 사용권자인 중간대리업자가 판매하는 간접 유통경로로 구분된다.

그림 9-1 ⭘ 항공사의 유통경로

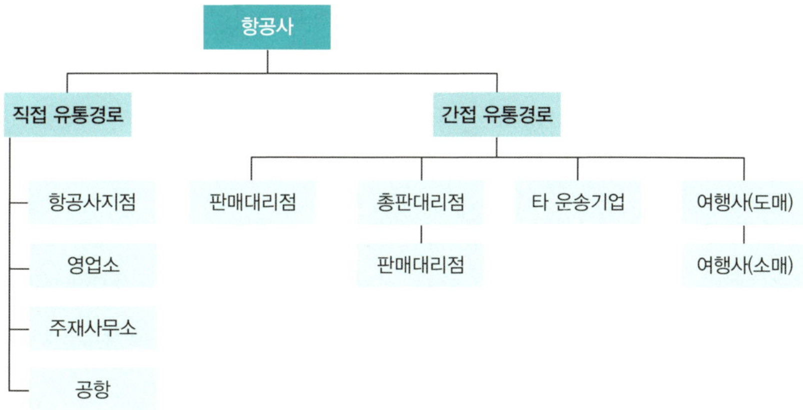

(1) 직접 유통경로

항공사는 자사의 항공기가 취항하고 있는 지역이나 주요 도시에 지점을 설치하여 수요 유치를 위한 영업활동을 한다. 항공사에서 소비자를 대상으로 직접 판매를 하는 형태로는 다음과 같은 것이 있다.

그림 9-2 ⭘ 직접 유통경로의 흐름

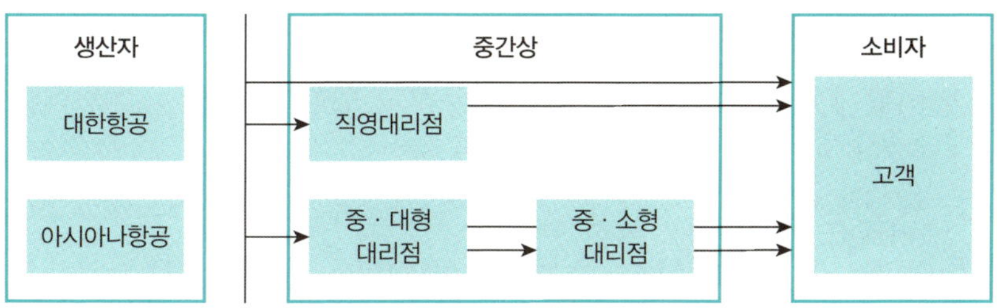

① Walk-in Passenger

공항 및 영업지점으로 소비자가 직접 방문하여 항공권을 구입하는 경우로서 공항지점의 경우 공시운임(published fare)을 징수하고 있으며, 영업지점의 경우 지정된 일반 판매가를 징수하고 있다.

② GTR(Government Transportation Request, 정부항공운송의뢰)

정부 및 산하기관, 정부투자기관 및 공기업 종사자를 대상으로 국적항공사가 포괄계약을 체결하여 일정의 가격할인을 제공하는 것이다. 특징은 외국항공사는 계약에서 제외되며 단지 국적항공사만이 취급할 수 있다.

③ C/A(Commercial Account, 상용 계정)

주요 기업체 임직원을 대상으로 항공사와 포괄계약을 맺는 것이다. 이 경우 영업활동은 항공사에서 수행하지만 실제 항공권 발권 시 대부분 대리점을 매개로 하고 있다.

④ 온라인 판매

인터넷환경을 이용하여 소비자와 직거래를 수행하고 있으며, 인터넷이 발전됨에 따라 시장규모도 함께 급증하고 있다.

⑤ Interline(타 항공사)을 통한 판매

항공여정이 이원구간으로 구성 시 타 항공사에서 예약 또는 항공권 발행을 해주며, IATA 정산소(clearing house)에서 정산과정을 대행해 주는 경우로 이를 연대운송협정이라고 한다.

⑥ 제휴업체의 예약시스템을 통한 판매

직접 판매의 경우 항공권 판매대행 수수료(commission)가 지급되지 않으므로 항공사의 수익 향상에 기여할 것으로 기대되나 직접 판매 시 영업비용 등 재정적 부담의 증가와 효율성 저하 등을 감안하여 현재 국제선 운송실적의 85~90%를 대리점을 통한 간접 판매에 의존하는 정책을 쓰고 있다.

이와 같이 자사조직을 통하여 이루어지는 판매를 직접 판매(direct sales)라고 부르며, 이는 대리점 등 자사 이외의 조직을 통하여 실시하는 간접 판매와 구별된다. 그러나 지점의 개설과 운영에는 사무실 임대, 사무기자재 구입, 임직원의 배치 등에 많은 비용이 소요된다는 단점이 있다.

(2) 간접 유통경로

소비 패턴의 변화에 따른 다양화된 소비자들의 욕구충족과 방대한 지역에 대한 영업활동의 어려움, 효율성의 한계 때문에 항공사는 특정 지역에서의 판매 전문업자로 하여금 자사의 예약, 발권, 판매 등의 업무를 대리하게 하는 간접 판매망을 구성하여 판매의 효율성을 높이고 있다. 즉 항공사는 각 지역에 판매대리점을 설치하고 그 대리점으로 하여금 자사의 상품을 판매하도록 유도하는 것이다.

이는 항공수송의 질적 · 양적 발전에 따라 수송과 판매가 분리되고 각각 전업화된 결과라고 할 수 있다. 항공 판매대리점업무는 항공회사와 대리점 간의 계약에 의해 성립되며, 항공회사의 판매대리인으로서 여객 · 화물의 판매획득을 위한 판매촉진 및 유치활동을 하여 항공회사의 운송약관이나 운임에 따라 여객 · 화물에 대한 항공권 또는 화물운송장을 발송하고 수송을 인수하는 것이다.

그림 9-3 ○ 간접 유통경로의 흐름

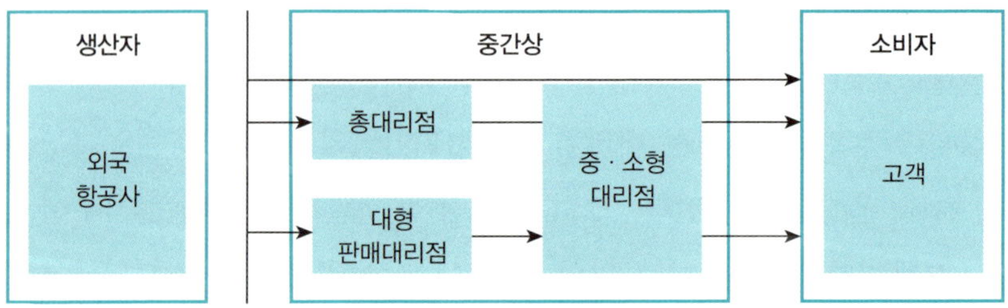

항공서비스상품은 항공기로 여객을 운송하는 것이 주 상품이라 할 수 있으나 그것에 부수되는 입실, 탑승을 위해 공항에 배치되어 있는 지상직원의 서비스, 기내 승무원의 접객서비스, 기내 식사서비스 등으로 믹스되어 있다. 이렇게 믹스되어 있는 상품을 좀 더 구체적으로 항공사가 공항이나 도시의 번화가에 설치한 지점, 영업소, 공항 내의 카운터, 자동발권기, 전화예약, 안내소 등의 경로를 통한 직접 판매 외에 대리점계약을 체결한 여행대리점을 통한 간접 판매경로를 하고, 이들은 직접 개인판매와 패키지 제품으로 조립판매를 한다. 항공회사는 항공 판매대리점에 대하여는 소정의 대리점 수수료를 지불한다.

GSA(총판대리점)의 경우 항공사로부터 권한을 위임받아 일반 대리점의 감독업무, 항공권의 발권업무를 대행하며 항공사로부터 2.5~5% 수준의 누진율로 적용되는 수수료를 받는다. BSP에 가입된 일반 대리점(consortium, wholesaler, BSP 소매업자)은 항공권 판매대금의 9%의 수수료를 받아 기업을 운영하며, 소형 ATR 소매업자의 경우 항공사 또는 도매업자로부터 7%의 수수료를 지급받는다.

(3) CRS와 GDS

CRS(Computerized Reservation System)란 항공 좌석에 대한 재고관리, 예약, 발권, 운항 및 기타 정보를 항공사와 대리점 간 공유하는 컴퓨터 예약시스템을 말한다.

GDS(Global Distribution System)란 개별 항공사의 CRS가 범세계적인 네트워크를 구성하여 항공, 호텔, 렌터카 등 종합적인 정보를 제공하는 시스템이다. 공간적 · 시간적으로 분산된 유통경로를 동시에 하나로 통합하여 실시간 판매의 효율성을 높이는 것으로 CRS/GDS의 시장지배력이 항공사 시장점유율을 좌우할 만큼 중요한 유통수단으로 등장하였다. 현재 국내에 진출한 GDS로는 아시아나항공 CRS인 ARTIS와 제휴한 ABACUS, 대한항공 CRS인 TOPAS와 제휴한 AMADEUS를 비롯하여 WORLDSPAN, GALLEO, SABRE 등의 시스템이 있으며 타 항공사 구간을 예약 및 발권 대행 시 일정액의 수수료(booking fee)를 받고 있다.

2) 유통경로의 특징

(1) 유통경로별 판매점유비

국내여객의 경우 간접 판매경로의 점유비가 20~30% 수준이지만, 국제여객의 경우 85~90%를 점유하고 있다. 이는 국제선의 경우 운송시설, 숙박시설 및 여권, 비자 등 부수적 서비스에 대한 소비자의 접근성이 용이하지 않으므로 여행대리점을 통한 종합여행상품의 제공이 필요하기 때문으로 해석된다. 또한 IMF체제 이후 여행대리점에 대한 소비자의 신뢰도 저하로 인해 대형 여행 도매업 및 대형 패키지여행사로의 수요 집중화현상이 나타나고 있다.

(2) 경로역학관계

내국인 출입국 인원의 급격한 증가에 따른 경쟁의 심화는 필연적으로 유통경로상에서의 항공사의 경로영향력 증가를 가져온다. 또한 대형 여행대리점이 많지 않은 점도 모든 주도권이 항공사에 있도록 하는 요인이 된다. 항공사별로는 국적항공사의 시장점유율이 60%대로서 과점체제를 유지하고 있어 상대적으로 경로영향이 강하며, 대부분의 여행대리점은 국제항공사 2개, 외국항공사 2~3개를 주요 거래항공사로 운영하고 있다. 항공운송서비스의 특징 중의 하나인 계절별, 성수기 · 비수기별 변동이 크다는 점도 여행대리점의 항공사 의존성을 심화시키는 결과를 가져온다. 그로 인해 수요가 집중되는 피크 시즌(peak season)에는 절대적인 공급부족현상이 발생하므로 성수기에 안정적인 공급 확보를 위해서 대부분의 여행대리점은 비수기 판매를 강화하고 있다.

(3) 수직관계

항공사는 대리점 계약해지, 좌석 공급의 중단 등과 성수기 좌석 지원, 가격할인정책, 판매촉진을 위한 광고비의 지원, 추가수수료 및 정보적 수직관계 등을 사용하여 여행대리점을 관리하고 있다.

(4) 여행대리점의 영세성

내국인의 해외여행업무를 취급하는 전국 3,951개 여행대리점 중 비교적 재정상태가 안정적인 IATA 가입 여행사는 23.5% 수준으로 대부분 영세한 상황이며, 이는 항공사와의 장기적인 계약에 의한 관계결속의 어려움과 소비자의 불신에 따른 대형 대리점으로의 수요 집중화 결과를 가져온다.

(5) 여행대리점 수익구조의 단순성

패키지여행사를 제외한 상용여행사, 전문여행사의 경우 수익의 70~80% 수준을 항공권 판매대행 수수료(commission)에 의존하고 있다. 따라서 항공권 발매실적 증대를 통한 수익의 향상을 위해서는 항공사의 좌석 및 가격할인 지원에 의존하는 경향이 강하게 나타난다. 그러나 항공사의 비용절감을 위한 수수료 인하는 세계적 추세로 진행되고 있어 장기적으로 여행대리점의 생존을 위해서는 수익구조의 다양화전략이 시급하게 되었다.

(6) 항공여행상품의 본원적 특성

여행상품은 다품종 소량생산의 특징이 있으며, 대부분 시장상황 변동에 따라 비계획적으로 개발 · 판매되고 있다. 대체로 신규상품 개발은 소홀한 실정이며, 모방이 용이하고 특허로부터 보호받기가 어려우므로 신규상품을 개발한 경우에도 바로 보편화되는 특징을 지니고 있다.

(7) 온라인 여행대리점의 증가현상

인터넷환경의 보편화에 따른 정보 및 항공권 구매경로의 다양화현상이 나타나고 있으며, 이에 따라 온라인 전문 여행대리점의 증가와 기존 온라인 여행사의 온라인 판매 병행의 경향이 뚜렷하게 나타나고 있다.

(8) 정부 규제정책의 영향

사치성 해외여행의 억제, 외환 및 광고규제, 각종 면허규제, 각 정부기관의 간섭 등으로 인해 여행대리점의 경영활동이 억제되고 있다. 항공운송서비스 유통경로의 활성화를 위해서는 과감한 규제완화로 시장논리에 맡기는 정책이 절실히 요구된다.

3) 유통경로의 구성

(1) 총판매대리점

총판매대리점(general sales agent)은 일정지역의 영업활동에 관한 책임을 전담하게 되며, 따라서 동일지역에 2개 이상의 총판매대리점을 임명하여 관할하도록 할 수는 없다. 총판매대리점은 항공회사가 일정지역을 한정하여 타 항공회사나 Non-IATA 대리점을 포괄적인 판매대리점으로 지정하는 것으로서 판매자료의 배포와 선전 · 광고활동을 하여 예약을 취급하며, 지역 내의 대리점을 관리하고, 대리점의 판매대금을 회수하며, 대신에 그 보수로서 부가 수수료를 일반대리점 외에 추가로 받는다.

(2) 판매대리점

판매대리점은 항공회사를 대리하여 그 이용자인 여객 또는 화주에게 항공수송서비스의 판매를 전업으로 하고 있다.

항공사의 판매대리점은 IATA 대리점과 Non-IATA 대리점으로 구분되며, IATA 항공회사는 IATA 대리점만을 임명하여 자기의 판매대리점으로 활용할 수 있다. 그러나 Non-IATA 항공회사의 경우에는 IATA 대리점은 물론, Non-IATA 대리점도 별도 임명계약에 의해 판매경로로 이용할 수 있다. 한편 IATA 대리점은 IATA 본부의 공식인정을 받아야 하고, 인정이 되면 IATA 가맹항공회사 전부와 대리점계약을 체결할 수가 있다. 따라서 IATA 대리점은 특정의 항공회사 전속의 대리점이 아니며, 가맹항공회사 모두의 공통대리점이다.

(3) wholesaler와 retailer

항공회사는 관광여행자에게 항공수송만이 아닌 숙박 · 식사 · 지상 · 운송 · 관광 등을 포함한 관광여행(tour)을 상품화하여 판매한다. 이 경우 항공기의 운송기능은 독립된 판매상품으로서 소비자에게 제공되는 것이 아니고 관광여행상품 하나의 구성요소로서 항공회사가 관광여행상품의 소재를 생산하고, 판매대리점이 소비자에게 판매하는 것이다. 그 결과 여행업계의 기능이 분화되어 투어의 생산자로서 wholesaler와 판매로서의 retailer의 전업화가 이루어지게 되었다.

(4) Interline 판매경로

A항공회사를 이용하고 있는 여객의 모두가 그 항공회사의 항공권을 소지하고 있는 것은 아니다. 또한 A항공회사의 항공권으로 B항공회사나 C항공회사를 이용할 수가 있다. 이것은 항공회사 상호 간에 협정을 체결하여 타 항공회사의 항공권으로도 자사의 항공편을 이용할 수 있는 제도인 IATA가 도입 · 실시되고 있기 때문이다. 이것을 연대운송협정이라 하며, 협정체결의 당사자가 상대방의 대리인으로서 운송을 판매하는 것을 서로 인정하고 있기 때문에 이루어지는 동업자 상호 간에 가능한 판매대행제도이다. 이 협정은 항공회사 상호 간에 한하지 않고 해운회사 · 철도회사 · 버스회사 등의 지상운송회사와도 체결하고 있으며, IATA의 규제를 받는 것은 총판매대리점이나 판매대리점의 경우와

동일하다.

4) 유통경로의 유형별 장점

(1) 직접 유통경로

① 절차의 단순화 및 오류의 최소화

중간업자의 개입 없이 직접 판매되므로 중간업자에게 지불되는 수수료 지불이 필요 없으며, 거래처와 관련된 사무의 간소화와 업무시간의 단축이 가능하다. 또한 중간업자의 개입으로 인한 예약·수배과정의 오류를 최소화할 수 있다.

② 부수적인 판매기회

직접 판매로부터 생산업자의 부수적인 판매기회를 획득할 수 있다. 즉 자사계열의 상품을 추가적으로 권장하여 판매기회를 넓힐 수 있는 것이다.

③ 융통성

생산자는 직접 유통시스템을 활용함으로써 변화하는 시장의 상황과 관광객의 욕구에 신속하게 융통성을 가지고 대처할 수 있다.

④ 이윤 증가

중간업자에 지급되는 수수료의 지급이 필요 없으므로 이윤이 향상된다. 그러나 여기에서 직접 판매를 위한 추가비용도 고려해야 한다.

⑤ 통제력 확대

직접 유통에 있어서는 생산자가 제공되는 상품에 대해 대리인의 개입이 필요 없이 완전히 통제할 수 있는 장점이 있다.

(2) 간접 유통경로

① 판매 및 판매경로의 확대

간접 유통시스템에서는 여행상품을 취급하는 많은 여행사의 활동을 통해 판매량을 극대화할 수 있다. 특히 단체객을 취급하는 경우가 많기 때문에 항공서비스상품의 대량 판매도 가능하다. 특히 넓은 지역에 분포하는 잠재 관광객에게 소구할 수 없을 경우, 이러한 중간업자의 활동을 통해서 판매량을 올리는 것은 물론, 판매경로를 다양화할 수 있을 것이다.

② 과거 판매율에 대한 비용부담 제거

간접 유통시스템으로 인한 판매량 확대가 가능하지만, 이로 인한 생산자의 비용이 별도로 소요되지 않는다. 즉 중간업자에 대한 수수료는 들어가지만 직접 판매를 통한 각종 비용(임대, 인건비 등)이 소요되지 않기 때문에 판매에 대한 비용부담을 제거할 수 있다.

2 항공권의 유통경로

1) 전통적인 유통경로

전통적으로 항공권의 유통은 항공사의 예약센터, 영업점 및 여행대리점을 통하여 이루어져 왔다. 항공사 예약센터를 이용하는 경우는 주로 전화 또는 FAX를 통하여 예약을 접수하고 실질적인 발권은 대부분 가까운 여행대리점 또는 발권창구에서 이루어졌다. 여행대리점을 이용하는 경우는 예약과 발권이 거의 동일한 여행대리점에서 진행되어 왔다. 전자적인 방법으로 항공권 요금을 지불하는 방법과 항공권을 적시에 배송하기 위한 방법이 등장하기 이전에는 주로 이 같은 유통과정이 지배적인 형태였다.

전통적인 항공여행시장은 공급자인 항공사와 중개인인 여행대리점, 여행상품을 소비하는 소비자의 계층적 구조로 되어 있었다. 항공사가 자체적인 유통망을 구성하여 운영하는 것이 매우 비경제적이었기 때문에, 중개인을 통하여 항공 좌석을 판매하였으나 고효율, 저비용구조의 인터넷이 여행시장에 보급되면서 계층적인 유통구조가 허물어지고 공급자와 소비자가 인터넷을 통하여 직접 서비스상품을 거래하는 새로운 질서가 형성되고 있다.

전통적으로 항공권 유통에서 항공권 판매의 많은 부분을 여행대리점이 담당해 왔고, 특히 단체여행의 경우 거의 대부분이 여행대리점을 통하여 이루어졌다. 항공사마다 약간의 차이가 있으나 대략 70~80%의

그림 9-4 ⭘ 전통적인 항공권 유통구조

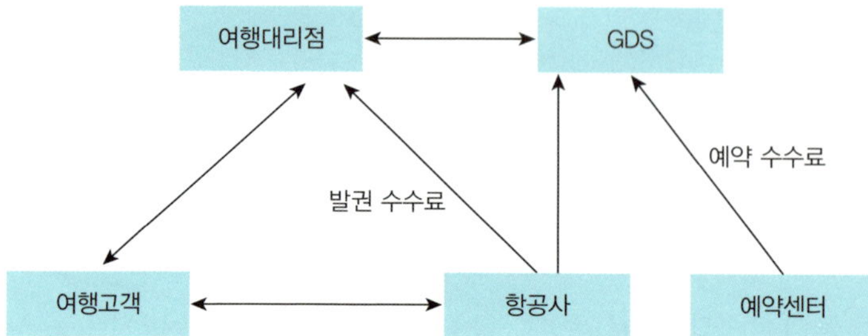

항공권 판매를 여행대리점이 담당해 왔으며, 이 같은 유통구조로 인하여 항공사는 항공권 판매를 위한 별도의 유통조직을 갖지 않고도 판매를 유지할 수 있었고, 이에 따른 비용으로 항공권 판매 수수료와 판매량에 따른 인센티브를 여행대리점에 지불하여 왔다.

항공권 유통에 있어서 또 하나의 중요한 경로는 GDS이다. 항공권의 약 70% 정도가 GDS를 통하여 판매되고 있는데, 이들의 주요 고객이 여행대리점 및 항공사이기 때문에 독립적인 유통경로라기보다는 유통망의 성격이 강하다고 할 수 있다.

2) 인터넷 유통경로

인터넷은 전통적인 항공권 유통시장에 변화를 일으켜 유통구조의 혁신을 촉진시키고 있다. 전통적인 여행대리점뿐 아니라 인터넷 여행대리점, 인터넷 포털, 경매 사이트까지도 항공권 유통시장에 참여하게 되었고, 항공사들은 인터넷을 유통비용의 절감수단으로 활용할 뿐 아니라 저렴한 비용으로 여행 소비자와 직접 접촉할 수 있는 경로로 이용하기 시작했다. 이렇게 인터넷을 이용하여 소비자와의 직접 판매경로를 확보한 항공사들은 여행대리점에게 지불하는 수수료의 인하를 시도하였고, 그 결과 대부분의 미주 항공사와 유럽의 항공사들이 5% 이하의 수수료를 지불하거나 수수료를 지불하지 않는 체제로 전환하고 있다. 특히 1990년대 들어 다시 등장한 저가항공사들은 인터넷의 이 같은 특성을 최대한 활용하여 비용절감에 큰 효과를 거두고 있다.

인터넷을 활용한 새로운 유통경로는 기존 항공사의 웹사이트, 인터넷 여행대리점, 여러 항공사에 의해 탄생한 항공사 연합 웹사이트, 전통적 여행대리점의 웹사이트, 일반 인터넷 포털이나 온라인 쇼핑몰 등 다양한 형태로 나타나고 있다.

그림 9-5 ● 인터넷을 통한 항공권 유통구조

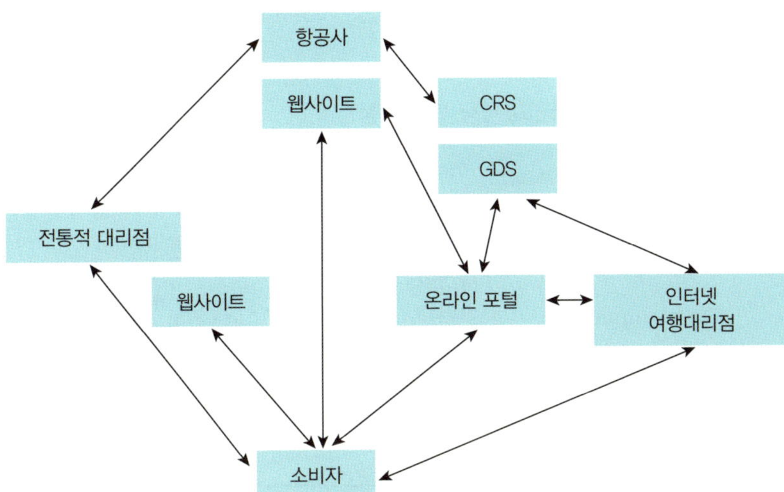

(1) 항공사 웹사이트를 통한 판매

항공사의 직접 판매로는 고정비 상승으로 항공권 판매에 한계가 있고, 대리점을 통한 간접 판매의 경우도 판매 수수료 및 항공권 예약대금을 CRS에 지급해야 하므로 비용이 늘 발생해 왔다. 항공사는 보다 더 경쟁력을 확보하기 위하여 비용절감을 목표로 유통경로의 단축을 통하여 비용을 줄일 수 있는 인터넷 직접 판매를 적극적으로 추진하게 되었다.

항공사 웹사이트는 항공사의 자체적인 홈페이지를 통해서 항공권을 판매하는 방법으로 거의 모든 주요 항공사들이 운영하고 있으며 소비자들과의 직접 거래를 활성화하기 위하여 전자상거래를 통한 항공권 구매 시 소비자들에게 할인요금을 제공하거나 상용 탑승객(frequent flyer)에게 마일리지 및 보너스 항공권 제공 등 다양한 프로모션활동을 전개하고 있다.

| 표 9-1 | 항공사 온라인마케팅 변천과정

제1세대	제2세대	제3세대
CRS(Computer Reservation System)	• 가정예약 • PC통신 • 인터넷 • ARS • TKT Delivery • On-line 광고	• On-line 상거래 • On-line Sale • On-line 경매 • On-line Travel Plan • Electronic Ticket • Smart Card • Public Booking • Engine • Data Base Marketing

(2) 인터넷 여행대리점을 통한 판매

인터넷 여행대리점은 전통적인 여행대리점을 인터넷에 구현한 방식으로 인터넷을 통하여 여행정보와 상품을 판매하는 여행대리점이다. 전통적인 여행대리점과 같이 GDS를 통하여 항공권 예약, 항공권 가격비교 및 일정조회가 가능할 뿐 아니라, 호텔 및 렌터카 예약 등도 인터넷을 이용하여 가능하게 하고 있다. 대표적인 인터넷 여행대리점으로는 Expedia, Travelocity 등을 들 수 있다.

Orbitz, Expedia, Travelocity와 같은 온라인 에이전시의 판매는 물론 온라인시장의 대부분을 차지하고 있는 일반 웹사이트 판매자들의 판매도 증가할 것으로 분석되고 있다. 가격이 가장 중요한 구매요소로 작용하는 여행산업에서 특별히 서치엔진이 온라인 판매에 가장 중요한 요소로 나타나고 있다. 그 이유는 더 많은 소비자들이 다른 대중매체를 통해 얻은 정보보다 인터넷에서 검색한 결과를 토대로 여행 사이트를 더 많이 방문하고 있는 것으로 나타났기 때문이다.

(3) 항공사 웹사이트를 통한 판매

초기 인터넷을 통한 항공권 판매시장 대부분은 Travelocity와 Expedia가 선점하였으며, 항공사들은 이 같은 대형 인터넷 여행대리점 및 새로운 유통방식을 제공하는 인터넷 기반의 사업자와 경쟁하기 위해 인터넷을 통해 항공사들이 공동으로 항공권을 판매하는 연합 판매사이트를 결성하였다. 대표적인 것으로 미주지역의 Orbitz, 유럽지역의 Opodo, 아시아지역의 Zuji를 들 수 있다. 이들 사이트는 항공사들이 공동으로 제휴하여 만든 것으로, 제휴항공사의 항공권뿐 아니라 다른 인터넷 여행대리점들과 GDS를 경유하여 타 항공사의 항공권도 판매하고 있다. 즉 항공사들이 대형 인터넷 여행대리점에 항공권 판매시장의 지배력을 빼앗기지 않기 위하여 또 다른 형태의 인터넷 여행대리점을 운영하고 있는 것이다.

A·I·R·L·I·N·E·&·M·A·R·K·E·T·I·N·G

10 CHAPTER 항공사의 전략적 제휴

1 항공사의 전략적 제휴

전략적 제휴란 다른 기업들과 특정 사업 및 업무 분야에 걸쳐 협력관계를 맺어 공동으로 사업을 전개하는 것을 의미한다. 즉 전략적 제휴는 기업들 간에 상호 보완적인 상품 · 시설 · 기술을 공유함으로써 협력을 통해 시너지를 창출하고자 하는 경영전략이다. 참여기업들은 자율성과 독립성을 유지하면서 특정 사업 분야의 일부 또는 전부에 걸쳐 운영책임 · 위험 · 경영성과 등을 공유한다.

점점 더 복잡해지고, 급변하는 항공시장에서 더 안정적인 수요를 확보하고 더 나은 서비스의 제공을 위하여 세계의 항공사들은 전략적 제휴를 통한 경쟁력의 향상을 이루려 하고 있다. 이러한 전략적 제휴를 통해 항공사는 시장 · 상표명 · 자원과 기술의 공유 및 시장접근을 얻을 수 있다.

1) 항공사 전략적 제휴의 특징

(1) 서비스 네트워크의 확장

더 많은 승객들을 유치하기 위하여 주요 항공사는 전 세계 모든 목적지까지 편리한 서비스를 제공해야 한다. 네트워크 연결을 통해 제휴사들은 기존의 상황보다 노선을 더 확장시키게 되고, 또한 자사 승객들에게 연결된 서비스를 제공할 수 있다.

(2) 비용효과

항공사 제휴는 제휴사들로 하여금 규모의 경제, 교통밀도의 증가, 그리고 범위의 경제라는 이점을 얻게 함으로써 단위비용 감소를 용이하게 한다. 제휴사들이 일정한 네트워크 규모를 유지하면서 적은 비용으로 동일한 교통량을 제공할 수 있다면 규모의 경제를 달성할 수 있다.

(3) 서비스 질의 향상

운항편수 빈도와 스케줄의 편리성 및 온라인 연결의 용이성은 항공사 서비스 질의 중요한 특징이다. 잘 실행된 제휴는 비행 빈도의 증가, 더욱 편한 비행 스케줄의 제공, 온라인 연결수의 증가를 통해 서비스의 질을 향상시킨다.

(4) 상용고객우대제도

제휴 네트워크는 단일 항공사가 하는 것보다 더 많은 도시들을 연결하기 때문에 승객들은 마일리지를 적립하는 것이 보다 더 쉬워졌다. 게다가 제휴 네트워크는 일반적으로 개별항공사가 독립적으로 제공할 수 있는 것보다 매력적인 목적지를 많이 확보하고 있기 때문에 승객들은 동일한 마일리지를 이용하여 더 높은 가치를 창출할 수 있다. 따라서 상용고객우대제도가 각 항공사에 의해 독자적으로 운영될지라도 승객들은 비제휴항공사의 상용고객우대제도보다 제휴항공사들의 상용고객우대제도에 더 높은 가치를 부여한다.

(5) 시장지배력과 가격책정의 장점

제휴로 인해 특히 같은 방향의 노선에 속한 항공사의 경우 시장점유와 시장지배력이 증가된다. 수익과 비용 측면 이외에도 제휴항공사들은 높은 가격을 부과하기 위해 시장지배력을 얻고자 한다.

2) 항공사 전략적 제휴의 유형

(1) 수평적 제휴

동질적인 상품 및 서비스를 판매하는 시장에서 기업 간에 체결되는 제휴를 의미한다. 가장 일반적인 형태는 스케줄링과 마케팅에 대하여 풀계약을 체결하여 공동으로 경영활동을 수행하는 형태이다.

(2) 수직적 제휴

공급자 · 유통기관 · 구매자 간에 체결되는 제휴의 형태를 의미한다. 생산단계에서부터 최종소비단계에 이르는 상품의 수직적 흐름에 따라 형성되는 협력관계이다. 항공운송산업에서 항공사들과 호텔, 렌터카회사, 여행사 그리고 여행과 관광에 관련된 다른 회사 사이에 존재하는 협력체제이다.

(3) 외부적 제휴

다각적 제휴라고도 하며, 자사의 상품생산이나 판매활동과 직접적인 관계가 없는 사업영역에 속한 기업과 체결되는 제휴방식이다. 항공사와 관련된 외부적 제휴에는 특별요금 · 상용고객우대 · 휴일상품 · 보험 등이 있다.

3) 항공사 전략적 제휴의 효과

(1) 효과

- 허브공항을 중심으로 하는 시장지배력 형성
- 경쟁자를 시장에서 몰아낼 수 있는 능력 확보
- 광고능력의 효과
- 유통경쟁력 우위효과
- 고객에 대한 서비스 우위 확보

- 항공유나 항공기 공동구입
- 라운지 공동이용 가능

(2) 전망과 과제

전망	과제
• 항공사들 간의 전략적 제휴로 인하여 경쟁력 강화, 원가절감효과 • 승객들에겐 서비스 개선 및 요금인하 등 항공여행 편익의 증가 • 다양한 외국항공사들과의 제휴 • 운항 좌석의 효율을 높이는 측면	• 항공사의 자체적인 마일리지제도 개선 • 저비용항공사 출현으로 경쟁심화 • 글로벌 항공사들과 협력 • 이용자 서비스 강화의 필요

2 항공사의 제휴전략

1) 단순노선 제휴

단순노선 제휴는 가장 단순한 제휴방식으로 항공사들 간에 전통적으로 많이 이루어진 것으로서 특정 구간의 노선에 대해 공동운항과 공동운임 및 공동운항편명 사용 등의 형태로 협력관계를 체결하는 것이다. 특정 노선에 관련한 제휴이므로 특정 노선 제휴라고도 한다.

2) 코드셰어링

코드셰어링은 흔히 공동운항편명의 사용이라 불린다. 항공사들 사이에 좌석을 공동 판매함으로써 노선을 공동으로 운영하는 것을 말한다. 즉 하나의 비행기로 여러 편명이 운영되는 것이다.

3) 경영관리계약

경영관리계약은 경영관리활동과 관련한 제휴를 포괄적으로 의미한다. 항공사 간의 상호 이익을 통해 영업 및 기술 인력의 교류가 이루어지거나, 경영관리차원에서 관리자들을 제휴항공사에 파견하기도 한다. 또한 벤치마킹을 통한 경영 노하우의 습득 등 다양한 방법으로 경영관리상의 협력이 이루어진다.

4) 마케팅 제휴

포괄적 마케팅 제휴는 항공사 간의 전체적인 업무상 · 마케팅상의 협력관계를 구축하는 광범위한 형태의 제휴이다. 공동운항, 운항편명 공동사용, 시내 사무실 및 공항 사무실 공동사용, 승무원의 상호 교환 탑승 및 전산예약시스템에 걸쳐 제휴하는 형태이다.

5) 자원공유 제휴

자원 제휴를 통해 항공사들은 직접 투자위험을 감소하여 항공운송산업 특유의 자본집약적 특성 한계를 극복하려고 하고 있다. 자원공유는 물적 자원의 공유에서부터 인적자원의 공유, 지식정보의 공유 등 다양한 형태로 나타나고 있다. 조인트벤처, 공동지상조업, 승객 라운지 공유, 항공기 공유, 공동구매, 공동보험구매, 재고공유, 공동정비투자, 연료 풀링, 보험 풀링협정, 항공기 리스, 공항시설 공유, 공동 리스, 엔진시험동 공유, 공항 슬롯 공유, 공동화물기 운용, 정비합작투자, 공항터미널 공유, 케이터링 합작투자 등이 자원공유 제휴의 예이다.

6) 지분소유 제휴

지분 제휴는 항공사 간의 제휴형태 가운데 가장 강력한 연합의 형태로서 일정한도 내에서의 지분참여와 투자 및 상호 출자의 형태 등으로 이루어지고 있다. 자본의 상호 교환이나 투자가 수반되는 지분 제휴는 비교적 장기적인 시간개념을 가지고 두 개 이상의 기업 간에 체결되는 전략으로 형성된다.

7) 인수 및 합병

인수 및 합병은 외국항공사 또는 자국항공사 간에 이루어지는 자본

제휴 또는 경영권 인수의 형태로서 기업규모를 확대하기 위한 글로벌 전략으로 이용된다. 단순한 업무 제휴나 지분교환에 의한 제휴보다 관계의 긴밀성과 연대성, 승무원의 효과적인 활용, 구매와 차입능력, 소비자에 대한 기업의 이미지 제고의 측면에서 유리하다.

| 표 10-1 | 항공사 전략적 제휴의 과거와 현재 특징

과거	현재
• 합작투자 등 지분참여를 통한 장기적 계약 • 선진국-개발도상국 간의 협력관계 • 대기업 간의 제휴 • 단일 제휴방침	• 지분참여 없이 경영상 독립성 유지, 다양한 업무 분야에 걸친 단기적 협력관계 • 선진 경쟁업체들 간의 전략적 제휴 • 중소기업도 제휴에 적극 참여 • 생산, R&D, 마케팅 등의 총체적이고 포괄적 제휴를 맺는 추세

3 항공사 글로벌 제휴 그룹

1) 스카이팀

국제여행객에게 여행에 대한 융통성 있고 다양한 선택의 기회를 제공하기 위해 아에로멕시코 · 에어프랑스 · 알이탈리아 · 델타 · 체코항공 · 대한항공이 연합하여 최초의 고객중심 국제항공사 제휴 그룹인 스카이팀이 창설되었다. 현재 20개의 회원사를 보유하고 있으며, 매일 178개국 1,064여 개 도시로 일일 15,000편 이상의 비행편을 운항한다. 스카이팀은 고객에게 다음과 같은 혜택을 제공한다.

- 선호 좌석 배정 : 스카이팀 엘리트 또는 엘리트 플러스 승객은 예약 시 선택한 여러 좌석 중 하나를 예약할 수 있다.
- 스카이팀 전용 라운지 : 엘리트 플러스 회원은 좌석등급에 상관없이 전 세계 530여 개 라운지 이용이 가능하다.
- 항공편 좌석예약 보장 : 스카이팀 엘리트 플러스 회원은 전 세계 스카이팀 장거리 항공편의 코치 · 이코노미 클래스 예약이 보장된다.
- 위탁수하물 우선 처리 : 확인된 수화물이 스카이팀 엘리트 플러스 회원의 것임을 나타내는 특별한 수화물 꼬리표의 경우 수화물의 우선 처리가 가능하다.

스카이팀 전용라운지

- 추가수하물 허용량 : 스카이팀 엘리트 및 엘리트 플러스 회원은 제휴되는 추가수하물 허용량 혜택(10~20kg)을 받을 수 있다.
- 우선 예약 대기명단 : 예약 시 원하는 서비스 클래스를 이용할 수 없는 경우 스카이팀 엘리트 · 엘리트 플러스 회원은 우선 예약 대기명단에 등록이 가능하다.
- 우선 탑승 : 스카이팀 엘리트 또는 엘리트 플러스 상용고객 회원카드를 제시하면 일찍 탑승하고 좌석을 쉽게 찾을 수 있다.
- 우선 탑승수속 : 대부분의 공항에서 스카이팀 엘리트 또는 엘리트 플러스 회원카드를 제시하면 우대 카운터에서 수속할 수 있다.

2) 스타얼라이언스

STAR ALLIANCE™
THE WAY THE EARTH CONNECTS

스타얼라이언스는 1997년 5월 루프트한자 독일항공 · 유나이티드 에어라인 · 스칸디나비아항공 · 에어캐나다 · 타이항공이 참여하여 결성되었다. 현재 가장 많은 회원사를 보유한 세계 최대의 항공동맹으로, 28개의 회원사가 있다. 매일 195개국에서 1,328대의 항공기가 21,900편 이상의 비행편을 운항하고 있다. 스타얼라이언스는 실버회원과 골드회원에게 다음과 같은 혜택을 제공하고 있다.

- 우선 탑승 : 스타얼라이언스의 회원의 경우 일부 공항, 항공사 항공편 탑승 시 우선 탑승이 가능하다.
- 대기예약 우선권 : 원하는 항공편에 좌석이 남아 있지 않은 경우

다른 항공편 대기명단에 우선 배정이 가능하다.

- 대기탑승 우선권 : 부득이한 사정으로 인해 비행기를 놓쳤을 경우, 스타얼라이언스 회원은 대체 항공편을 이용할 수 있도록 도움을 받을 수 있다.
- 우선 체크인 : 스타얼라이언스 골드회원은 우선 체크인 카운터를 통해 따로 수속이 가능하다.
- 수하물 추가허용 : 골드회원의 경우 중량제 적용 시 20kg, 개수제 적용 시 1개가 추가허용 가능하다.
- 수하물 우선 처리 : 스타얼라이언스의 태그가 부착된 수하물의 경우 우선적으로 처리가 가능하다.
- 스타얼라이언스 전용 라운지 이용 : 스타얼라이언스 골드회원은 좌석등급에 상관없이 라운지 이용이 가능하다.

4 항공사조인트벤처

1) 조인트벤처의 개념

조인트벤처(Joint Venture)는 둘 이상의 당사자가 공동지배의 대상이 되는 경제활동을 수행하기 위해 만든 계약구성체를 의미한다. 여기에서 공동지배라 함은 계약합의사항에 의하여 경제활동에 대한 지배를 공유하는 것을 말한다.

항공업계에서의 조인트벤처는 유형의 회사 설립이 아닌 코드셰어나 얼라이언스보다 높은 단계의 협력형태이며, 양사가 태평양노선 스케줄을 함께 짜고 항공권 판매와 마일리지 적립시스템을 공유하는 등 하나의 항공사처럼 움직이는 것이다.

그림 10-1 ○ 항공사 간 협업의 진화

	코드셰어(좌석 일부 공유)	항공동맹(얼라이언스)	조인트벤처(합작동맹)
개념	특정 항공기의 좌석 일부를 제휴사에 위탁 판매	코드셰어 + 마일리지 · 라운지 · 탑승 수속 창구 등 공유	2개 이상 항공사가 자사가 보유한 노선을 서로 광범위하게 공유
현황	대한항공은 35개, 아시아나 항공은 29개 항공사와 코드셰어 중	스카이팀(대한항공 등 20개사) · 스타얼라이언스(아시아나 등 28개사) 원월드(15개사) 등	일본항공 · 아메리칸에어 등 전 세계 20여 건

출처 : 조선비즈(2017.3.13.)
http://biz.chosun.com/site/data/html_dir/2017/03/12/2017031201639.html

2) 조인트벤처의 유형

조인트벤처는 다양한 형태로 나타나지만 기업회계기준서에서는 공동지배대상사업, 공동지배대상자산 그리고 공동지배대상기업이라는 세 가지 유형으로 분류하고 있다.

(1) 공동지배대상사업

공동지배대상사업이란 이를 운영하기 위하여 법인, 파트너십이나 그 밖의 실체 또는 참여자와 분리된 별개의 재무적 조직 등으로 설립되지 않고, 참여자의 자산과 그 밖의 자원을 사용하여 운영되는 형태의 조인트 벤처를 말한다.

(2) 공동지배대상자산

공동지배대상자산이란 조인트벤처의 목적으로 출자되거나 취득된 자산을 참여자가 공동지배 또는 공동소유하는 경우를 말한다. 각 참여자는 자산으로부터의 산출물을 분배받고 발생비용 중 합의된 부분을 부담한다.

(3) 공동지배대상기업

공동지배대상기업이란 법인, 파트너십 또는 각 참여자가 지분을 소유하는 그 밖의 형태의 기업으로 설립된 조인트벤처이다.

3) 조인트벤처의 특성

모든 조인트벤처는 다음의 두 가지 공통적인 특징을 가지고 있다.

- 참여자가 계약합의사항에 의하여 구속을 받는다.
- 계약합의사항에 의하여 공동지배가 성립한다.

대한항공이 국적사 최초로 동아시아와 미주를 잇는 태평양노선에서 미국의 델타항공과 체결한 제휴협정에 대하여 국토교통부는 2018년

3월 28일자로 이를 조건부로 인가한다고 밝혔다.

[인가조건]

1. 한-미 노선 전체에 대한 공급석을 유지한다.
2. 일부 노선에서는 현재 공급 좌석 축소를 금지하도록 조건을 부과한다.

*양사 동시 운항 2개 노선 : ① 인천-시애틀 ② 인천-애틀란타
양사 단독 운항 3개 노선 : ① 인천-라스베이거스 ② 인천-디트로이트 ③ 인천-워싱턴

3. 연간 1회 성과보고 및 3년 후 제휴협정효과를 재검토한다.

조인트벤처의 본질적인 특징으로는 합목적성, 즉 둘 이상의 당사자가 공동사업을 하겠다는 목적의 존재와 당사자 간의 합의, 공동사업에 대한 이익뿐만 아니라 위험까지도 분담해야 한다는 점, 공동사업의 모험성, 상호 협력을 통해 얻으려고 하는 시너지나 이익의 증대가 있어야 한다는 점을 제시하였다.

4) 조인트벤처의 사례

[기고] 항공업계 트렌드 '조인트벤처'와 정부의 좌고우면

최근 항공업계에 새로운 변화가 나타나고 있다. 서로 다른 항공사가 아예 처음부터 함께 영업하고 수익을 공동으로 배분하는 조인트벤처(Joint Venture)방식이 그것이다. 좌석 판매를 대신해 주거나 회원사의 항공편에 자사의 승객을 탑승시키는 현재의 제휴, 자사중심으로 영업

을 하고 부족한 부분은 상대방의 자원으로 보완하는 제한적 협력과는 강도가 다르다. 이는 세계 항공업계의 판도 변화를 예고하는 것과 다름없다. 지난해까지 18건의 조인트벤처를 체결한 약 30개 항공사는 상대국의 거점 공항을 공유하면서 새로운 노선을 늘려 나가고 있다.

문제는 국내 항공업계다. 동북아시아 허브공항 경쟁을 벌이고 있는 인천공항에는 아직 조인트벤처 항공사가 없다. 뒤늦게나마 지난해 6월 대한항공과 델타항공이 조인트벤처 계약을 체결했으나 아직도 정부는 허가하지 않고 있다. 태평양노선에서 독과점 폐해를 우려하는 정부의 좌고우면이 안타깝다. 이 노선은 한 · 중 · 일의 각축장이다. 지난 10년간 14.5%씩 성장하면서 선두 일본을 바짝 추격하고 있는 중국이 주도권을 잡는 것은 시간문제다.

현재 대한항공과 아시아나항공의 시장점유율이 19.2%에 불과한 이 노선에서 국적항공사의 독과점 우려는 우리만의 착각이다. 이대로라면 앞으로 인천공항은 네트워크 확대와 환승객 유치 경쟁에서 크게 불리해질 것이다.

항공업계 역시 기존의 제휴만으로는 현재의 시장 유지가 쉽지 않게 된다. 제휴나 조인트벤처는 공동의 목적을 위해 일시적으로 협력을 맺는 것이다. 협력관계는 이해관계에 따라 언제든지 변한다. '적과의 동침'으로 비유되는 이유다.

대한항공과 델타는 상호 이익을 위해 공동 노력을 맹세하는 동맹관계가 아니다. 한때 긴밀했던 두 항공사는 2013년 결별한 경험이 있다. 델타 측 조인트벤처 요구가 갈라선 이유다. 대한항공과 결별하고 일본 나리타공항에 둥지를 틀었던 델타가 이번에 다시 인천공항에 오겠다는 것이다. 지난해 11월 미국은 두 항공사의 조인트벤처를 허가했다. 한국 정부가 시간을 계속 끈다면 조급해진 델타가 또 다른 파트너를 찾아나설 가능성도 배제할 수 없다.

중국 언론은 동방항공에 지분까지 투자하고 있는 델타항공의 한국 둥지 찾기에 많은 관심과 우려를 표명하고 있다. 한국 정부가 미적댈수록 우려가 기대로 바뀔지도 모른다. 조인트벤처의 결렬은 허브 경쟁을 하고 있는 인천공항의 위기이기도 하다. 환경 변화를 제대로 읽고 산업계를 지원해야 하는 국토교통부의 역할이 중요한 때다.

[허희영 한국항공대 경영학부 교수]
출처 : 매일경제 MBN 오피니언
http://opinion.mk.co.kr/view.php?year=2018&no=154211

| 표 10-2 | 항공협력의 강도

구분	내용	강도
코드셰어	항공기 좌석의 일부를 제휴 항공사에서 위탁 판매	약
얼라이언스	코드셰어 + 마일리지 · 라운지 · 체크인카운터 공유	중
조인트벤처	항공사 간 스케줄, 항공권 판매, 마일리지 공유해 마치 하나의 회사처럼 공동영업활동	강

출처 : 머니투데이(2017.12.27.)
http://news.mt.co.kr/mtview.php?no=2017122614253981519

| 표 10-3 | 글로벌 항공사 간 주요 '조인트벤처' 현황

주요 협력 구간	조인트벤처(시행 연도)
대서양 (미주~유럽)	에어캐나다 · 루프트한자 · 유나이티드(2009) 델타 · 에어프랑스 · KLM · 알리탈리아(2009) 아메리칸항공 · 브리티시항공 · 이베리아항공 · 핀에어(2010) 델타 · 버진애틀랜틱(2014)
태평양 (아시아~미주)	전일본공수 · 유나이티드(2011) 일본항공 · 아메리칸항공(2011)
아시아~유럽	중국남방항공 · 샤먼항공 · 에어프랑스 · KLM(2006) 중국동방항공 · 에어프랑스 · KLM(2010) 아나 · 루프트한자 · 오스트리아항공 · 스위스항공(2012) 일본항공 · 브리티시항공 · 핀에어(2012) 에어차이나 · 루프트한자(2017) 루프트한자 · 싱가포르항공(2017)
중국~대양주	에어차이나 · 에어뉴질랜드(2015) 중국동방항공 · 콴타스(2015)
미국~대양주	델타 · 버진오스트레일리아(2011) 유나이티드 · 에어뉴질랜드(2016)

출처 : 조선비즈(2017.3.13.)
http://biz.chosun.com/site/data/html_dir/2017/03/12/2017031201639.html

11 CHAPTER 항공사 기내식서비스

1 항공사 기내식

1) 항공사 기내서비스

항공운송은 여객과 화주들에게 쾌적한 기내 분위기의 조성, 안전운항의 실현, 원활한 항공 좌석 및 화물공간의 제공, 그리고 신속한 화물운송을 보장해 줌과 동시에 인간의 노동력에 의해 구체화된 친절한 서비스가 추가되어 전달됨으로써 비로소 상품의 가치가 발현된다. 즉 항공운송상품은 공간과 인적 서비스의 결합물이자 고정적 상품요소와 유동적 상품요소를 동시에 갖고 있다고 할 수 있다.

여기서 고정적 상품요소에는 항공기종, 좌석과 화물칸을 포함하는 기내공간, 운항 스케줄 및 기체관리 등 다분히 물리적 · 관리적 요소가 강한 부분들이 포함된다. 그러므로 항공사가 어떤 특정한 기종을 보유하고 있고 항공기 정비와 유지에 기울이는 정성이 어떠하며 또 운항 스케줄의 광협 정도는 어떠한지가 운송상품의 가치를 구분할 수 있는 척도가 된다. 한편 유동적 상품요소는 항공기 출발지로부터 목적지까지 제공되는 일체의 서비스를 의미하는데 여객의 경우 좌석예약, 항공권 발행, 시내–공항 간 육상수송, 공항 체크인, 기내서비스, 수하물 인도 서비스 등이 모두 여기에 포함된다.

이렇게 보면 항공운송은 기내공간의 판매로부터 시작해서 최종목적지에 운송객체를 수송하는 서비스를 완료해야만 상품가치의 발현이 가능해지고 더불어 지불된 운임에 대한 대가도 완료할 수 있게 됨을 알 수 있다.

최근 각 항공사들은 안정된 승객 확보를 위하여 서비스를 강화하고 있으며, 이에 기내식에 대한 서비스 품질관리도 매우 강조되고 있다. 기내식서비스는 항공운송사업의 대고객서비스 중 승객이 직접적으로 가장 오랜 시간 동안 항공서비스를 직접 경험하는 것으로 승객들의 항공사서비스 평가 시 큰 비중을 차지한다.

항공사 기내식서비스는 시간과 공간상의 제약 속에서 대고객서비스 만족도의 극대화라는 대명제를 충족시키기 위하여 메뉴의 선정, 효율적이고 세련된 기내식서비스 매너, 알맞은 보조용품의 조달과 관리에 이르기까지 세심한 주의를 필요로 한다.

항공운송에 있어서 서비스의 초점은 기내서비스로 집중된다. 오늘날 기내식은 승객이 항공사를 선택하는 데 우선적으로 고려하는 요인 중 하나이며, 항공기 이용 승객이 다양해지고 생활수준 향상에 따른 승객의 욕구가 증대될수록 기내식 메뉴개발 및 품질 향상이 더욱 중요한 요소로 대두되고 있다.

기내서비스의 중심은 기내식에 있으며, 특히 국제선에서 각 항공사의 서비스 경쟁은 주로 기내식에 집중되고 있다. 기내서비스는 물적 서비스와 인적 서비스로 구성되는데, 물적 서비스의 핵심이 바로 기내식이다. 대부분의 승객들은 기내식을 단순히 식욕만족을 위한 대상이 아니라 즐거움의 대상으로 인식하므로, 기내식 메뉴 개발 시에는 자사의 기내서비스 의지와 방향을 투영할 수 있는 메뉴를 선정해야 할 것이다.

이렇게 선정된 메뉴의 품질 향상과 위생관리를 위해 칠러(chiller, 냉각 장치)의 확보와 부족한 주방 장비 및 도구의 설비와 확충이 필요하며, 또한 전문적이고 체계적인 교육을 거친 전문 조리인력을 확충하여, 비전문 용역 및 협력업체 종사자들에 의한 기내식 생산 참여를 제한함으로써 기내식의 안정성과 맛, 품질을 확보할 수 있을 것이다.

2) 기내식의 정의

기내식은 비행 중 승객에게 제공되는 음식으로 항공기 출발 전에 기내식 공급회사(catering)가 각 항공사별 기물을 이용하여 기내 주방(galley)에 탑재, 보관한 것을 객실승무원이 미리 계획된 서비스 스케줄에 따라 각종 음료와 함께 승객에게 제공하는 음식을 말한다.

항공서비스의 대명사라 할 수 있는 기내서비스는 기타 지상서비스와는 달리 한정된 좁은 공간에서 이루어지고 있기 때문에 그 평가 또한 쉽게 나타나며, 기내서비스의 정도에 따라 지상서비스가 부족했다고 하더라도 항공서비스에 대한 평가를 바꿀 수 있다. 따라서 기내식은 승객이 항공사서비스에 대해 갖는 이미지와 깊은 관련이 있으며 수준 높고 세련된 질을 높이는 데 결정적인 역할을 한다.

특히 각국의 항공사들은 고객서비스의 만족도 극대화를 위해 승객들의 타고난 입맛을 고려하여 다양한 메뉴 개발에 힘쓰고 있으며 메뉴 역시 주기적으로 변화를 주고 있다. 1년에 두 번 메뉴를 변경할 경우, 여름 메뉴(summer menu)는 4월에 변경하고, 겨울 메뉴(winter menu)는 11월에 변경하여 서비스한다. 현재 국내항공사인 대한항공에서 사용하는 메뉴 변경방법은 사이클 메뉴(cycle menu) 변경방법이다. 사이클 메뉴(cycle menu)란 1, 2월에 'A' Cycle Menu, 3, 4월에 'B' Cycle menu, 5, 6월에 'C' Cycle Menu의 순으로 변경하고, A, B, C Menu를 변경하기 위해서는 담당자를 포함한 관계자들이 새로운 메뉴를 가지고 프레젠테이션을 갖는다.

3) 기내식의 특성

기내식은 기내라는 특수한 상황으로 시간상 · 공간상 제약이 있다. 즉 시간상으로는 음식 제조 즉시 제공되는 일반 음식과는 달리 생산 이후 항공기에 탑재되어 일정시간이 경과한 뒤 다시 기내 오븐에서 데워져 승객에게 제공된다는 제약이 있다. 또한 공간상 제한으로 항공기 내 개별 좌석에서의 식사가 용이하도록 식기 등이 특수 개발 · 제작되어야 한다. 이 외에도 다음과 같은 일곱 가지 특성이 있다.

첫째, 비행 소요시간이다. 항공사 출발 후 오븐에서 약 1시간 정도 가열한 뒤, 승객의 개별 상차림을 준비하여 좌석마다 제공한다. 승객의 식사가 끝나면 다시 회수하기까지는 최소 2시간 이상의 시간이 요구된다. 따라서 2시간 이내의 구간에서는 오븐에 가열하지 않고 먹을 수 있는 음식을 제공한다. 퍼스트 클래스나 비즈니스 클래스의 경우에는 매 코스별 다양한 종류의 음식을 준비하여 승객이 선택할 수 있도록 제공하는 방식을 최소한 3시간 이상의 비행구간에서 적용하게 된다.

둘째, 항공기 출발시간과 도착시간이 중요한 결정요인이 된다. 아침식사는 소화가 용이한 달걀요리, 과일, 곡물류 및 햄, 베이컨, 소시지 등을 우유, 주스 등과 함께 제공하며 아침식사용 빵이 제공된다. 점심식사는 일반적으로 전채, 스프, 주요리, 과일, 치즈, 디저트의 코스로 구성되는 것이 일반적이다. 따라서 기내식이 제공되는 시점의 식사형태는 항공기 출발 및 도착시간에 의해 결정된다.

셋째, 탑승객의 구성비에 따라 기내식 메뉴구성이 결정된다. 다국적 승객을 대상으로 보편적인 기내식 메뉴를 구성함이 일반적이나, 특정 국가나 종교인에게는 허용되지 않는 음식이 있으므로 고려하지 않을 수 없다. 예를 들면 중동지역의 모하메디아인은 통발굽을 가진 네발짐승과 어패류를 먹지 않는 반면, 인도의 힌두교인들은 우유 및 쇠고기를 먹지 않는다.

넷째, 기내식의 가격결정요인이다. 기내식서비스 제반비용은 항공운임에 포함되어 원가로서 통제받게 되므로 품질과 수익성의 균형을 유지해야 한다. 통상적으로 순수입의 4~6% 수준을 기내식 비용으로 집행하고 있다. 높은 가격의 기내식서비스는 높은 원가구조를 의미한다.

다섯째, 기내식 메뉴구성에 영향을 미치는 또 다른 요소는 경쟁사이다. 심화된 경쟁관계에서 동일노선에 제공되는 경쟁사의 서비스수준에 경쟁력을 갖추기 위해서는 더욱 높은 품질을 유지해야만 한다. 싱가포르항공의 사례를 보면 월등한 수준의 기내식서비스 제공을 통하여 대부분의 노선에서 서비스 경쟁력을 갖추는 성공적인 예를 보여주고 있다.

여섯째, 항공사의 전략 목표에 의해 기내식서비스수준이 결정된다. 최고급의 품질을 경쟁요인으로 마케팅전략을 수립한다면 고품질 위주의 기내식 메뉴구성이 이루어질 것이며, 경쟁력 있는 항공운임을 전략목표로 정한다면 낮은 원가 부담을 위해 기내식서비스 이용 역시 통제될 수밖에 없다.

일곱째, 기내식의 생산능력을 메뉴 결정요인으로 들 수 있다. 전 세계 각국의 공항을 연결하는 항공운송의 특성상 지역적인 음식문화의 차이로 인하여 기내식 생산능력의 차이가 존재하고 있으며 메뉴구성 시 이를 고려해야만 한다.

4) 기내식의 종류와 서비스 유형

기내식은 출발지 현지시간을 기준으로 노선의 특성에 따라 비행 소요시간, 승객의 기호 등을 근거로 계획한다.

| 표 11-1 | 기내식의 종류와 서비스시간

기내식	종류 및 약어	서비스 시간대
아침식사	BREAKFAST : BRF	05:00~09:00
늦은 아침식사	BRUNCH : BRCH	09:00~11:00
점심식사	LUNCH : LCH	11:00~14:00
저녁식사	DINNER : DNR	18:00~22:00
중참	SUPPER : SPR	22:00~01:00
간식	SNACK : SNX	기타 시간

(1) 아침식사(breakfast)

아침식사는 오전 5시에서 오전 9시 사이에 제공되는 식사이다.

(2) 늦은 아침식사(brunch)

늦은 아침식사는 오전 9시에서 오전 11시 사이에 제공되는 식사이다. 아침식사와 점심식사의 중간형태로 아침식사와는 달리 와인이 서비스되며 주요리로는 쇠고기, 생선, 가금류 등이 제공된다.

(3) 점심식사(lunch)

점심식사는 오전 11시에서 오후 2시 사이에 제공되는 식사이다. 코스별로 준비되기도 하고, 국내항공사에서는 내국인 승객을 위해 한식(비빔밥)을 주요리로 하여 서비스하기도 한다.

(4) 저녁식사(dinner)

저녁식사는 오후 6시에서 10시 사이에 제공되며 점심식사와 비슷하게 코스별로 준비하여 서비스한다.

(5) 중참(supper)

중참은 오후 10시에서 새벽 1시 사이에 제공되며, 저녁식사와 비슷하다. 저녁식사보다 간단한 메뉴로 코스별로 준비하여 서비스된다.

(6) 간식(snack)

간식은 비행 노선의 종류에 따라서 Heavy, Light로 구분하며 헤비스낵(Heavy Snack)은 거의 저녁식사 코스에 준하는 메뉴로 구성되어 서비스한다. 즉 식사시간대이긴 하지만 비행시간으로 인해 풀코스로 식사 제공이 불가능할 경우 일부 코스를 축소, 생략하여 제공되기도 하고 출발지, 도착지의 시차 및 비행시간을 감안하여 양측이 상반되는 경우에 서비스된다.

(7) 리프레시먼트(refreshment)

장거리구간에 간단한 죽이나 샌드위치 등 비교적 가볍고 간단한 음식들을 제공한다.

(8) 특별식(special meal)

승객 개개인의 건강, 종교, 나이, 취향, 식습관 등의 이유로 일반적인 기내식 섭취가 불가한 경우에 한하여 제공되는데, 예약이나 좌석 배정을 받을 때 승객이 원하는 음식을 미리 주문하면 특별한 식사(meal) 서비스가 가능하다. 하지만 해당편 항공기 출발 최소 24시간 전까지 요청해야만 한다. 종류로는 종교식, 채식, 건강식, 연령에 따른 특별식 등이 있다.

2 항공사의 기내식 사례

1) 싱가포르항공

싱가포르항공은 탑승 전 개인의 취향에 맞는 주요리를 미리 주문할 수 있는 기내식 예약서비스인 '북더쿡(Book the Cook)'서비스를 실시하고 있다. 이를 위해 싱가포르항공은 다양한 국적과 경력을 지닌 요리사들로 구성된 국제요리 자문단과 긴밀하게 공조하고 있다. 싱가포르항공의 국제요리 자문단에는 샘 영을 비롯해 미슐랭 가이드로부터 최상급 평가를 받은 레스토랑을 운영 중인 프랑스의 조지 블랑, 인도요리의 혁신을 이끌고 있는 산야브 카푸르, 호주의 매튜 제임스 모란, 일본의 요시히로 무라타, 미국의 알프레드 포테일 등이 있다.

싱가포르항공의 기내식 요리사

2) 유나이티드항공

유나이티드항공은 시카고의 세계적 요리사 중 한 명인 찰리 트로터(Charlie Trotter)를 앞세워 퍼스트 · 비즈니스 클래스 승객들을 위해 이스라엘풍의 쿠스쿠스를 곁들인 살구 카레로 살짝 삶은 양요리와 매콤한 구운 가지 요리를 제공하고 있다.

3) 제트에어웨이즈

인도를 중심으로 운항하는 제트에어웨이즈는 고객의 필요에 따라 특별히 엄선된 주문식단을 제공하고 있다. 코셔밀이나 저칼로리, 소금이 전혀 들어 있지 않은 음식, 야채음식, 다이어트를 위한 특별식 등 상당히 다양한 종류의 옵션을 가지고 기내식을 제공하고 있다.

4) 스칸디나비아항공

저녁 기내식으로는 '휴먼스코스트'라 부르는 스칸디나비아 전통 가정요리를 선보이고 있는데, 으깬 머스터드 감자를 곁들인 연어와 살짝 튀긴 살구버섯 순록스튜, 감자와 딸기를 곁들인 스웨덴 미트볼 등이 제공된다.

또 다른 스웨덴 전통 음식인 스모브로드(버터와 빵)도 제공되는데, 이는 일종의 샌드위치로 구운 소고기, 감자 샐러드, 새우, 달걀, 연어, 머스터드 등의 다양한 토핑을 얹은 요리이다.

5) 캐세이퍼시픽

홍콩을 기본으로 운항 중인 캐세이퍼시픽항공은 홍콩은 물론, 베트남, 대만, 필리핀, 밴쿠버, 토론토 등에 직접 운영하는 기내식 시설을 가지고 있다. 그 중 홍콩의 기내식 시설은 세계 최대 규모를 자랑하고 있으며, 특히 코셔밀, 할랄(이슬람이 인정하는 식육), 일본음식 등에 대해 특화된 설비를 갖추고 있다. 캐세이퍼시픽항공은 세계 최초로 기내에 밥을 지을 수 있는 밥솥과 토스터기, 스튜냄비 등을 설치해 기내에서 직접 신선하고 따뜻한 요리를 만들어 제공하고 있다.

6) 에어프랑스

에어프랑스는 유명한 프랑스 스타요리사인 기 마르탱(Guy Martin)을 내세워 에어프랑스의 퍼스트 클래스 기내식 메뉴를 구성했다. 전채요리인 오르되브르를 시작으로 메인코스, 후식 등 풀코스요리와 빵, 치즈, 에스프레소 커피로 구성된 맛있는 아침식사를 제공한다.

7) 에티하드항공

아부다비의 에티하드항공은 20여 가지 이상의 각종 종교식, 각 나라별 음식, 건강식 등을 제공하고 있다. 특이한 점은 퍼스트 · 비즈니스 클래스의 경우 식사시간이 따로 정해져 있지 않고, 승객의 요구에 따라 언제든지 제공된다는 것이다. 특히 유럽식, 웨스턴, 아시안 및 중동 각 지역의 특색 있는 맛을 보여주는 음식은 대단한 호평을 받고 있다.

8) 오스트리아항공

오스트리아항공은 요리사가 직접 항공기에 탑승하여 미식가들을 위한 음식을 제공하고 있다. 한입에 넣어 강렬한 맛을 느낄 수 있는 전채요리, 뒤이어 세 가지 종류 중 선택할 수 있는 주요리, 마지막에는 치즈, 과일, 디저트로 마무리하게 되는데 특히 양목살요리는 비즈니스 클래스를 위해 제공되는 오스트리아항공이 자랑하는 요리이다.

3 기내식 공급기업

1) LSG 스카이셰프(LSG Sky Chefs)

LSG Group은 전 세계 209개의 주요 공항에서 항공서비스를 제공하는 세계적인 기내서비스 전문회사이다. LSG Group은 항공 기내식, 항공 기내서비스, 기물 개발, 라운지서비스 등을 제공하며 LSG Sky Chefs Korea는 LSG Group의 한국 지사이다. LSG Group은 조리 탁월성과 물류 전문성을 바탕으로 철도서비스 및 편의점과 같은 인접시장에 성공적으로 진출하였으며 자사의 케이터링사업은 'LSG Sky Chefs'라는 브랜드 이름으로 판매되고 있다. 본 사업을 통하여 연간 6억 2,800만 식의 기내식을 제공하고 있으며 2016년에는 총매출 32억 유로를 달성하였다.

LSG Sky Chefs Korea는 인천국제공항 지원단지에 위치한 기내식 제조업체이며, 독일 루프트한자항공(80%)과 아시아나항공(20%)이 공동투자한 외국인 투자회사이다. 2003년 아시아나 기내식 사업부를 인수하고 80%의 지분을 확보하였다.

그림 11-1 ◐ LSG스카이셰프코리아의 2017년 실적

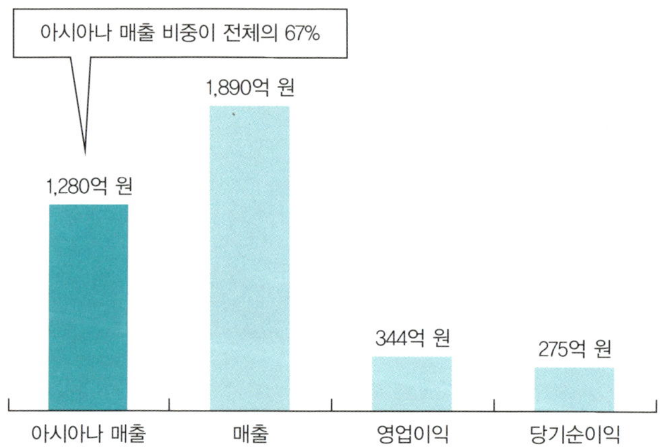

출처 : 금융감독원

2) 게이트 고메 코리아(GGK)

인천국제공항 인근에 있는 GGK 기내식 제조시설은 2만 5,550m^2 규모의 지하 1층, 지상 2층의 시설로 이루어져 있다.

하루 최대 6만 식 생산까지 가능하며, 아시아나항공의 3만 2,000~3만 5,000 식의 기내식 생산을 담당하게 된다.

아시아나항공은 중국 하이난항공그룹 계열사인 유럽계 기내식업체 '게이트 고메 스위스'와 6대 4의 지분 투자로 지난 2016년 '게이트 고메 코리아(GGK)'라는 법인을 설립하였다.

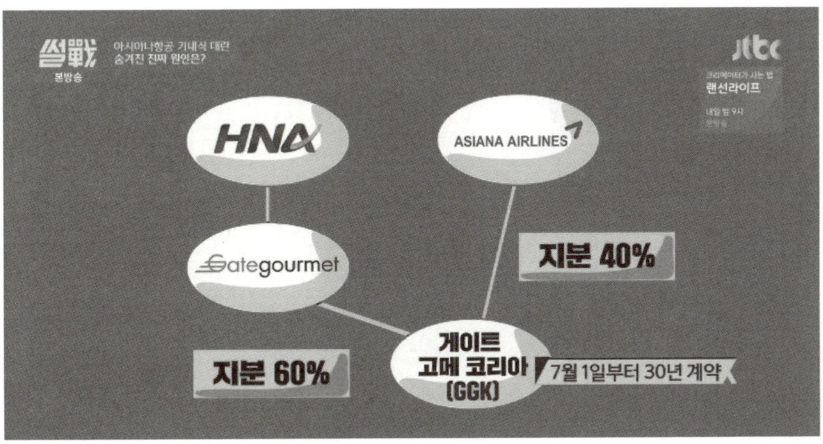

3) 샤프도앤코(Sharp Do & Co)

샤프도앤코코리아(유)는 샤프에비에이션케어와 해외 기내식업체인 DO&CO가 합작으로 2014년 설립한 기내식 공급업체로 도시락류 제조업종 기업으로 항공기내식 제조 · 프랜차이즈사업을 하는 중소기업이며, 자본금은 70억 원, 매출액은 70억 4,876만 원에 사원수는 63명인 중소기업이다.

2018년 아시아나항공 거래 기내식업체인 게이트 고메 코리아 신축 공장에 화재가 발생하면서 2018년 7월부터 3개월간 단기 공급계약을 체결한 바 있다.

A·I·R·L·I·N·E·&·M·A·R·K·E·T·I·N·G

12 CHAPTER 세계의 항공사

1 세계의 주요 항공사

'스카이트랙스 세계항공대상'은 항공 전문평가 및 리서치기관인 영국의 스카이트랙스사가 2000년부터 매년 전 세계 항공기 탑승고객을 대상으로 실시하는 설문조사 결과를 토대로 선정하고 있다. 스카이트랙스사는 매년 대상인 '올해의 항공사(Airline Of the Year)'상을 비롯해 60개 부문 상의 수상업체를 발표하고 있다. 2013년기준 세계 항공사 순위는 다음과 같다.

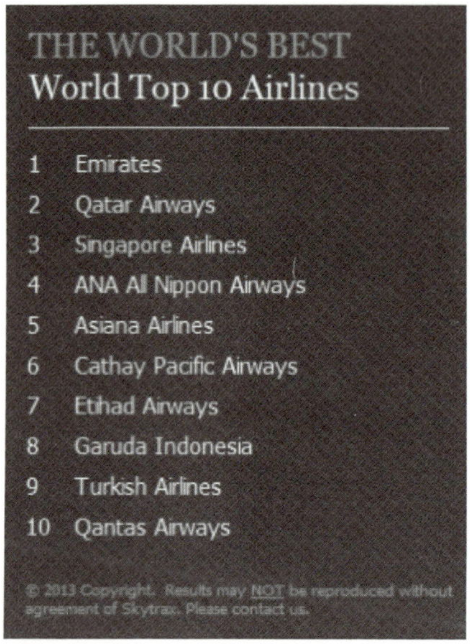

스카이트랙스 세계항공대상 2013

1) 에미레이트항공(Emirates Airline)

1985년 설립되었다. 2012년 현재 188대의 항공기를 보유하고 전 세계 74개국 127개 도시에 취항하고 있다. 2011~2012 회계연도 6억 2,900만 달러의 순이익을 기록했다. 매주 2,400개 이상의 항공편이 두바이에서 출발해 전 세계로 운항된다. 우수한 기내 서비스, 빠른 성장세, 지속적인 흑자경영으로 항공업계를 선도하고 있다. 허브공항은 두바이 국제공항이다. 에미레이트항공은 에미레이트그룹의 자회사이다.

에미레이트그룹은 두바이 정부가 소유하고 있는 기업으로 직원이 5만 명이 넘는다. ICD는 두바이 3대 지주회사 가운데 하나로 두바이 정부가 소유하고 있다. 아흐메드 빈 사이드 알마크툼이 회사경영을 맡게 되었고, 지금까지 회사를 이끌어 오고 있다. 에미레이트항공은 에어버스와 보잉사의 쌍발 제트기 A380과 보잉 777을 함께 보유하고 있다. 2008년 7월 28일 처음으로 A380-800을 인도받았으며 싱가포르항공에 이어 두 번째로 A380-800을 운항하게 되었다. A380-800은 복층구조의 초대형 여객기로 세계에서 가장 많은 승객을 태울 수 있는 기종이다. 2010년 현재 국제여객 수송량부문에서 6위를 기록했다. 그리고 영국의 항공 전문평가기관인 스카이트랙스에 의해 세계 제8위 항공사로 선정되었다.

2) 카타르항공(Qatar Airways)

1994년 설립되었다. 중동에서 손꼽히는 항공사로, 석유자본에 기반한 영업을 통하여 2003년 말 현재 유럽과 중동 및 방콕 · 쿠알라룸푸르 · 자카르타 · 마닐라 등 아시아 도시와 아프리카 등 세계 42개국 49개 주요 도시에 취항하고 있고, 2005년 말까지는 최소한 60곳으로 취항지를 확대할 계획이다. 중동과 걸프만지역, 인도양 · 서남아지역 등을 운항하기 때문에 성지순례자 및 몰디브 휴양객들에게 인기가 있다.

카타르항공그룹은 카타르항공과 함께 도하국제공항(Doha International Airport), 카타르항공서비스(Qatar Aviation Services), 카타르배급회사(Qatar Distribution Company) 등 6개 계열회사를 소유하고 있다.

보유기종은 12대의 에어버스(A320-200s)를 비롯하여 A300-600s, A330- 200s, A300-600, A319CJ, A319LR 등이 있고, 2008년 말까지는 총 52대의 항공기를 보유한 대형 항공사로 발전시킬 계획이다.

한국에는 2003년 10월 도하-상하이-인천노선에 신규 취항하였는데, 중동지역 항공사로는 이스라엘항공과 이란항공에 이어 세 번째이다. 2004년 현재 주 3회에 걸쳐 좌석수 260석 규모의 A330-200 기종이 운항하고 있다. 본사는 도하에 있다.

카타르항공기 내부

카타르항공기

3) 싱가포르항공(Singapore Airlines)

싱가포르항공은 싱가포르를 대표하는 항공사로, 싱가포르 창이국제공항을 허브공항으로 한다. 아시아, 유럽, 북미, 중동, 남서태평양, 아프리카 등 35개국 63곳에 취항하고 있다. 연간 승객 수는 1,829만 3,000여 명이고, 매출액은 127억 730만 달러 규모이다. 여러 국가들의 항공사 간에 만들어진 제휴 네트워크인 스타얼라이언스의 회원사이다.

싱가포르항공은 1947년 5월 설립된 말레이얀항공(Malayan Airway)이 전신이다. 말레이얀항공은 쿠알라룸푸르, 이포, 페낭을 연결하는 비행을 1947년 시작하였다. 1963년 말레이시아항공, 1966년 말레이시아-싱가포르항공으로 이름이 바뀌었다. 1972년 말레이시아항공과 싱가포르항공으로 분리되었다.

최고로 꼽히는 싱가포르항공의 기내식

4) 전일본공수(All Nippon Airways)

전일본공수는 아시아 최대 항공사 가운데 하나이며, 세계 10대 항공사의 하나로 손꼽힌다. 약어로 'ANA'라 불린다. 13개국 77개 목적지에 취항하고 있다. 일본 국내에서는 52개 취항지를 매일 운항하며, 일본 국내 여행시장의 50%가량을 장악하고 있다. 216대의 항공기를 보유하고 있으며 연간 승객수는 4,700만 명이다. 도쿄 하네다공항과 나리타 국제공항을 허브항공으로 사용한다.

1986년 3월 ANA는 도쿄에서 괌에 이르는 국제선 정기운항을 시작했다. 같은 해 말 도쿄에서 LA노선과 워싱턴노선에 취항했다. 1987년 베이징, 다롄, 홍콩, 시드니, 1988년 서울, 1989년 런던과 사이판, 1990년 파리, 1991년 뉴욕노선에 취항했다. 1990년부터 A320과 A321 에어버스를 노선에 투입했다. 1999년 항공동맹체 스타얼라이언스(Star Alliance)에 가입했다.

5) 터키항공(Turkish Airlines)

1933년 5월 20일 설립되어 1947년 처음 아테네행 국외노선을 개항하였으며 이후 장거리 국외노선을 개항하는 데 40년이라는 시간이 더 소요되었다.

터키 이스탄불에 본사를 둔 항공사로서 105개의 국외노선과 31개의 국내노선을 취항하고 있으며 테멜 코틸(Temel Kotil)이 CEO로 회사를 운영해 나가고 있다.

2006년 공식적으로 1,700만 승객이 이동하였으며 총수익이 약 3조에 달하고 12,000명의 직원을 고용하고 있다.

- 1947년 : 첫 국외노선 개항
- 1967년 : 첫 DC-9 항공기가 도입되면서 제트기 시대 개막
- 1987년 : 자본이 150조로 증가
- 1990년 : 사립화의 범위에 포함됨
- 1991년 : 공식자본만 2,000조에 달함
- 1995년 : 1등석 서비스가 A310-318기에서 시작됨
- 2004년 : 9월에 온라인 웹사이트 서비스 개시
- 2006년 : 8월 4일 스타얼라이언스에 가입

6) 루프트한자(Lufthansa)

1926년 도이체 아에로 로이드(Deutsche Aero Lloyd)와

융커스 루프트베르케르(Junkers Luftverkehr)의 합병으로 세워졌다. 당시 정식 명칭은 도이체 루프트한자 AG(Deutsche Luft Hansa Aktiengesellschaft)였으며, 루프트한자라는 단일 이름은 1933년부터 쓰였다.

1927년 도이체 루프트한자는 독일 정부를 대신하여 스페인 정부와 협약을 맺고 독일-스페인 간 항공서비스를 제공하기로 했다. 자본투자를 포함한 당시 협약으로 항공사가 설립되었고, 이후 이베리아항공이 탄생했다. 제2차 세계대전 이전에 이미 극동지역과 대서양을 횡단하는 노선에 취항했다. 루프트한자는 1930년대 대서양을 건너 남미와 유럽의 우편업무를 취급하는 최초의 항공노선을 열었다. 제2차 세계대전이 끝난 후 1955년 국제노선에 다시 취항했다.

1956년 남미노선의 취항을 재개했다. 동독은 루프트한자의 이름으로 자국 항공사를 세우려 했지만 서독의 반대로 무산되었다. 그에 따라 동독은 인터플루크(Interflug)를 설립하여 1991년까지 운영했다. 루프트한자는 보잉 737기를 최초로 구매하여 취항한 항공사였다. 1964년에는 보잉 727기로 북극을 경유하여 일본으로 처음 운항했다. 보잉의 새로운 기종이 나올 때마다 루프트한자는 미국 이외의 지역에서 최초로 상업운항을 한 해외항공사가 되었다. 1990년 독일의 베를린장벽이 무너지면서 루프트한자는 베를린 취항을 재개했다.

1997년 루프트한자, 에어캐나다, 스칸디나비아항공, 타이항공, 유나이티드항공은 세계 최초의 항공사 간 전략적 업무제휴 연합체인 스타얼라이언스(Star Alliance)를 창설했다. 2004년 보잉의 기내 온라인 연결서비스인 코넥션(Connexion)을 처음으로 도입했다. 2010년 에어버스인 A380을 사들여 에어프랑스 다음으로 유럽노선에 투입했다. 1984년 앵커리지를 경유하는 노선을 운항하면서부터 한국에 처음 취항했다. 이후 1988년 보잉 747기로 홍콩 경유 노선을 주 1회 취항했고, 1989년 주 2회 증편했다. 1991년 서울-프랑크푸르트 직항노선을 주 3회 운항하다가 1998년부터는 매일 운항한다.

7) 아메리칸항공(American Airlines)

아메리칸항공은 미국의 항공사로 AMR의 자회사이다. 2010년 '포춘 500대 기업'에 120위 기업으로 이름을 올렸으며 항공동맹체 원월드(OneWorld)의 회원사이다. 615대 정도의 항공기를 보유하고 있다. 매일 50여 개국 244개 도시를 운항하며, 연간 1억 300만 명 정도의 승객을 수송한다. 항공기에 인터넷을 제공하는 'Gogo 인터넷서비스'를 시행하는 항공사이다. 시카고 오헤어 국제공항, 댈러스 포트워스 국제공항, 램버트세인트루이스 국제공항, 루이스 무뇨스 마린 국제공항, 마이애미 국제공항을 허브공항으로 사용하고 있다.

1929년 애비에이션(Aviation Corporation)을 세워 82개의 작은 항공

사를 인수하거나 합병하였다. 1930년 애비에이션 계열사들이 합병하여 뉴욕에 근거를 둔 아메리칸항공이 탄생하였다. 1942년 자회사 스카이셰프(Sky Chefs)와 함께 항공 케이터링사업을 시작하였다. 1945년 유럽지역운항 서비스를 시작하였다. 1957년 세계 최초로 승무원 교육기관인 아메리칸 에어라인즈 스튜어디스 칼리지(American Airlines Stewardess College)를 출범시켰다.

1970년 아메리칸항공은 미국 서부에서 호놀룰루, 호주의 시드니, 뉴질랜드의 오클랜드에 이르는 첫 장거리 국제노선에 취항했다. 1970년 트랜스 카리브항공사(Trans Caribbean Airways)를 합병하여 카리브노선을 확보했다. 1979년 본사를 텍사스주 댈러스로 옮겼다. 1982년 초 5억 번째 승객이 탑승하였으며, 같은 해 주주들이 조직 재정비를 인가하여 'AMR'이라는 새로운 지주회사가 출범했다.

1994년 런던노선을 운항하기 시작하였다. 1999년 아메리칸항공은 브리티시항공, 캐세이퍼시픽항공, 캐나다항공, 콴타스항공과 함께 항공동맹체 원월드(OneWorld)를 만들었다. 2001년 TWA(Trans World Airlines)를 인수했다. 2002년 뉴욕과 도쿄 간 당일 논스톱 운항서비스를 시작하였다. 2009년 시카고와 모스크바 간 첫 직항노선서비스를 시작하였다.

8) 델타항공(Delta Air Lines)

1924년 루이지애나주 먼로에 설립된 허프댈런드더스터스(Huff

Daland Dusters)에서 출발했다. 뉴욕증권거래소 상장기업이다. 미국 국내는 물론 북미, 남미, 유럽, 아시아, 아프리카, 중동, 카리브해 등 375개 지역에 취항한다. 미국의 주요 항공사로는 유일하게 아프리카행 항공편을 운항하고 있다. 항공사연맹체 스카이팀의 창단 회원사이다.

델타항공의 모태가 된 회사는 농약 살포를 전문으로 하는 항공사였다. 1928년 델타에어서비스(Delta Air Service)라는 이름으로 델타항공이 창립되었으며 다음 해 운항을 시작했다. 1941년 현재의 이름으로 법인이 설립되었다. 그리고 그해 본사를 먼로에서 애틀랜타로 옮겼다. 연이어 노선을 추가하고 다른 항공사를 인수하면서 성장했다. 1970년대 프로펠러 항공기를 제트기로 바꾸었다. 1980~1990년대 국제선을 확충하며 이후 미국 3위의 항공사가 되었다.

2008년 10월 29일 미국 5위의 항공사인 노스웨스트항공과 합병해 세계 최대의 항공사가 되었다. 그해 4월에 발표한 합병안에는 합병회사의 이름을 델타항공으로 하고, 델타항공의 최고경영자 리처드 앤더슨(Richard Anderson)이 합병회사의 경영을 맡는다는 내용이 들어 있었다. 2009년 12월 31일 미국 연방항공국은 델타항공 1개사로 통합 운영할 수 있다고 최종 승인했다. 2010년 2월 두 항공사의 예약시스템이 완전히 통합되어 노스웨스트항공은 사라지게 되었다.

델타항공은 애틀랜타, 신시내티, 뉴욕, 솔트레이크시티, 디트로이트, 미니애폴리스, 멤피스, 도쿄, 암스테르담, 파리지역에 허브공항을 두고 있다. 컴에어, 델타글로벌서비스 등의 자회사가 있으며, 스카이마일즈라는 마일리지프로그램을 운영한다. 세계에서 가장 많은 항공기를 보유하고 있다. 2010년 현재 보유 항공기수가 752대이다. 세계에서 보잉 757기와 보잉 767기를 가장 많이 보유하고 있으며, 아메리칸항공에 이어 두 번째로 MD-80기를 많이 보유하고 있다.

한국에서는 2007년 6월 8년 만에 새로 취항해 인천-애틀랜타 직항노선을 주 4회 운항했다. 2009년 8월 운항이 중단되었다가 2010년 6월 인천-디트로이트 직항노선을 운항하기 시작했다.

9) 캐세이퍼시픽항공(Cathay Pacific Airways)

캐세이퍼시픽항공은 홍콩을 기점으로 운영되는 아시아의 대표적 항공사 가운데 하나이다. 항공사 주변에 항공기 정비시설과 훈련시설, 본사가 있는 캐세이 시티(Cathay City)가 있다. 개인용 기내 모니터인 AVOD시스템의 선두주자이며 58개 도시에 취항하고 있다. 영국계 홍콩 재벌 스와이어그룹(Swire Group)이 40%의 주식을 소유하고 있으며, 에어버스 A330s, A340s, 보잉 747s, 777s 등 128대의 항공기를 보유하고 있다. 항공동맹체 원월드 회원이다.

1946년 9월 항공운송업을 하던 미국인 로이 파렐과 호주인 시드니 칸초가 설립하였다. 초기에는 DC-3 항공기로 마닐라, 방콕, 싱가포르, 상하이 등을 운행하였다. 1959년 홍콩항공을 흡수합병하였다.

1960년대 일본 취항을 시작하였으며, 1979년 보잉 747-200을 도입하였다. 같은 해 최초의 유럽노선인 영국 런던으로 취항을 시작하였다. 1980년대 들어서 파리, 프랑크푸르트, 암스테르담, 로마, 뉴욕, 벤쿠버 등의 노선을 운항하기 시작하였다.

2006년 6월 홍콩에서 두 번째 큰 항공회사였던 드래곤 에어(Dragon Air)를 인수하였다. 드래곤 에어를 인수함으로써 중국 본토 전 지역과 네트워크가 만들어졌다. 국내에는 1961년부터 진출하였으며, 서울과 부산에 지사가 있다. 자회사로 드레곤 에어(Dragon Air)와 화물 전문 항공회사인 에어 홍콩(Air Hong Kong)이 있으며, 아시아 마일, 더 마르코 폴로 마일리지프로그램이 있다.

2 저비용항공사

1) 저비용항공사의 개념

저비용항공사(LCC : Low Cost Carrier, 저가항공사라고도 함)란 국가를 연결하는 노선 또는 대도시 간을 연결하면서 다양한 서비스를 제공하는 대형 항공사 또는 Full-Service Airline(FSA)과는 달리 비용절감을 목적으로 기내에서 제공되는 다양한 서비스(식음료, 영화상영서비스 등)를 없애고, 낮은 항공요금을 소비자들에게 제공하고, 단일 기종 또는 소형기 위주의 기종을 구성하여 운영하는 항공사를 의미한다.

저가항공사는 “기존 시장에서 형성되어 있는 운임에 비해 비교적 저렴한 수준으로 운송서비스를 제공하는 항공사를 총칭하며, 엄밀한 의미에서 저운임항공사”이다(허의영 · 유용재, 2005). Dobruszkes(2006)는 기존 항공사와 비교하여 저가항공사의 경우 최고 66%의 가격과 80% 정도의 서비스 품질 및 50% 미만의 저원가를 통해 저운임뿐 아니라 서비스 품질에서도 기존 항공사를 위협하고 신규고객을 끌어들이고 있다고 한다. 현재 국내 저가항공사도 기존 항공사운임의 70% 수준의 가격을 제공하고 있다.

저가항공사는 순수한 여객운송서비스의 개념에 의한 제한된 서비스, 중소형 지방공항의 이용과 지점 간 운송 등을 통한 높은 가동률, 기내제공서비스의 감소 및 생략과 인터넷을 통한 예약 등의 낮은 단위생산비용, 탄력적이고 단순한 조직운영 등의 전략적 특징을 보이고 있다. 특히 기내서비스 등에 대한 제한된 서비스 제공과 단일 기종 운용과 같은 높은 가동률과 고효율로 기존 항공사의 1/3 수준으로 비용을 줄이게 됨을 볼 수 있다(Franke, 2004).

저가항공사는 아래와 같은 특징을 가지고 있다. 첫째 단거리 운항 및 지점 간 운항서비스, 둘째 최소 서비스, 셋째 최소 부채비용, 넷째 단일 기종 및 단일 등급 좌석, 다섯째 외곽공항 이용 및 수하물 반입 제한과 자동수속, 여섯째 보수적인 노선확장, 일곱째 전자항공권 사용 및 유통채널 생략 혹은 간소화, 여덟째 마일리지 카드나 상용고객우대프로그램 미 시행, 아홉째 공항 라운지 미 운영 등이 있다. 저가항공사들이 이상과 같은 특징을 모두 나타내는 것은 아니고 위에 열거된 사항들을 선택적으로 조합하여 운영하고 있다.

2000년대 후반 국내 저비용항공사(Low Cost Carrier, 이하 'LCC')의 출현은 국내 항공시장을 양분해 왔던 대한항공과 아시아나항공 입장에서는 경쟁의 새로운 패러다임이 제시되었다는 점에서, 소비자 입장에서는 구매 선택의 폭이 넓어졌다는 측면에서 분명 의미 있는 시장환경 변화로 받아들일 수 있다.

국내 항공산업의 높은 성장세와 LCC들의 차별화된 노력으로 외형이 확대되면서 제주항공, 진에어, 에어부산 등은 설립 초기부터 흑자를 기록하는 등 빠르게 수익 기반이 안정화되고 있으며, 국내 항공산업 내 LCC 분담률(이용객기준)은 계속 상승하는 추세이다.

반면, 국내 최초 LCC로 출범한 한성항공(현, 티웨이항공)은 소규모의 자본과 열악한 대주주 지원여력으로 인해 초기의 경영상 어려움을 극복하지 못하고 2010년 주인이 바뀌기도 하였다.

LCC는 설립자본금과 운영리스방식의 항공기조달로 아직까지는 직접 금융시장을 통한 자금조달이 거의 없는 상황이다. 그러나 계속적인 노선 확충을 통한 영업 확장정책을 위해 항공기조달방식의 다양화가 필요하며, 그 과정에서 직접 금융시장으로의 접근을 시도할 것으로 보여 점차 금융시장의 관심도 확대될 것으로 보인다.

| 표 12-1 | 저비용항공사와 기존 항공사의 비교

구분	저비용항공사	기존 항공사
경영문화	• 빠른 의사결정 • 비용절감에 대한 전사적 역량 집중	• 조직 및 전통에 근거한 의사결정
자산효율성	• 단일 기종 보유를 통한 전세 항공기 보유 비용절감 • 높은 항공기 가동률 • 짧은 항공기 회전시간 : 20~25분(착륙 후 재이륙할 때까지의 시간)	• 다양한 기종 • 과도한 turn around time : 40분
가격정책	• 철도, 도로, 신규 주말수요 등 • 단순하고 이해하기 쉬운 가격구조 및 소비자의 관심을 끄는 기획성 • 가격정책	• 시장이 수용할 수 있는 수준의 가격정책 수립 • 최대 이익창출을 위한 복잡한 가격구조
운용효율성	• 높은 직무수용능력에 기초한 슬림화된 operation • 비용증가요인에 관한 철저한 관리	• 운용효율성 제고를 위한 의지는 높으나 일반적으로 실행능력이 부족함
노동관행	• 기존 항공사 대비 20~25% 낮은 인건비	• 상대적으로 높은 단위당 인건비
노선구조	• 주요 도시, 주요 공항이 아닌 부공항 운항 • 수익성이 보장되지 않는 노선에 대한 과감한 철수	• 주요 도시, 주요 공항 위주 운항, 높은 단위비용에 따른 높은 수익
상품특성	• 단일 class정책 및 높은 좌석밀도 • 좌석 배정절차 폐지 및 탑승권 재활용 • 부가서비스 제공 폐지	• 복수 class정책 • LCC 대비 상대적으로 다양한 부가서비스
유통채널	• 직판 위주 판매	• 기존 예약시스템, 여행사 및 인터넷 등 다양한 판매유통망 혼재

2) 저비용항공사의 분류

(1) 독립형 저비용항공사

독립형 저비용항공사는 LCC의 일반적 형태로 항공기 내 서비스를 제공하는 대신 비용절감을 통한 저운임정책을 기반으로 운영되며, 미국과 유럽지역 등 풍부한 인구를 활용한 노선운영으로 신규 수요를 창출하며 성장했다. 대표적인 예로 사우스웨스트항공, 라이언에어, 이지제트, 에어아시아, 제주항공을 들 수 있다.

(2) 자회사형 저비용항공사

시장에서 LCC가 기존 시장을 장악하는 것을 견제하기 위해 기존 항공사가 기내서비스 및 운영비 등을 절감하면서 LCC 비즈니스모델을 따라서 운영하는 형태이다. 자회사형 LCC는 모회사의 국제선 노선보다 국내선과 같은 지선노선을 연결하는 데 유리하다. 대표적인 예로 젯스타, 타이거항공, 진에어, 에어부산을 들 수 있다.

3) 저비용항공사의 특성

(1) 일반적 특성

① 단순화한 사업모델

1970년대 미국의 사우스웨스트항공에 의해 혁신적 LCC모델이 도입된 이후 인건비 절감 및 부대서비스 미제공 등 단순화한 사업모델로 대형 항공사 대비 낮은 비용의 서비스를 제공하면서 미국, 유럽을 거쳐 아시아시장까지 시장점유율을 확대하고 있다.

② 보조공항 이용

LCC는 대형 허브공항 대신 혼잡하지 않은 보조공항을 이용하여 항공기 회전율을 증가시킬 수 있고, 공항사용료 부담을 절감하여 운영비용을 줄일 수 있으며, 보조공항 이용을 통해 항공당국과 지방자치단체로부터 지원을 받을 수 있다.

③ 단순전략을 통한 운영효율 극대화

LCC는 항공운송에 필수적이지 않은 기내식, 음료서비스를 축소하여 승무원 투입인력을 감축시킬 수 있고, 객실 좌석등급 구분을 없애고, 좌석 간 공간을 줄여 많은 인원 탑승을 통해 기존 대형 항공사보다 수익성을 증가시켰다. 뿐만 아니라 좌석 판매에 있어서 대형 항공사의 다양한 판매경로와 달리 LCC항공권은 인터넷 온라인과 콜센터를 통한 직접판매를 원칙으로 하며, 전자체크인서비스 및 자유 좌석제 등을 통해 운영비 및 탑승수속시간을 줄여 효율성을 높였다.

④ 항공기종 단순화

소형기 및 단일 기종 위주의 기단 운용을 통해 구매 및 임대가 수월하고, 조종사, 정비사, 승무원 훈련비용과 정비보수비용을 줄일 수 있어 항공기 운용률을 높일 수 있다.

(2) 노선운영 특성

① 허브 앤 스포크(hub-spoke)형 노선

초기 LCC들은 지선항공사 역할에서 노선확장을 통해 기존 항공사들과 경쟁할 수 있는 유사 노선형태로 변형되어 왔다. 주로 LCC의 거점 허브공항에서 지역공항으로 운항하는 형태를 띠며 지역공항 간 노선운영은 하지 않는다.

그림 12-1 ○ 허브 앤 스포크형 노선 : 이지제트

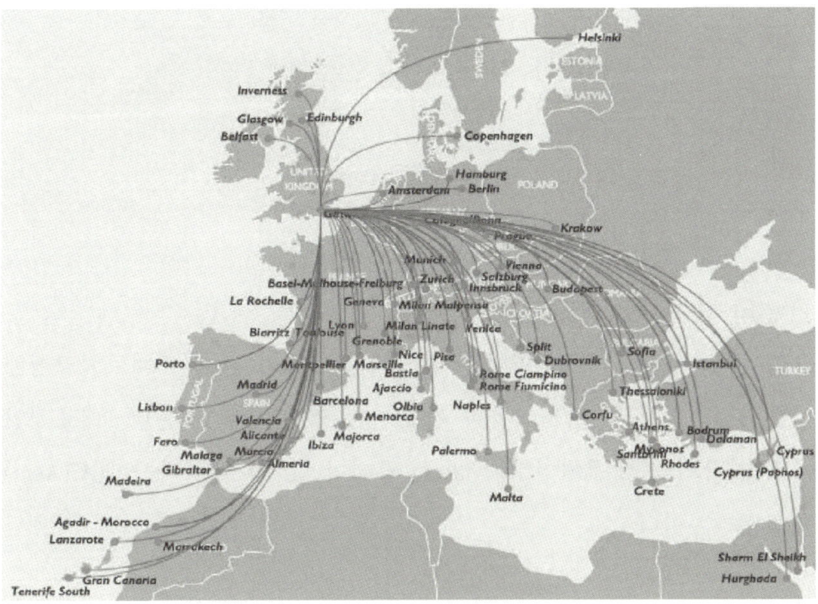

그림 12-2 ➲ 멀티 허브형 노선 : 에어아시아

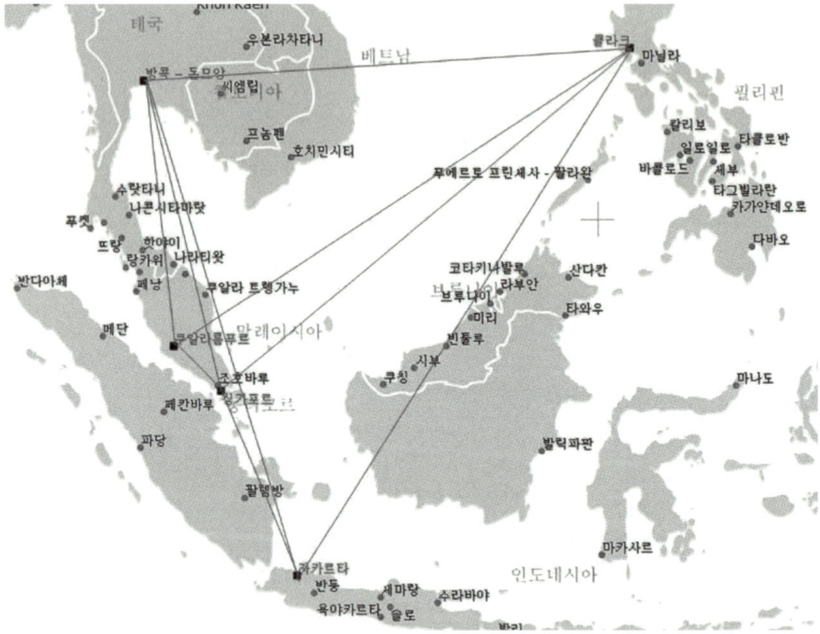

② 멀티 허브(multi hub)형 노선

복수의 허브공항을 운영하는 형태로 허브공항 간에는 네트워크형태의 노선을 운영하고, 지역공항 간 노선운영은 하지 않는다. 대표적인 예로 영국의 라이언에어(Ryanair), 말레이시아의 에어아시아(AirAsia) 등을 들 수 있다.

③ 네트워크(network)형 노선

수익성 위주의 노선을 운영하는 형태로 항공 수요가 높고 수익성이 높은 지역공항 간 노선을 운영하며, 미국의 사우스웨스트항공이 미국 내 전 지역을 지역 간 노선으로 운항 중이다.

3 세계의 저비용항공사 사례

1) 국내 저비용항공사 시장

2004년 한성항공(2010년 티웨이항공으로 변경)이 국내에서 최초의 LCC로 운항을 개시한 이후 2005년 제주항공, 2007년 에어부산과 이스타항공, 2008년 진에어가 연이어 설립되어 현재 국내 LCC는 총 5개사가 운항 중에 있다.

LCC는 기내서비스 축소와 단일 항공기 보유를 통한 비용부담 감축 등을 통해 상대적으로 저렴한 항공권을 제공하고, 형식상 지방 국제공항에 기반을 두고 국내선과 근거리 국제노선 영업을 주력으로 하는 특징을 갖고 있다. 제주항공은 제주, 진에어는 인천, 에어부산은 부산, 이스타항공은 군산, 티웨이항공은 충청지역을 기반으로 두고 있으나, 에어부산을 제외할 경우 국내 여건상 영업노선 측면에서 지역적으로 차별화된 모습을 보여주지는 못하고 있다. 국내 LCC는 10대 내외의 항공기를 보유하고 있으며, 김포-제주노선을 주력으로 하여 최근에는 일본, 중국, 동남아노선 취항을 확대하고 있다. 보유 항공기는 주로 운영리스를 통해 도입하였으며, 주력 기종은 대부분 150~180명을 탑승시킬 수 있는 중형 항공기인 B737-800이다. 한편, 신규노선 확장을 위해 진에어, 에어부산, 제주항공, 이스타항공은 2013년에 각각 2, 3대의 항공기 도입 계획을 발표한 바 있다.

그림 12-3 ⊙ LCC 분담률 및 노선수

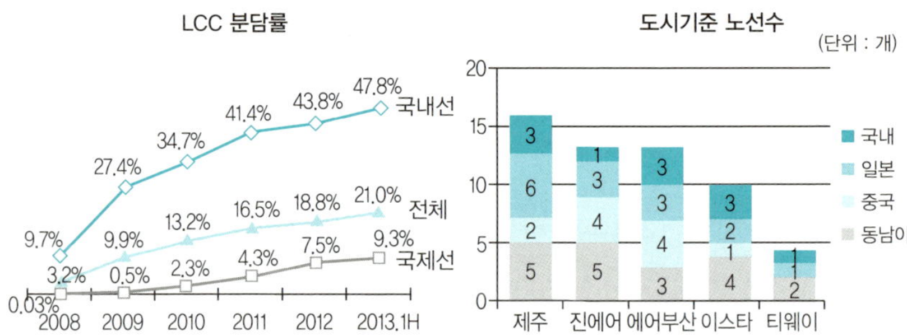

출처 : 국토교통부 보도자료, 각사 홈페이지

(1) 국내선 여객수송의 변화

국내선 노선으로 출발한 저비용항공사들은 이후 노선을 추가하거나 변경해 왔다. 제주항공은 2006년 6월 김포-제주와 김포-김해노선, 같은 해 8월 김포-양양과 제주-김해노선 등을 운항하였으나 현재는 김포-제주, 제주-김해, 청주-제주의 3개 국내선 정기노선을 운항하고 있다.

진에어는 2008년 7월 운항을 시작한 김포-제주노선이 현재까지 정기노선으로 남아 있고 2009년에 김포-김해, 김해-제주노선을 운항한 적이 있다. 에어부산은 2008년 10월 김해-김포노선과 같은 해 12월 김해-제주노선의 운항을 현재까지 이어오고 있고, 2011년 3월 김포-제주노선을 추가하여 운항하고 있다. 이스타항공의 경우 2009년 운항을 시작한 김포-제주, 군산-제주, 청주-제주노선의 3개 정기노선을 운항 중에 있다. 티웨이항공은 2010년 9월부터 김포-제주노선을 운항하고 있다.

2005년 이후 국내선 노선이 증가하면서 저비용항공사의 국내선 수송실적도 빠르게 증가하였는데 2005년 2만 명 수준에서 2007년 100만 명을 넘었고, 2009년 500만 명 가까운 실적에서 2010년에는 700만 명을 넘어섰다.

2010년기준 저비용항공사별로 에어부산이 198만 명, 이스타항공 180만 명, 제주항공 171만 명, 진에어 138만 명, 티웨이항공 15만 명의 국내선 여객을 운송하였다. 2005년부터 저비용항공사 또는 지역항공사들의 등장으로 최근의 국내선 항공시장은 많은 변화가 나타났는데, 특히 점유율의 변동으로 뚜렷한 특징이 나타난다. 2005년 한성항공이 진입하면서 신규항공사(저비용항공사 및 지역항공사)의 점유율은 0.1%로 시작되었으나 2006년 제주항공이 추가진입하면서 2.2%, 2007년 6.5%를 나타내었다. 2008년 진에어와 에어부산 등의 운항이 시작되면서 점유율은 9.7%로 증가하였고, 2009년 제주항공, 진에어, 에어부산의 운항과 이스타항공의 신규진입으로 이들 항공사의 여객실적 점유율은 27.4%까지 급속하게 확대되었다. 이러한 추이는 2010년에도 이어지면서 34.7%의 점유율을 나타내었다. 2011년 9월 누계기준으로 저비용항공사의 국내선 여객점유율은 41.2%에 해당하고 항공사별 점유율은 제주항공과 에어부산이 각각 10%를 초과하고, 이스타항공, 티웨이항공 및 진에어가 6~7%대 수준에 있다.

(2) 국제선 여객수송의 변화

국내선으로 진입한 저비용항공사들은 최근 국제선에도 진입하면서 노선과 운항을 확장해 나가고 있다.

2008년 7월 제주항공이 일본에 첫 전세기를 취항하였고, 2009년 3월 인천~오사카, 인천-기타큐슈, 4월 인천-방콕, 11월 김포-오사카 정기노선을 취항하면서 2009년 1년 동안 약 16만 명을 운송하였다. 2010년에는 김포-나고야, 인천-홍콩, 인천-마닐라, 부산-세부노선이 추가되었고 연간 약 49만 명을 운송하였다. 2011년 부산-홍콩, 부산-방콕, 제주-오사카노선이 추가되면서 현재 11개 국제선 정기노선을 운항 중에 있다.

진에어는 2009년 12월 인천-방콕노선을 시작으로 2010년 4월 인천-괌노선, 10월 인천-클라크필드노선, 11월 인천-마카오노선을 취항하면서 2010년 연간 약 22만 명을 운송하였다. 2011년 6월에는 제주-상해노선, 7월에는 인천-삿포로노선, 9월 인천-세부노선을 추가하면서 총 7개 국제선 정기노선을 운항하고 있다.

이스타항공의 경우 2009년 12월 인천-말레이시아 부정기노선으로 국제선 운항을 시작하여 2010년 인천-코타키나발루노선과 2011년 인천-치토세노선, 인천-나리타노선, 인천-방콕노선을 운항하면서 현재 4개 정기노선을 운항하고 있다.

에어부산은 2010년 3월 부산-후쿠오카노선과 4월 부산-오사카노선을 취항하였고 2011년 1월 부산-타이베이노선과 5월 부산-홍콩노선, 6월 부산-나리타노선을 취항하였다. 3월에는 부산-세부노선을 정기노선으로 재취항하여 총 6개 정기노선을 운항하고 있다.

2008년 전세기 실적 1만 명의 저비용항공사의 국제선 여객은 2009년 국제선 정기노선에 진입하면서 부정기 실적과 함께 16만 명을 운송하였고, 2010년과 2011년 5개 항공사가 노선을 추가하면서 2010년 93만 명, 2011년 9월 누계로 100만 명을 초과한 127만 명을 운송한 것으로 집계되었다.

전체 국제선에서 저비용항공사 실적을 비율로 살펴보면 2010년에는 2.3%, 2011년 9월 누계 4.0%에 해당한다.

그림 12-4 국제선기준 LCC 노선별 점유율

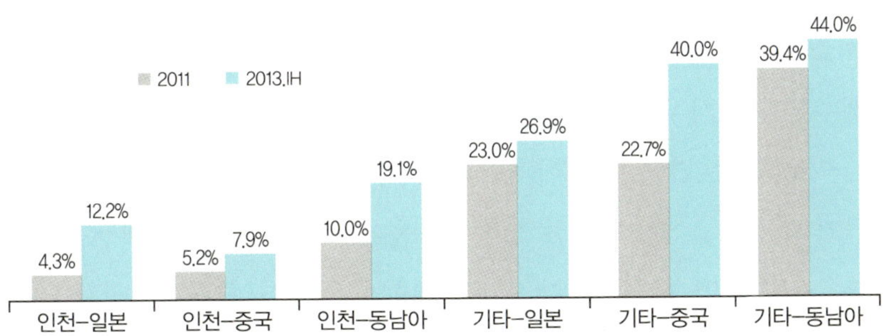

주 1) 2011년은 LCC가 연간 4만 명 이상, 2013년 상반기는 연간 2만 명 이상 수송실적을 기록한 노선기준
2) 기타는 김포국제공항과 지방국제공항 출발노선을 의미함
출처 : 국토교통부 보도자료 재정리

2) 국내 저비용항공사 사례

(1) 제주항공

2005년 설립된 제주항공은 애경그룹(75%)과 제주도(25%)가 공동출자한 회사로 국내에서 세 번째로 정기항공운송면허를 취득하여 국내선 3개 및 국제선 13개를 포함해 총 16개 정기노선을 운항 중인 저비용항공사이다. 2006년 최초 도입했던 프로펠러 항공기 봄바디어 Q400은 2012년 4대를 매각해 모든 기종을 B-737 800으로 단일화했으며 현재 13대의 항공기를 보유하고 있다. 2013년 1월 IATA(국제항공운송협회)의 항공운송 표준평가제도인 'IOSA(IATA Operation Safety Audit) 6th Edition' 인증을 국내항공사 최초로 받아 제주항공의 안정성을 인증받았다.

제주항공은 사우스웨스트항공 및 라이언에어의 LCC전략을 차용하여 B-737로 기종 단일화를 이루었고, 하루 평균 12시간 가동을 목표로 항공기 가동률을 높여 고정성 단위비용을 낮추고 수익성 개선을 도모했다. 파일럿 연속 근무시간 8시간 제한을 감안하여 편도 4시간, 왕복 8시간 내 야간운항이 가능한 동남아노선 확장을 시도해 홍콩, 방콕, 마닐라, 세부노선을 신설했다.

항공기 '예방정비'를 도입해 주요 부품 재고보유를 늘려 부품 수명이 80%에 도달하면 고장이 나지 않았어도 이상증상 발견 시 즉시 교체를 실시하였고, 정기 정비인 'A-체크' 주기를 1달 내로 줄이는 등 정비로 인한 지연결항률을 낮췄다. 제주항공은 외국계 LCC보다는 우월한 서비스를 제공하고 가격은 풀서비스항공사보다 저렴하게 유지하는 전략을 유지하며, 무료 수하물, 카드 수수료 미부과, 환불가능정책을 통해 한국형 저비용항공사(LCC)로 자리매김 중이다.

(2) 진에어

진에어는 2008년 김포-제주 간 노선을 취항한 한진그룹의 100% 자회사로 '프리미엄 실용 중·단거리 항공사'를 추구하고 있다. 승무원들이 청바지를 입고 서비스하는 캐주얼한 항공사로도 알려져 있다. 11대 항공기를 보유하고 12개 노선을 운항하고 있는 저비용항공사이다. 외국계 LCC와 달리 위탁수하물을 무료로 운송할 수 있고, 국제선의 경우 가벼운 기내식 및 음료를 제공하며 좌석은 구역으로 배정해 구역 내 자유 좌석제를 운영 중이다.

(3) 이스타항공

이스타항공은 한국민간조종사협회가 세운 부정기항공사(말 그대로 항공스케줄 변동이 있는 항공사)로 2007년 10월 설립되었다. 새만금관광개발주식회사와 메리츠종합금융에서 자금지원을 받아 보잉 737-600 1대를 도입하고 보잉 737-700 3대를 임대하였다. 본사는 군산에

있으며 김포-제주, 군산-제주, 청주-제주노선을 운항 중이며 국제선에도 부정기적으로 취항하고 있다. 2009년 평균탑승률이 약 86%로 저가항공사 중 탑승률이 제일 높았으며, 장미란 선수가 홍보를 하고 있으며, 버스나 기차보다 저렴한 가격과 서비스면에서 호평을 듣고 있다.

(4) 티웨이항공

티웨이항공은 2003년 설립 이후 한성항공으로 영업을 시작한 대한민국 최초의 저비용항공사였으나 자금난과 투자실패로 기업회생절차를 거쳐 2012년 출판회사 예림당 컨소시움에 인수되었으며, 현재 항공기 5대를 통해 국내선과 방콕, 후쿠오카 등 국제선을 운항 중이다.

(5) 에어부산

부산을 기반으로 하는 저가항공사로 아시아나항공이 주주로 참가하고 있다. 2009년 대규모 증편을 통해 매시 30분에는 김포, 50분에는 부산에서 항공기가 출발하는 '3050 셔틀서비스'를 선보였다. 10대의 항공기를 보유하고 부산 김해공항을 중심으로 12개 노선을 운영 중이다. 에어부산은 모기업인 아시아나항공과 코드셰어협정을 통해 국내선과 국제선 일부를 공동 운항 중이며, 에어부산의 항공기 중 보잉계열 737 항공기 6대는 2015년까지 반납하고, 에어버스사의 A320 항공기로 대체될 예정이다.

(6) 에어서울

아시아나항공이 출자한 두 번째 저비용항공사이다. 2014년 설립이 추진되어 2017년 운항을 시작하였다. 현재 일본과 중국을 중심으로 서비스하고 있다.

아시아나는 일본의 ANA처럼 에어부산과 에어서울의 양대 LCC로 노선망과 항공상품을 다양화하고 있다.

3) 국외 저비용항공사 사례

(1) 사우스웨스트항공(미국)

1967년 설립되어 텍사스주 댈러스에 본사를 둔 최초의 저비용항공사로서, 포화상태의 미 항공업계에서 1973년 이후 현재까지 40년간 연속 흑자를 기록했다. 총여객운송수 세계 3위

이며, 30년 평균 주가수익률 1위, 세계에서 존경받는 기업 2위, 포춘지가 선정한 일하고 싶은 기업 1위로 산업세분화(segmentation)를 통한 전략적 위치(strategic position)를 구축하여 성공한 항공사이다.

저가항공사답게 대도시 주변의 지방공항들을 직항노선(point-to-point)으로 운항하며 선착순 좌석제(지정 좌석제 없음), 자동항공권 발매기(티켓자판기로 발권), 티켓 없는 탑승, 수하물서비스 없음, 기내식 없음, 15분 내 탑승 완료, 더블 마일리지 등의 승객서비스를 제공하고 있다. FUN 경영방침에 따라 승객들에게 재미를 주는 항공사로도 유명하며, 기내식을 주지 않고 간단한 스낵류나 땅콩 등을 제공한다. 또 비행기 도장도 취항지의 특색에 맞춰 도색한다.

그뿐 아니라 승객의 불만이 제일 적은 항공사, 30년 동안 사고가 없는 항공사, 신속한 탑승 및 정시출발, 정시도착 등으로 이익을 내는 항공사이며 미 포춘지 선정 우수기업 상위 랭킹을 수차례 하는 등 매출액 59억 달러, 직원 3만여 명의 항공사이다. 이 항공사는 텍사스에 주 허브가 있으며, 미국에서는 경제적인 항공사 하면 다들 사우스웨스트항공사의 이름을 떠올린다. 그만큼 서민을 위한 항공사로 잘 알려져 있다.

(2) 라이언에어(아일랜드)

라이언에어는 1985년 설립되어 아일랜드 더블린공항과 런던 스탠스테드공항 외 50여 개 공항을 허브로 유럽 전역을 운항 중인 유럽 최대의 저비용항공사이다. 1985년 토니 라이언 등 라이언가에서 설립한 이

후 적자를 기록하다가 토니 라이언의 세무컨설턴트였던 마이클 오리어리(Michael O'Leary)가 미국의 사우스웨스트항공 비즈니스모델을 들여와 1994년 CEO로 취임한 이후 2년 만에 흑자 전환에 성공했다.

2013년 3월 결산기준 매출액 4,884백만 유로(약 7.1조 원), 영업이익 618백만 유로(약 8,977억 원), 순이익 503백만 유로(약 7,306억 원)을 기록하였으며, 303대의 항공기단을 운영하며 173.2%의 부채비율을 유지하고 있다.

라이언에어는 유럽 29개국 57개 거점도시, 180개 공항을 중심으로 1,611개 노선을 운영하며 평균 48유로(약 6.8만 원)로 초저가 운임을 유지하는 유럽 최대(2012년 총운송수 유럽 1위)의 저가항공사이다.

라이언에어는 티켓 없는 인터넷 체크인, 위탁수하물 유료, 기내수하물 제한, 자유 좌석제, 의자 등받이 고정, 의자 테이블, 포켓 제거, 기내유료서비스, 징벌적 수수료, 호텔 · 보험 부가서비스 등을 도입하여 영업효율성을 극대화했다. 그러나 항공기 내 화장실 사용 유료화, 입석좌석 도입, 비만승객 추가요금 적용 등은 거부감을 불러일으키기도 했다. 라이언에어는 고객서비스, 다양한 수수료, 고용관계, 광고 등 브랜드 및 여론이 좋지는 않지만, 가격중심의 운임최소화전략으로 시장지위를 유지할 것으로 보이며, 미국 동부를 타깃으로 새로운 장거리노선을 계획하고 있다.

(3) 이지젯(영국)

이지젯은 1995년 설립된 영국의 저비용항공사로 런던 개트윅공항을 중심으로 30개국 이상 605개 노선을 운영 중인 유럽 제2의 저비용항공사이다. 비즈니스 고객을 타깃으로 런던 개트윅, 제노바, 밀라노 말펜사, 리스본, 암스테르담 국제공항 등 주요 공항을 이용하여 고객편의성이 증대되나 공항이용료 부담, 항공기 회전율 감소 등 비용증가 요소가 존재하여 경쟁사 라이언에어에 비해 단위비용이 높은 편이다.

이지젯은 유럽의 저가항공 수요 증가와 더불어 성장하고 있으며, 주요 공항에서의 강점, 고객서비스, 브랜드이미지 제고 등 라이언에어와는 조금 다른 전략으로 시장지위를 유지할 것으로 예상된다.

(4) 에어아시아(말레이시아)

에어아시아는 1993년 설립 이후 말레이시아 정부투자기관 소유였으나, 적자에 시달리며 2001년 튠에어(Tune Air Sdn Bhd)의 토니 페르난데스(Tony Fernandes)에게 1링깃(약 340 원)에 인수된 이후 2년 만에 부채를 상환하며 놀라운 경영실적을 보였다.

2013년 세계항공대상(2013 World Airline Awards)에서 에어아시아는 5년 연속 '올해의 세계 최고 저비용항공사', '아시아 최고 저비용항공사'로 선정되었고, 계열사인 에어아시아 엑스는 '올해의 프리미엄 클래스 운영 저비용항공사'에 이름을 올렸다.

에어아시아 그룹은 에어아시아 말레이시아(MAA), 타이 에어아시아(TAA), 인도네시아 에어아시아(IAA), 에어아시아 필리핀(PAA), 에어아시아 엑스 등 자회사 및 관계회사 등으로 구성되어 있고, 2007년 설립된 에어아시아 엑스(AirAsia X)는 총 18대(A330-300 16대, A340-300 2대)의 항공기를 통해 동북아시아, 호주, 인도, 중동 등을 운항하고 있는 장거리 저비용항공사이다.

(5) 피치항공(일본)

피치항공은 2011년 설립되어 오사카 간사이 국제공항을 기반으로 일본 국내선과 대한민국, 타이베이, 홍콩노선을 운항하고 있는 ANA(전일본공수) 계열의 저비용항공사이다.

피치항공의 운임은 제한된 서비스로 가격을 낮춘 '해피피치' 운임과 부가서비스 제공 및 변경이 유연한 '해피피치 플러스' 운임과 같이 2종류 운임으로 나누어진다. 파격적인 가격할인으로 국내이용객이 증가하고 있는 피치항공은 운송불이행 및 지연, 항공권 구입 취소 시 위약금 과다 및 환급거절 등으로 외국계 항공사 중 소비자 피해 1위를 기록 중이다. 피치항공은 국내에 별도 지사 설치 없이 총판대리점을 설치하여 항공권 판매 등 제한된 업무를 하여 소비자 피해가 발생해도 보상처리가 어려운 실정이다.

PART 3

Airport Operation Management

13 CHAPTER 공항업무의 이해

1 항공예약업무와 과정

1) 공항업무의 특성

공항이란 민간항공기의 이 · 착륙에 사용되는 장소로서 국제공항은 비행기의 이 · 착륙 외에도 출입국관리의 3대 업무(CIQ : 세관, 출입국관리, 검역)를 위한 시설과 기능이 추가된다. 공항은 운영을 위해 기본적으로 항공기를 안전하게 이 · 착륙시키는 데 필요한 착륙대, 활주로, 유도로, 주기장, 격납고(정비 · 수리 · 점검 용), 비행장 표지시설, 이 · 착륙 보조항법시설, 기상 및 관제시설, 급유시설, 소방시설, 구급시설 등의 시설을 구비하여야 한다.

뿐만 아니라 공항으로서의 기능을 발휘하는 데 여객의 탑승 및 통과,

화물의 탑재 · 도착 · 통과 등을 취급하는 시설, 여객안내시설(대합실 · 표지판 등), 여객의 항공기 탑승시설, 항공사의 여객 및 화물 카운터, 화물적재시설, 보세창고, CIQ 경비보안시설, 여객과 환송객, 견학자 또는 공항근무자를 위한 숙박시설 · 식당 · 은행 · 우체국 · 매점 및 버스나 택시 등 교통수단을 위한 주차장시설을 갖추고 있어야 한다.

공항업무의 특성은, 첫째 현장성이다. 공항 현장에서 정해진 출발 · 도착시각에 항공기 정시운항 및 대고객서비스를 제공한다. 둘째, 다양성이다. 여객 · 수하물 · 화물 등에 대한 포괄적인 업무내용으로 구성되어 있다. 셋째, 종합성이다. 항공기 운항에는 운송 · 객실 · 정비 · 운항 등 여러 분야의 업무가 동시에 종합적으로 조화롭게 진행되어야 한다.

2) 출입국절차

(1) 탑승수속 전

- 공항으로 출발 전 여권과 항공권 소지 여부를 확인한다.
- 국제선 탑승을 위해서는 충분한 시간을 갖고 공항에 도착해서 여유롭게 탑승수속을 하도록 한다. 국제선의 경우 항공기 출발 2시간 30분 전에 도착하도록 한다. 늦어도 출발 2시간 전에는 도착해야 한다. 익숙하지 않은 외국의 큰 공항은 3시간 전에 도착하기를 권장한다.
- 주말이나 성수기에는 탑승수속시간이 더 많이 걸린다. 공항 내 면세점 쇼핑을 생각한다면 더욱 일찍 공항에 도착해야 한다.

- 환전, 여행자보험, 휴대전화 로밍은 출국장에 들어가기 전에 한다. 출국장을 지나 탑승구에서도 서비스를 하는 공항도 있지만, 기본적으로 출국 전에 한다.

(2) 탑승수속 및 수하물 탁송

- 출국심사는 어느 공항이든 일반적으로 다음과 같다. 탑승수속 및 수하물 탁송 → 출국장 → 세관신고 → 보안검색 → 출국심사 → 탑승구 이동 → 탑승의 순으로 진행된다.
- 공항에 도착하면 출국 층으로 먼저 간다. 전광판에서 탑승할 항공사의 체크인 카운터를 확인한다. 항공권에 적힌 항공편명과 출발시각, 목적지를 참고해 체크인 카운터(Check in Counter)번호를 확인한다. 모니터에 Check in 표시가 깜박이면 체크인수속을 할 수 있다는 표시이다.
- 공항의 카트는 무료로 이용이 가능하다. 공항버스 도착지 등 곳곳에 있다.
- 자신의 탑승수속 카운터로 이동하여 탑승수속을 밟는다. 큰 항공사는 좌석등급별, 무인 출국시스템용 등으로 구분해서 체크인 카운터를 운영하고 있다. 자신의 좌석등급에 해당하는 체크인 카운터에 줄 서 있다가 순서가 되면 카운터에 여권과 항공권(또는 e-ticket)을 제시한다. 원하는 좌석을 선택한다. 마일리지 적립을 한다.
- 항공기 출발시간기준 탑승수속(check-in) 마감시간이 있다. 보통

국제선은 40~60분 정도이나 항공사, 공항별로 차이가 있다. 그러나 출국심사와 탑승구까지 이동시간, 항공기 탑승 마감시간까지 고려하면 항공사 카운터의 탑승수속을 더 일찍 마치는 것이 좋다.

- 탑승수속 카운터에서 수하물 탁송도 같이 한다. 이코노미석 승객이 화물칸에 실을 수 있는 짐의 무게는 20kg, 비즈니스석 승객은

그림 13-1 ◐ 수하물 탁송기준

항공기 내에 반입(항공기 좌석 위 선반)

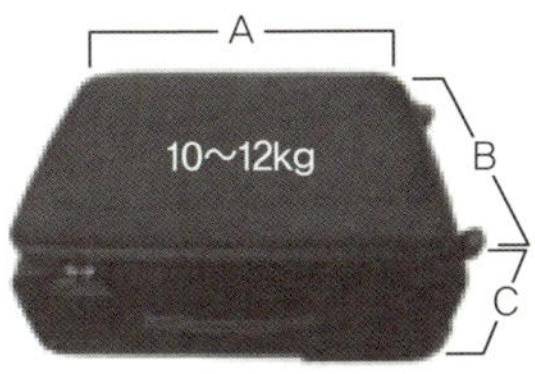

* A + B + C = 115cm 이하 (1개)

- 항공기 안전운항을 위하여 항공기 내로 반입할 수 있는 짐의 크기를 제한하고 있다.
- 항공사, 좌석등급별로 기내 반입 가능기준에 차이가 있으니 항공사로 확인 후 이용한다.
- 통상적으로 일반석에 적용되는 수하물의 크기와 무게는 개당 55×40×20(cm), 3면의 합 115(cm) 이하로서 10~12kg까지이다.

수하물로 위탁(화물칸으로 운반)

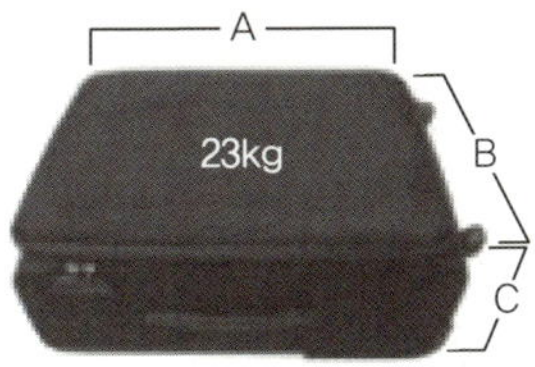

* A + B + C = 158cm 이하

- 항공사, 노선별, 좌석등급별로 무료운송 가능기준에 차이가 있으므로 이용할 항공사에 확인한다.
- 통상적으로 미주노선인 경우 일반석에 적용되는 수하물은 23kg 2개까지이다.

대형 수하물 수속

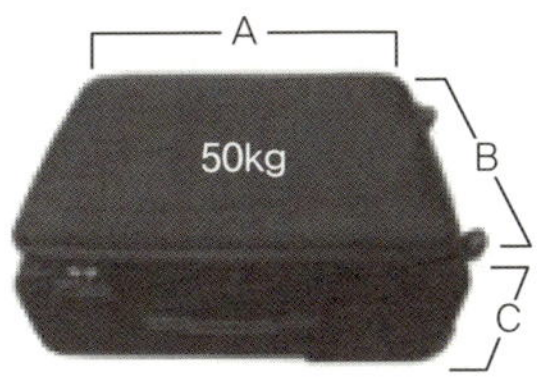

- 대형 수하물은 항공사 탑승수속 카운터에 요금을 지불한 후 세관신고 카운터에서 세관신고를 하고 대형 수하물 카운터에서 탁송하면 된다.
- 대형 수하물기준 : 무게 50kg 이상 또는 가로 45cm, 세로 90cm, 높이 70cm 이상인 경우

30kg까지이며, 기내 반입은 10kg까지 허용되는 것이 일반적이다. 해당 항공사마다 기내 반입할 수 있는 규격이 조금씩 다른데 가로 · 세로 · 높이의 합이 115cm 이하가 일반적이다. 기내 반입할 수 없는 물건들은 모두 탁송 수하물로 부쳐야 한다.

- 수하물 분실에 대비해서 자신의 짐을 미리 스마트폰 등으로 사진을 찍어 놓거나 특별한 표식을 해놓으면 좋다.
- 최근에는 항공사에 따라 모바일 앱, 인터넷 웹 체크인, 셀프 체크인 기기를 이용해서 빠르고 편리하게 탑승수속을 할 수 있도록 서비스를 확대하고 있다. 좌석도 미리 배정받을 수 있고, 전용 수하물 탁송 카운터를 운영하는 항공사도 많다.
- 공항에 따라서는 셀프 체크인 기기로만 출국수속을 하는 공항도 있으므로 미리 각 항공사 홈페이지를 참조해서 방법을 익혀두는 것이 좋다. 사용법은 간단하다. 공항 · 항공사마다 조금씩 다르지만 초기화면에서 항공사 선택 → 여정 선택 → 수속할 인원 선택 → 여권정보 입력(여권 인식) → 좌석 선택 → 마일리지번호 입력 → 탑승권 발급 순으로 진행된다.
- 도시에 따라서는 도심 내에 얼리 체크인(early check-in)서비스를 하고 있는 곳이 있다.
- 수하물을 부치고 나면 탑승권(boarding pass)에 수하물 보관표(baggage tag)를 붙여서 여권과 함께 되돌려 준다.
- 현지 화폐로 출국세를 받는 나라들이 있다. 이 경우 만약 잔돈을 없애기 위해 현지 화폐를 다 써버리면 출국할 때 크게 곤란할 때가 있다. 미리 확인한다.

(3) 병무, 검역

- 여행 전 신고해야 할 내용이 있으면 병무청이나 검역대에 신고한다.
- 25세 이상자인 병역의무자는 출국장에 들어가기 전에 인천공항 병무민원센터에서 국외여행허가를 받아야 한다. 사전에 인터넷으로 신청해도 된다.
- 검역소에서는 외국여행자, 동물, 식물에 대한 검역증명서를 발급하고 있다. 도착지 국가에 따라 검역증명서를 확인하는 경우가 있으므로 반드시 확인해야 한다. 검역 관련 절차는 탑승수속을 받기 전에 해야 신속하게 탑승할 수 있다.

(4) 보안검색

- 보안검색은 탑승객의 위험한 물건 소지 여부 및 휴대물품의 위험성 여부를 검사하는 과정이다.
- 보안검색대를 통과하는 절차는 나눠주는 바구니에 코트, 신발, 벨트, 가방, 카메라, 핸드폰, 허리띠, 주머니 속에 들어 있는 동전, 열쇠 같은 금속 물질을 모두 담아서 검사대 컨베이어 위에 올려놓는다.
- 노트북은 가방에서 꺼내서 따로 통과시켜야 한다. 가끔 노트북만 따로 가지고 가서 검색하기도 한다.
- 액체 휴대품은 각 용기 100mm 이하에 총용량이 1ℓ가 넘지 않아야 하며, 비닐 팩에 넣어서 따로 놓아두어야 한다. 비닐 팩을 미리 준

비하지 못한 경우 공항 편의점에서 판매하고 있다.

- 여권과 탑승권만 소지한 채 엑스레이 검색대를 통과한다.
- 미처 바구니에 담지 못한 금속 물질이 있으면 경고음이 울리는데 검색 담당 직원이 검색봉으로 다시 한번 체크한다. 양팔을 들고 서 있으면 된다.
- 기내 반입 불가능 물품은 압수당할 수 있으므로 미리 수하물로 부친다. 맥가이버 칼, 카메라 여분 배터리, 카메라 삼각대, 손톱깎이도 해당 국가와 공항에 따라서 기내 반입 물품으로 반입 금지당할 수 있으므로 주의한다.
- 국토교통부는 카메라 삼각대의 기내 반입을 허용하고 있으나 출발지 공항에 따라서 다를 수 있다.

(5) 출국심사

01 여권, 탑승권을 출국장 입장 시에 보안요원에게 보여준다.

▼

02 보안검색 받기 전에 신고 대상 물품이 있으면 세관에 미리 신고한다.

▼

03 휴대물품을 X레이 검색대 벨트 위에 올려 놓는다(가방, 핸드백, 코트 등).

* 목적지에 따라서 신발, 촉수 등 추가검색이 있을 수 있다.

▼

04 소지품(휴대폰, 지갑, 열쇠, 동전 등)은 바구니에 넣는다.

▼

05 문형탐지기를 통과하고 검색요원이 검색한다.
* 목적지 및 상황에 따라서 추가검색이 있을 수 있다.
* 출국신고서는 작성하지 않는다.

(6) 출국

- 탑승권에 탑승구(gate)번호와 좌석번호가 적혀 있다.
- 출국심사대에서 탑승구까지 거리가 먼 공항들이 있다. 인천공항은 예전에 여객터미널 동편과 서편에 탑승구가 있었는데, 신 탑승동을 추가하였다. 101~132번의 탑승구가 이곳에 있다. 신 탑승동으로 가기 위해서는 입국심사를 마친 후, 표지판을 따라 지하로 가서 여객터미널과 탑승동 사이를 오가는 무인 셔틀 트레인을 타고 이동해야 한다. 주로 외국공항사들의 탑승구가 이곳에 있다. 셔틀 트레인은 5분 간격으로 자주 오고, 이동시간도 2분 이내이다. 출국심사대에서 탑승동까지 이동시간은 약 20분 정도가 소요된다. 성수기에는 셔틀 트레인을 이용하는 사람이 많아 시간이 더 걸리기도 한다. 미리 자신의 탑승구로 이동한다.
- 탑승시간을 고려해서 면세 쇼핑을 한다. 늦어도 40분 전까지 탑승구에 도착하도록 한다. 가끔 탑승구를 변경하기도 하므로 주의한다. 국제선의 경우는 보통 출발 20분 전까지 탑승하지 않으면 비

행기는 그냥 출발하므로 늦지 않도록 한다.

- 탑승시각이 가까워지면 공항 내 모니터에 Boarding 표시가 깜빡이기 시작한다. 이때 해당 탑승구로 가면 탑승이 시작된다.
- 여권과 탑승권을 보여주고, 승무원들의 지시에 따라 비행기 안으로 들어간다.
- 탑승 순서는 보통 퍼스트 클래스, 비즈니스 클래스, 어린이와 임산부, 노약자, 이코노미 클래스 순으로 들어간다.

(7) 무인출국시스템

무인탑승수속기

- 국제선의 경우 늦어도 2시간 전에는 공항에 도착해야 하는데, 성수기, 주말에는 탑승수속, 출국심사, 탑승구까지의 이동시간만 해도 빠듯하다. 인천공항에는 자동 출입국 심사시스템이 있고, 각 항공사의 모바일 앱, 웹 체크인, 키오스크 등을 이용하면 전용 카운터에서의 수속 등으로 출국절차의 시간을 상당히 단축시킬 수 있다.
- 자동출입국심사시스템(SES) : 출입국심사관에게 여권을 보이고 심사를 받는 대신에 기기에 여권을 갖다 대면 자동심사되는 시스템이다. 인천공항 출국장 3층 F 발권 카운터 앞에 자동출입국 등록

센터가 있다. 먼저 등록센터에서 양손 지문과 얼굴 사진을 등록해야 한다. 김포공항은 국제선 여객청사 2층 출입국 민원실에서 등록을 하고 있다. 등록센터 근무시간은 07:00~19:00이다. 출입국 심사에 1분 이내의 시간이 걸린다. 심사관을 통한 경우 15분 정도 걸린다. 인천국제공항, 김포국제공항, 김해국제공항, 제주국제공항, 인천항 국제선 제1여객터미널의 출국장, 입국장에서 이용할 수 있다.

- 무인탑승수속기기(Kiosk) : 공항에서 카운터를 거치지 않고 예약이 확약된 E-티켓 소지 승객이 자동발권기에서 직접 탑승권을 발급받고, 좌석도 선택할 수 있는 자동발권서비스이다. 수하물은 수하물 전용 카운터에서 탁송할 수 있다. 출국자가 많이 몰리는 시간대에 이용하면 카운터 대기시간과 수하물 탁송시간을 절약할 수 있다. 주의사항으로 전자항공권의 여정과 실제 탑승할 여정이 일치해야 하며, 목적지가 VISA 없이 입국할 수 있는 곳이어야 하며, 출발시각 1시간 전까지만 이용할 수 있다. 인천공항 여객터미널에 38대가 설치되어 있다. 3분 정도면 탑승수속을 마칠 수 있다.
- 웹 체크인 : 컴퓨터에서 인쇄한 탑승권은 공항 카운터에서 받은 실물 탑승권과 동일한 효력이 있다. 수하물이 없는 경우 출국장으로 바로 갈 수 있다. 항공사에 따라 실물 탑승권을 요하는 곳도 있으므로 홈페이지를 참조한다.
- 모바일 앱 체크인 : 국제선의 경우에는 공항 내 전용 카운터를 방문하여 모바일 탑승권과 여권 확인 후 실물 탑승권으로 교환해야 한다. 국내선의 경우에는 모바일 탑승권에 표출된 바코드로 자동

출입게이트(ONEPASS)와 탑승구 통과가 가능하다.

- 한국-미국 자동출입국심사서비스(SES-GE) : 최근 한-미 자동출입국심사서비스에 가입한 사람은 양국 공항에서 출입국심사를 받기 위해 줄을 서서 기다릴 필요 없이 자동출입국심사대를 이용하여 신속하고 편리하게 출입국심사를 마칠 수 있다.

2 공항업무의 이해

1) 항공사의 업무내용

(1) 판매

항공사의 판매는 항공사에서 자체적으로 영업장을 개설하여 직접 판매하는 경우와 대리점이나 타 항공사를 통해 판매하는 간접 판매의 두 가지 형태로 분류할 수 있다.

① 직접 판매

항공사의 지점 · 영업소에 영업장을 설치 · 운영하며, 고객에게 직접 회사의 상품을 판매함은 물론, 기타 고객이 필요로 하는 각종 서비스를 제공하고 있다.

② 간접 판매

가. 총판매대리점 판매

총판매대리점이란 항공사의 지점 · 영업소 관할지역 이외의 일정지역에 대한 판매망의 확장과 수입증대를 목적으로 대리점 또는 타 항공사로 하여금 해당 지역 내에서 회사를 대신해서 영업활동을 수행하며, 대외적으로 항공회사를 대표하는 대리점을 말한다.

나. 대리점 판매

대리점 판매는 항공사의 직접 판매만으로는 최대의 판매효과를 볼 수 없으며, 여객의 입장에서도 스스로 항공(지점 · 영업소)까지 찾아가는 것이 불편할 경우가 있으므로, 항공사는 판매대리점을 지정하여 판매를 대행토록 하고 있으며, 판매액에 대해 일정한 배율의 수수료를 지불하고 있다. 이러한 대리점 판매는 총판매액에서 차지하는 비율이 제일 높다.

다. Interline 판매

자사의 항공기가 취항하고 있지 않는 노선이나 목적지도 판매할 수 있는데, 호혜적으로 항공사 상호 간에 협정을 맺었기 때문에 이 협정을 'Interline Agreement'라 하고, 상호 대리인으로서 상품을 판매할 수 있다.

(2) 예약

다른 분야와 비교하여 가장 특수한 형태를 보이고 있는 기능은 항공사의 예약업무기능이다. 항공사의 예약업무는 1919년 네덜란드의 KLM항공사로부터 시작되었다. 초기의 수작업으로 시작된 항공예약은 최근에 이르러 컴퓨터 등의 첨단장비에 의해 컴퓨터예약시스템(CRS : Computer Reservation System)으로 발전하였다. 특히 최근에 컴퓨터예약시스템이 단순한 도구로서만이 아니고 영업의 불가결한 시스템으로서 위치를 굳히게 되었고, 항공수송 마케팅의 중추가 되었다. 이에 따라 세계 선진항공사들 간의 컴퓨터예약시스템의 경쟁이 매우 치열한 실정이다. 예약기능이 항공수송 분야에 발달된 이유는 항공수송상품의 특성인 상품의 소멸성과 자유경쟁에 의한 고객서비스 측면에서 찾아볼 수 있다.

항공기가 출발하면서 판매되지 못한 좌석의 상품가치가 소멸되는 약점을 보안하기 위하여 판매하고 남은 상품을 관리하는 것이 아니고, 상품을 가장 효율적으로 판매하기 위하여 실제 상품의 이도(수송)시기보다 훨씬 앞서서 예약을 통하여 상품을 판매하고 관리하는 항공예약시스템을 발전시킨 것이다.

항공예약의 기능을 살펴보면, ① 고객서비스, ② 좌석판매, ③ 수익의 제고, ④ 운송의 사전준비의 네 가지를 들 수 있다. 즉 첫째, 고객서비스는 자사의 항공예약은 물론, 고객의 여행에 필요한 타 항공사의 좌석예약도 대신하여 주도록 모든 기능을 갖추고 대고객서비스의 첨단을 걷고 있는 것이다. 둘째, 좌석의 판매는 예약만으로 끝나지 않고 항공기 좌석의 판매와 직결된다는 뜻이다. 어느 항공사에 예약을 한 승객은 특별한 사정이 없는 한 타 항공사를 이용하거나 여행 자체를 취소할 가능성이 매우 적기 때문이다. 셋째, 수익의 제고는 단순한 고객서비스와 좌석 판매에 국한되지 않고 좌석의 철저한 재고관리에 의하여 동일한 공급 좌석 내에서 수입의 최대화를 도모할 수 있다는 것이다. 넷째, 해외여행을 하는 경우 예약하지 않고 모든 승객이 무조건 공항으로 나와 탑승수속을 하는 경우를 상상해 보면 항공수송에 있어서 예약의 중요성을 더욱 실감할 수 있다.

물론 국내의 서울–부산 구간과 같이 셔틀서비스(shuttle service)로서 예약 없이 운영되는 경우도 있지만, 극히 제한될 수밖에 없는 국제선의 경우는 반드시 예약이 필요하다. 특히 항공여행에 사전준비가 필요한 승객, 즉 건강이나 종교상의 이유로 특별한 기내식이 필요한 승객이나 건강 · 나이에 따른 특별보호가 필요한 승객 등은 예약과정을 통하여 모든 사항이 준비될 수 있다.

(3) 발권

항공권은 항공여행을 하려는 고객과 항공운송을 담당하는 항공사 간의 계약으로 사용되는 운송증표이다. 이에 대한 올바른 취급은 항공업무의 기본이며, 동시에 대고객서비스에 있어서도 중요한 요소가 된다.

발권에서 가장 중요한 것은 운임의 계산인데, 운임의 계산규칙은 복잡하고 어려운 인상을 주고 있으며, 확실히 운임의 종류도 점점 늘어가는 경향이고, 적용규칙도 복잡하게 되어 있다. 그러나 기본적인 운임계산의 규칙은 부분적인 변경은 있어도 근본적인 변화는 없다. 특히 항공운임은 여행상품의 기초를 이루므로 그 계산규칙의 이해는 매우 중요하다.

(4) 운송

운송업무란 항공여행을 하는 여객이 안전하고 쾌적하게 여행할 수 있도록 공항에서 이루어지는 일련의 서비스를 말한다.

출발지 공항에서는 승객의 여행구비서류(항공권 · 여권 · 비자 등)를 확인하고, 여객에게 좌석배정 · 수하물접수 · 탑승안내를 하며, 도착지 공항에서는 승객의 입국편의를 위해 입국사열 및 수하물 통관안내와 사고수하물의 처리를 한다.

(5) 객실서비스

객실서비스는 승객에게 제공되는 기내식사와 인적 서비스요소인 객실승무원의 기내서비스가 핵심이다. 특히 객실승무원에 의한 기내서비스는 항공의 서비스 질을 결정짓는 요소로 매우 중요한 사항이다.

(6) 운항

항공사에서 가장 많은 관심을 기울여 추구해야 할 사항은 '안전운항'이다. 안전운항이야말로 항공사의 가장 기본적인 사항인 동시에 고객에 대한 최상의 서비스라 할 수 있다. 이는 항공기 운항의 현장에서 직접 종사하는 운항승무원과 운항관리사 등 전문인력뿐만 아니라 항공사의 전체적 노력으로서 이룩될 수 있는 것이지만, 항공기를 직접 운항하는 운항승무원이야말로 안전운항의 최종책임자이다.

운항승무원은 그 임무의 중요성으로 인해 엄격한 기준에 의거하여 소정의 교육 훈련 및 심사에 합격하고, 국토교통부의 법적 자격을 취득하여야 하며, 양성된 후에도 매년 정기적으로 실시되는 훈련심사와 수시훈련을 통해 비행지식과 기량의 향상은 물론, 사회적 · 국가적 책임을 다할 수 있는 인격교육과 윤리교육이 병행된다.

(7) 정비

안전하고 쾌적한 운항을 위하여 항공기 기체의 품질을 유지 · 향상하는 검사 · 점검과 서비스 · 청소 · 수리 등의 작업을 총칭하여 정비라 한다. 항공회사의 사명은 정시성을 유지하며, 아울러 안전하고 쾌적한 항공수송을 달성함에 있는데, 정비의 목적은 항공기재면에서 다음과 같은 사명달성을 보증하는 데 있다. 즉 안전한 비행, 확실한 운항, 쾌적한 서비스가 가능하도록 항공기 및 그 부분품의 기능을 유지 · 향상시키는 것이 정비의 목적이다.

2) 분야별 주요 업무

(1) Passenger Handling

- 신속 · 정확한 탑승수속
- 친절한 CIQ 안내
- 완벽한 보안(security) 및 안전(safety)점검

(2) Flight Dispatch

- Flight Schedule 확인
- Flight Plan 작성 · 제출

- Crew Handling
- Fueling

(3) Cargo Handling

- Warehouse 관리 및 운영
- 장비 및 ULD관리
- 완전한 화물운송

(4) 정비업무

- 항공기 점검
- 부품관리 및 정비관리 점검

(5) 객실업무

- 기용품 및 기물관리
- 쾌적한 기내환경 유지
- Catering

(6) 조업업무

- 조업사 관리 · 감독
- QAL 지상 조업 제공

3) 여객운송업무

(1) 여행서류의 종류

해외여행을 하려면 필수적으로 여권이 있어야 하고, 또 국가에 따라 요구하는 서류가 다르겠지만, 비자에 예방접종 증명이 필요한 곳도 있다.

① 여권

여권은 국가가 발행하는 국적증명서이며, 외국에서는 본국의 신분증명서인 동시에 국외로 출국이 가능하다는 출국증명서이다.

② 비자

비자란 방문하는 국가의 입국허가서로 방문하려는 국가의 재외공관에서 발급한다.

가. 비자면제협정

양 국가 간에 비자면제협정이 체결된 경우에는 관광 · 상용 등 단기 목적으로 여행 시 협정체결 국가에 비자 없이 입국이 가능하다.

나. TMOV(Transit Without Visa)

통과목적으로 여행하는 경우 사전에 해당 국가의 통과비자를 받아야 하나, TMOV 규정 준수 시 통과비자 없이 여행할 수 있다.

③ 예방접종 증명서

법정 전염병 선포지구를 여행하지 않는 한 일반적인 검역절차는 생략되고 있으나, 중남미 및 아프리카 열대지역을 여행하는 승객은 황열 예방접종을 하는 것이 바람직하다.

4) 수하물업무

(1) 수하물 운송조건

① 수하물 포장

수하물의 포장은 승객의 책임이며 포장상태가 불량하거나 불완전한 수하물은 재포장하도록 안내한 후 접수한다.

② 수하물 이름표 부착

승객성명 · 주소 · 전화번호를 영문 대문자로 기재한다.

③ 운송 제한 품목

- Fragile Item · 부패성 물품 · 현금 · 수표 · 보석류 · 유가증권 · 견

본 · 업무서류 · 계약서 및 기타 귀중품은 위탁수하물로 접수가 불가능하다.

- 상기 물품이 운송 도중 파손 또는 분실되어도 항공사는 책임을 지지 않는다.
- Handy-Carry로 유도하거나 Fragile Tag 및 Limited Release Tag를 사용한다.

④ 수하물 규제 품목

- 폭발성 물질
- 액화가스 · 고체가스 · 압축가스 · 냉동가스 · 독극성 가스 등 가스류
- 인화성 액체
- 인화성 고체로 자화성 또는 물과 반응하여 인화할 수 있는 고체류
- 산화성 물질
- 독극성 또는 전염성 물질
- 방사성 물질
- 부식성 물질
- 기타 위험품

⑤ 위탁수하물 및 휴대수하물로 운송이 가능한 물품

- 알코올음료 : 도수 70° 이하, 5ℓ 이하 용기
- 헤어스프레이 · 향수류 : 개인당 2kg 또는 2ℓ 이하, 용기당 0.5kg 또는 0.5ℓ 이하
- 헤어컬러 : 1인당 한 개로 제한

- 드라이아이스 : 1인당 2kg
- 소형 드라이아이스 가스 실린더 : 의료
- 소형 가스 산소통 : 의료용
- 소형 수은 체온계 : 개인용

3 스마트 에어포트

1) 스마트 에어포트(Smart Airport)의 등장

[기고] 드론 · 로봇 · 자율차 등 4차 산업혁명의 산실 인천공항

인천공항공사는 터미널 혼잡현상 발생에 대비해 다양한 '스마트 에어포트'기술을 개발하고 있다. 인천공항 4단계 건설사업기간에 스마트 에어포트기술을 터미널 안팎에 도입할 계획"이라고 밝혔다.

(1) 드라이브 백 드롭(drive bag drop)

공항 이용객이 편리하게 이용할 수 있는 대표적 기술로 꼽힌다. 승용차로 공항에 오는 이용객이 공항 앞 도로에 잠시 차를 세워 드라이브 백 드롭 시설에서 미리 짐을 부치는 것이다. 공항공사 관계자는 "터미널 밖에서 미리 수하물을 부치고 터미널에 들어와 셀프 체크인 기기 등을 이용하면, 발권 카운터 앞에서 줄을 서서 기다리는 시간을 절약하게 되는 것"이라고 말했다.

(2) 터널형 보안검색

짐을 가지고 터널을 통과하면 보안검색이 이뤄지는 신기술이다. 지금처럼 신체검색과 소지품검색이 별도로 이뤄지는 것이 아니라 터널을 통과하면서 한 번에 자연스럽게 실시되면, 이용객의 불편은 줄어들고 검색 인력을 추가로 투입하지 않고도 공항 보안을 강화할 수 있을 것으로 예상된다.

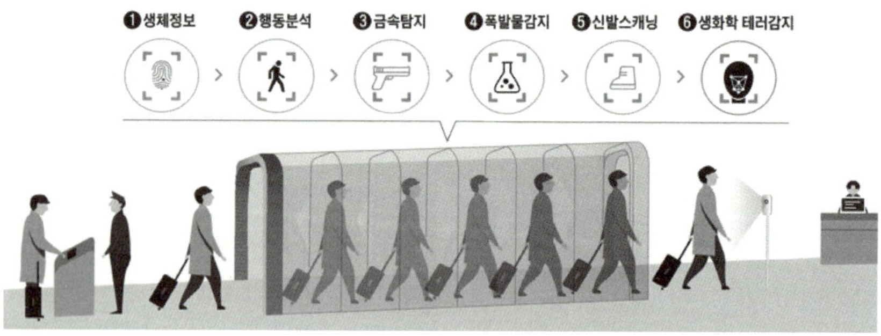

(3) 자동 주차시스템

도로와 주차장 등도 자율 주행차 시대에 대비하는 형태로 조성된다. 공항 주변 도로에 설치된 시설은 자율 주행차와 정보를 주고받으며 터미널 주차장까지의 주행을 돕는다. 터미널 안팎에 자율주행차도 투입된다. 우선 터미널 밖에는 자율주행 셔틀버스 투입이 추진된다. 터미널 내에서 교통 약자들이 이용할 수 있는 소형 자율 주행차량은 연내 도입될 예정이다. 주차장엔 '자동 주차시스템'이 갖춰진다.

출처 : http://news.chosun.com/site/data/html_dir/2017/11/26/2017112600747.html

[기고] 공항으로는 세계 최초로 새 쫓는 작업에 회전익 드론 투입

인천공항 활주로에서 2km 떨어진 조류 서식지에 얼마 전부터 '새 쫓는 드론'이 출현했다. 국내 업체가 개발한 이 드론에는 열화상 카메라가 장착돼 수풀 속에 숨어 있는 새를 쉽게 찾아낼 수 있다. 상위 포식자인 매 · 독수리 소리와 총소리 등을 내서 새들을 쫓아낸다. 새가 드론을 공격하지 못하도록 드론 위에는 매 그림이 부착돼 있다. 인천공항공사는 "새가 항공기에 충돌하는 것을 막기 위해 항상 공항 주변의 새를 몰아내야 하는데, 이 업무에 회전익 드론을 투입하는 것은 세계 최초"라고 밝혔다.

출처 : http://news.chosun.com/site/data/html_dir/2018/03/27/2018032701794.html

2) 스마트 에어포트의 사례

(1) 한국공항공사 스마트 에어포트 팀의 주요 업무

여행객의 모든 여정 및 공항운영 등에 대해 전반적인 스마트화를 진행하는 팀으로 여행객에게 첨단화, 자동화, 간소화된 서비스 제공은 물론 지능적인 공항운영을 위해 자동화시스템을 많이 도입하는 등 공항운영

프로세스 개선을 위해 노력하고 있다.

(2) 한국공항공사 스마트 에어포트 팀의 대표적인 프로젝트

- 국내선의 공용 여객처리시스템
- 국내의 원-패스(One-Pass)와 국제선 탑승객 신분 확인시스템
- 공용 셀프체크인이라고 불리는 키오스크 기계 사용
- 올해 진행 중인 '공항 로봇'사업
- 하이패스와 카카오 페이 결합서비스를 실행할 계획

(3) 스마트 에어포트 시스템 사례

[기고] 스마트공항 청사진 나온다

| 표 13-1 | 인천공항 로봇 도입 현황 및 계획

구분	K-POP공연	서빙	짐 운반	쇼핑 운반	안내 · 청소
제휴사	미니로봇	YSTT-OMRON	유진로봇	원익로보틱스	LG전자
장소	밀레니엄홀	CIP라운지	교통센터	A/S 3층	L/S 1층/3층
대수	10대	1대	1대	3대	10대
도입로봇					
시범운영	'16. 9.~'16. 12.	'17. 1.~'17. 3.	'17. 1.~'17. 3.	'17. 4.~'17. 6.	'17. 7.~'17. 12.
확대사업	계약체결 ('17. 1.~'17. 12.)	자율주행기술만 채택하여 타 로봇사업 실시			검증 후 결정

출처 : 국토교통부

그림 13-2 ⊙ 스마트공항 생체인식 등 첨단기술 도입

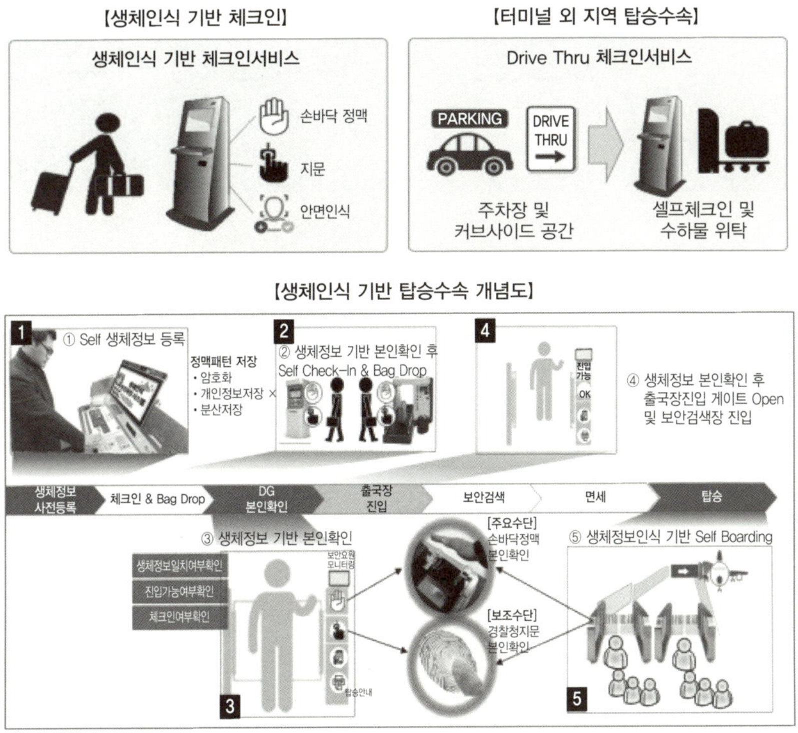

출처 : 국토교통부

출처 : http://conpaper.tistory.com/57750

A·I·R·L·I·N·E·&·M·A·R·K·E·T·I·N·G

CHAPTER 14 공항 지상조업서비스

1 지상조업서비스의 개념과 동향

지상조업이란 항공기의 출발지 · 경유지 · 도착지 공항에서 항공기 운항을 위하여 필요로 하는 지원업무를 말하는데, 포괄적으로는 공항에서 수행되는 승객의 탑승수속, 수하물의 접수 · 탑재 · 하기, 화물의 접수 · 보관 · 하역, 항공기의 급유 · 정비, 항공기의 청소 · 운항관리 등의 업무를 모두 의미한다. 그러나 좁은 의미의 지상조업은 여객의 탑승과 하기를 위한 램프서비스, 수하물과 화물의 탑재와 하기서비스, 기내청소 및 기내식 공급업무, 항공기 세척 등의 업무로 한정한다.

ICAO[01]에서는 "지상조업은 터미널조업과 램프조업으로 구분되며,

---

01 국제민간항공기구(International Civil Aviation Organization). 세계 항공업계의 정책과 질서를 총괄하는 기구로서 UN 산하 전문기구

통상 항공기 정비 및 수리는 포함되지 않는다. 단, 소위 라인(line) 정비 같은 것은 지상조업의 일부로 고려된다"라고 정의하고 있다. IGHC[02]에서는 ICAO처럼 지상조업을 한마디로 정의한 내용은 없으나, 대신 지상조업서비스 항목을 여객, 운항, 하물, 화물, 램프, 항공기 청소 등 모두 14개 분야로 분류하고 있다. 이 밖에도 IATA[03]에서 발행한 IRM[04] 1st edition에서는 지상조업을 "항공교통서비스 외에 항공기 도착과 출발을 위해 필요한 지상서비스"로 정의하고 있다.

우리나라 항공법에서는 제1장 제2조(정의) 제36항에서 '항공기 취급업'으로 분류하여 "항공기 취급업이란 항공기에 대한 급유, 항공화물 또는 수하물의 하역, 그 밖에 정비 등을 제외한 지상조업을 하는 사업을 말한다"라고 정의하고 있다.

항공기에 대한 지상조업업무는 항공운송사업자가 직접 담당하는 경우와 항공기 지상조업체 또는 다른 항공운송사업자에게 위탁하여 시행하는 경우가 있는데, 대부분의 유럽 공항에서는 공항운영자가 지상조업을 직접 수행하고 있으며, 대부분의 미국 공항에서는 항공사가 지상조업을 담당하고 있다. 우리나라를 포함한 대부분의 아시아지역의 공항에서는 항공사 또는 지상조업체가 이를 담당하고 있다.

최근 세계 각국의 공항에서는 지상조업의 통합운영체제에 대한 관심이 높아지고 있는데, 지상조업을 통합운영할 경우에는 지상조업에 필

---

02 IATA Ground Handling Council. IATA 산하의 지상조업협의회를 말하여 지상조업과 관련된 항공사 및 지상조업사 합동협의체

03 국제항공운송협회(International Air Transport Association). 정기 항공회사의 국제단체

04 IATA Reference Manual for Audit Programs. IATA에서 수행하는 audit을 위해 제공하는 표준 용어사전

요한 시설 · 장비 · 예비품 · 인력운영의 경제성이 높아지고 계류장 운영의 효율화를 기할 수 있다는 장점이 있기 때문이다. 대규모 공항에서는 통합운영이 비합리적이라는 견해와 경쟁성의 저하 및 노동조합의 쟁의가 발생하는 경우에 공항의 마비가 우려된다는 단점이 있어 적극적인 추진은 이루어지지 못하고 있으나, 소규모 공항에서는 지상조업의 통합운영에 대한 적극적인 도입을 검토하는 것이 바람직하다고 볼 수 있다.

지상조업은 항공기가 지상에 착륙하여 주기장까지 도착할 수 있도록 유도하는 업무와 항공기가 주기장에 주기하고 있는 동안에 항공기의 간단한 보수 · 점검, 여객의 탑승 · 하기, 화물의 하역, 항공기의 출발을 위한 급유 및 동력지원, 항공기의 청소 등의 활동과 항공기의 기내식 · 식수공급 등이 수행되는 업무를 말한다.

이와 같은 업무는 항공기의 지연을 예방하고 항공기가 다음 목적지로 운항하기 위하여 필수적으로 수행되어야 하는 업무로서 통상적으로 항공기의 출발통제를 감시하는 임무를 수행하는 계류장조정자에 의해 이루어지며, 계류장 운영상 관련부서 간에 충분한 협조체제가 구축되어야 효율적인 조업을 할 수 있다.

국내항공 지상조업서비스 분야에서 현재 한진그룹 계열인 한국공항(KAS)과 금호아시아나 계열인 아시아나에어포트(AAS), 항공서비스 전문업체인 샤프와 동보공항서비스, 스위스포트까지 5개 기업이 최근까지 항공사를 고객으로 하여 전국 공항에서 경쟁하고 있는 상황이다.

뿐만 아니라 2015년 1월 13일에 이스타항공은 탑승수속과 발권, 예약 등 여객운송 및 지상조업의 제반 업무를 맡는 공항여객서비스 자회사 '이스타포트(Eastarport Co. Ltd)'를 설립하여 2월부터 운영 중이다.

이스타포트는 이스타항공의 여객운송부문의 자회사로 자본금 3억 원에 이스타항공(주)가 100% 출자했다. 1월 8일부로 군산시에 법인이 설립됐으며, 본사와 각 공항지점에서 근무하는 114명의 임직원으로 구성됐다.

이스타포트의 주업무는 고객을 맞이하는 최일선부서로 공항에서 여행서류 및 항공권 발권 확인, 좌석배정, 위탁수하물 탁송, 항공기 탑승관리 안내서비스와 예약업무를 맡는 운송부문이다. 김포공항을 비롯해 각 공항에서 항공기 경정비 등 지상조업과 안전운항지원 등의 업무를 담당한다.

이러한 상황에서 2014년 4월 한국공항공사가 항공정비 및 지상조업사업 진출을 추진하면서 기존 민간업체들과 갈등을 빚고 있다. 지방공항을 활성화하고 저비용항공사(LCC)들을 지원한다는 게 진출취지이지만 업계는 공기업의 우월적 지위를 이용한 불공정경쟁과 민간영역 잠식 등을 우려하고 있다.

공항공사 및 업계에 따르면 공항공사는 항공산업발전 태스크포스팀(TFT)을 구성해 지방공항에서 정비 및 지상조업사업을 실시하는 방안을 추진하고 있다. 공항공사는 저렴한 정비 및 지상조업서비스를 제공해 지방공항에 취항하는 저가항공사(LCC)들의 비용부담을 덜어 줄 것으로 보고 있다. 아울러 만성적자를 겪고 있는 지방공항도 활성화할 수 있을 것으로 기대하고 있다. 하지만 지상조업업체들의 입장은 다르다. 공항공사가 공항 내 시설물의 사용 및 운영, 사무실 및 임차료, 구내 영업료 등 사업을 위한 모든 권한을 쥔 상황에서 이 사업에 뛰어들면 민간업체들이 불리할 수밖에 없다는 입장이다.

현재 국내 지상조업서비스 분야는 전체비율이 협소하고 관련업계의 진출과 공항공사의 진출의지로 인해 치열한 경쟁이 예상되고 있는 실정이다.

그림 14-1 ◐ 항공기 지상조업

출처 : 한국공항 홈페이지

2 지상조업서비스 분류

1) 항공기 유도 및 견인업무

항공기의 유도 및 견인업무(ramp service)는 항공기가 공항에 도착하여 다음 비행을 위하여 이륙하기까지 주로 계류장에서 항공기의 이동과 관련하여 수행되는 업무로 구성된다. 먼저 항공기가 활주로에 착륙하여 계류장으로 진입하면 해당 항공기가 주기장을 찾아갈 수 있도록 유도차량의 안내가 있고, 항공기가 주기장에 진입하면 정확한 주기위치를 안내하는 유도업무가 수행되며, 항공기가 공항을 출발할 수 있도록 견인차량(towing car)에 의한 항공기의 견인작업 등이 수행된다.

항공기 유도업무는 항공기 주기장 근처에서 최초진출 혹은 최종진입 때 조종사를 유도하기 위하여 제공되는데, 항공기를 정확한 주기위치에 계류시키기 위해서 조종사는 계류장에 위치한 수신호자로부터 국제적으로 인정된 수신호의 도움을 받으며, 새로운 운항을 위하여 계류장을 벗어날 때에도 지상 유도요원의 도움을 받는다.

지상의 항공기 유도요원에게는 조종사와 교신이 가능한 헤드 세트가 제공되고, 항공기가 지상에서 상당기간 주기하는 경우에는 탑승교의 활용을 위하여 승객이 하기한 항공기를 탑승교에서 이현(離懸)하여 리모트주기장으로 이동하여 주기시키는 업무도 병행하여 수행하게 된다.

그림 14-2 ○ 항공기 유도 및 견인차량(towing car)

그림 14-3 ○ 항공기 램프서비스(ramp service) 흐름도

항공기 착륙		항공기 주기		항공기 출발
• follow-me서비스 • 항공기 유도 (marshalling) • flight interphone 서비스 • GPU/ASU 접현	→	• 화물, 수하물 상 · 하역 • 기내식, 기내용품 탑재/하기 • 객실 청소, water/LAV서비스 • step car/ramp bus 서비스	→	• push-back/towing • 항공기 제설/제 · 방빙

출처 : 김태형(2012), "항공 지상조업업무 통합수행의 경제적 효과 연구 - 인천국제공항 사례," 한국항공대학교, p.6.

2) 전원 · 연료 등 공급업무

항공기에 대한 전원 및 연료와 윤활유 공급(fueling)은 항공운송사업자가 직접 급유하는 방법과 항공기에 연료 · 윤활유를 항공기 급유업 등록을 한 자에게 위탁하여 하는 경우가 있는데, 항공기에 대한 연료공급업무는 오염되지 않은 항공유의 정확한 양이 안전한 방법으로 공급

될 수 있도록 하여야 한다.

전원 · 연료 등 공급업무(refueling service)는 크게 항공기의 급 · 배유(refuel/defueling), 항공유 판매, 하이드란트(hydrant)시설 유지, 항공유의 수송과 저장, 항공유의 품질관리, 항공유 비축기지(fuel farm)의 운영 등으로 나눌 수 있다.

첫째, 대부분의 항공기는 지상에 계류하는 동안 동력을 공급하기 위한 보조동력 공급장치(APU : Auxiliary Power Unit)를 구비하고 있지만, 항공사는 연료비용의 절감과 계류장의 소음을 감소하기 위하여 지상전원공급장치의 사용을 선호하는 경향이 있다. 환경적인 이유로 보조동력공급장치의 사용이 엄격하게 제한되는 공항도 있으며, 지상전원은 해당 공항 항공사 또는 지상조업체의 이동용 장비에 의해 공급되거나, 계류장 또는 탑승교체에 설치된 케이블과 연결된 전원공급시설로부터 동력을 공급받는다.

항공기가 보조동력공급장치를 가동하지 않고 장시간 계류하고 있는 경우에 항공기의 적절한 내부온도를 유지하기 위하여 보조적인 이동용 난방 혹은 냉방장치가 필요하다. 항공사는 이러한 장비의 가용성을 확보할 책임이 있다. 항공기의 연료비용과 환경에 대한 관심이 증대됨에 따라 최근에는 일부 공항이 탑승교로부터 공기를 공급하는 중앙집중식 공기압축장치와 탑승교에서 이동용 압축기를 운용하는 방법이 도입되고 있는데, 이러한 시스템은 난방 · 냉방용 공기 및 엔진을 시동시키는 고압의 공기를 공급한다. 고정된 공기압축시스템이 사용되는 경우에는 필요에 따라 개별 항공기별로 난방 혹은 냉방을 조종석에서 조절할 수 있도록 되어 있다. 항공기에 장착된 보조동력공급장치를 구동시키는 데 높은 비용이 소요된다고 볼 때, 공기압축시스템의 사용은 훨씬 경제적이라 할 수 있다.

또한 항공기의 결빙방지와 세척을 위하여 항공기 동체와 날개에 제빙액을 분사하고, 특히 조종석 창문 · 날개 · 엔진 · 객실창문 등 항공기를 세척하는 데 적합한 다용도장비인 자체추진 탱크장치는 분사 혹은 다양한 정비업무를 수행할 수 있는 안정적인 수직강하판을 구비하고 있다. 뮌헨과 같은 몇몇 공항에서의 항공기 제빙작업은 제빙용 주기장에 설치된 거대한 제빙시설을 항공기가 통과하게 함으로써 이루어진다.

둘째, 항공기에 대한 연료는 이동용 유조차나 계류장에 설치된 하이드란트시스템을 이용하여 공급되는데, 공급되는 항공유의 품질을 유지하기 위하여 주유하기 전에 철저한 시험과정을 거쳐 항공기에 급유한다. 대부분의 공항에서는 이러한 두 가지 연료공급체제를 같이 운영하는데, 이는 공급자로부터 저렴한 가격으로 안전하게 연료를 공급받기 위한 것과 계류장 운영의 효율성을 확보하기 위한 목적이 있다. 대규모 공항에는 대부분 하이드란트시스템을 확보하고 있으나 유사시에 대비하여 이동용 유조차에 의한 연료공급체계도 확보하고 있는 것이 보통이며, 오일공급과 기타 필요한 장비용 유류공급은 연료공급이 진행되는 동안에 함께 이루어진다.

그림 14-4 ◐ 하이드란트(hydrant)시스템

그림 14-5 ◐ 지상전원공급시스템

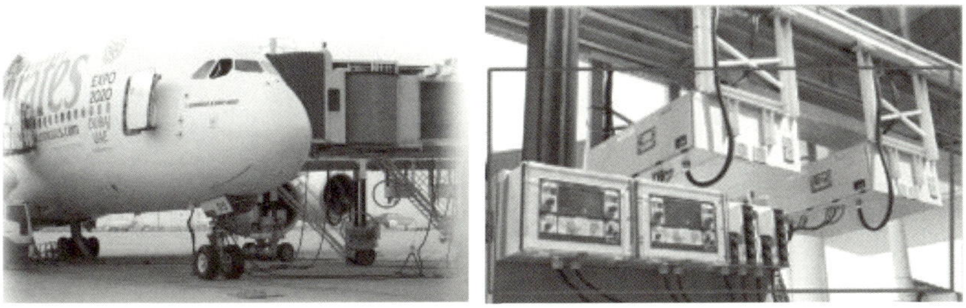

3) 항공기 화물 상 · 하역업무

항공기 화물 상 · 하역업무(loading/unloading service)는 수하물과 화물을 출발지에서 위탁받아 집적 · 분류하여 탑재하고 목적지에서 이를 다시 분류하여 여객과 수하인에게 인도하기까지 이루어지는 업무를 말한다. 크게 수하물서비스(baggage handling), 수하물과 화물의 상 · 하역, 수하물의 분류와 탑재 및 운반, 특수화물에 대한 조업 등으로 구분된다.

항공기 하역업무를 자세히 분석해 보면, 공항에서 화물이나 수화물을 항공기에 싣거나 항공기로부터 내려서 분류 · 정리하는 업무, 화물이나 수하물을 항공기에서 화물청사나 또는 여객청사까지 운송하는 업무, 화물청사에서 접수된 화물이나 여객청사의 수하물을 분류 · 정리하는 업무, 화물이나 수하물을 화물청사 또는 여객청사로부터 항공기까지 운송하는 업무로서 이들 업무는 화물청사에서 이루어지는 작업을 제외하고는 대부분 계류장에서 이루어지며, 항공기 하역업무는 항공사가 직접 수행하는 경우와 항공기 하역업 등록을 한 지상조업회사에 위탁하여 수행하는 경우가 있으며, 유럽의 일부 공항에서는 이들 하역업무를 공항운영자가 직접 담당하는 경우도 있다.

항공기 하역업무는 대부분의 공항에서 하역장비에 의하여 수행되고 있으며, 하역장비로는 화물청사, 여객청사와 항공기 간에 화물이나 수하물을 이동하는 무동력장비인 dolly와 자체동력이 없는 dolly를 견인하기 위한 tug car가 있고, 항공기에 화물을 탑재 또는 하기를 하는 데 사용되는 high loader가 있으며, 이 외에도 단위탑재용기(ULD)에 화물을 적재하기 위한 장비인 forklift와 Tomiruc이 있고, 이와 같이 화물의 적재작업이 완료된 상태의 단위탑재용기를 수평으로만 이동할 수 있는 장비인 transfer vehicle이 있으며, 단위탑재용기를 수평 또는 수직으로 이동할 수 있는 장비인 ETV(Elevating Transfer Vehicle) 등의 장비가 사용되고 있다.

그림 14-6 ➲ 항공기 하역장비

dolly

tug car

high loader

forklift

4) 기내식업무

기내식업무(catering service)는 항공기로부터 기내물품을 하기하고 기내의 식음료서비스를 위한 물품잡지 등 간행물, 홍보 및 기타 서비스 물품을 기내로 공급하는 업무를 말한다. 기내식사업은 기내식서비스물품의 탑재, 기내식의 세팅, 기내물품의 교환 등으로 구분될 수 있다.

기내식업무는 음식물과 음료수의 출고에서부터 여객에게 제공될 때까지의 전 과정이 국제적으로 합의된 위생에 관한 표준에 적합하여야 하며, 특별한 경우를 제외하고는 항공사의 모기지 항공에서 공급되는 것이 보통이다. 항공기 외부의 계류장에서 항공기의 운항지원업무가 수행되는 동안 기내에서는 청소업무가 이루어지는 동시에, 승객에게 제공될 기내식 · 음료수 등이 항공기에 탑재된다.

5) 청소 등 기타 업무

청소 등 기타 업무는 탑승여객이 모두 하기한 후 즉시 실시된다. 이 역시 항공사가 직접 수행하는 경우와 항공기 지상조업사업의 등록을 한 자에게 위탁을 하여 수행하는 방법이 있는데, 대부분의 항공사가 지상조업사업자에게 위탁하여 실시하고 있다. 우리나라의 국적항공사들도 수행되는 업무난이도 및 인건비 등을 고려하여 별도의 자회사를 설립하여 업무를 수행하고 있다.

3 국내 지상조업서비스사의 운영

1) 한국공항(KAS)

한국공항(KAS)은 40여 년간 축적된 항공지상조업의 노하우를 바탕으로 인천국제공항을 비롯한 국내 전 공항에서 50여 개 항공사에 항공기 지상조업서비스(ramp service), 수하물 탑재 및 하역, 항공화물조업, 항공기 급유, 항공기 정비 등의 서비스를 제공하고 있다. 2009년에는 지상조업사에 대한 국제안전프로그램인 ISAGO10 인증을 무결점으로 취득하고 2011년 재인증에 성공하였으며 통합조업시스템(TOSS system)과 화물관리시스템(EV system)을 개발 · 운영하는 등 국제적으로 서비스 품질을 인정받고 있다.

한국공항은 크게 여객사업(ramp handling service), 화물사업(cargo handling service), 급유사업(refueling service), 정비사업(maintenance)의 네 가지 사업을 하고 있다.

| 표 14-1 | 한국공항(KAS) 기업정보 요약

구분	세부내용	구분	세부내용
대표자	김재건	설립일	1968년 2월 20일(48년차)
기업형태	대기업(유가증권시장)	사원수	3,149명 재직 중
자본금	158억 3,177만 원	매출액	4,382억 1,437만 원
당기순이익	257억 8,974만 원	업종	기타 항공 운송지원서비스업
주요 사업	항공운수보조서비스 외		

출처 : 당사 홈페이지

2) 아시아나에어포트

아시아나에어포트는 1988년 2월 17일 제2민항인 아시아나항공의 출범과 함께 지상조업, 화물조업, 항공기 급유 등을 전문적으로 수행하기 위하여 설립되었으며, 같은 해 10월 7일 제주영업소, 12월 1일 김해 · 광주영업소를 차례로 개설하여, 12월 23일 아시아나항공 국내선 지상조업을 최초로 제공함으로써 지상조업사로서의 첫발을 내디뎠다.

이후 1990년 노스웨스트항공(Northwest Airlines)과 지상조업계약을 체결하여 외항사 지상조업을 개시하였으며, 1991년 소형 전세기 전문조업사인 KBAS에 지상조업을 지원하게 되었다. 또한 1990년 김해 · 제주공항의 항공기 급유면허를 취득, 다음 해 아시아나항공에 대한 급유를 시작하게 되었다. 1992년 아시아나항공의 화물청사 준공으로 본격적인 화물조업에 대한 사업을 시작하였고, 이어 1997년 8월 부산공항, 1998년 11월 제주공항에서 노동부가 주관하는 안전보건 초일류기업 인증을 획득하여 안전보건관리에 대한 기반도 갖추었으며, 2000년 11월에는 Safety Cert & OHSAS 18001 인증을 획득하였다.

2001년 인천공항 개항을 계기로 부가가치와 수익성이 높은 화물창고사업 및 국제선 항공기 급유조업을 본격적으로 실시하게 되었다. 2012년 10월 1일에는 인천 국제공항 항공유 급유시설 운영을 개시하였고, 2011년에는 항공정비업에 진출하여 사업영역을 확장하였다. 김해공항을 시작으로 인천공항에서 본격적으로 항공기 운항정비를 지원하고 있다. 2012년 10월 1일에는 인천국제공항 항공유 급유시설 운영을 개시하였다. 본 시설은 정유사의 항공유 송유에서 항공기 급유에 이르는 전 과정을 최첨단시스템으로 구축, 국제기준에 부합하는 품질의 항공유 공급을 하고 있다.

| 표 14-2 | 아시아나에어포트 기업정보 요약

구분	세부내용	구분	세부내용
대표자	배오식	설립일	1988년 2월 17일(28년차)
기업형태	대기업(비상장)	사원수	2,000명 재직 중
자본금	–	매출액	–
당기순이익	–	업종	물류 · 운송 · 배송
주요 사업	항공기 지상조업		

출처 : 당사 홈페이지

3) 스위스포트코리아

1997년 설립된 스위스포트(Swissport)는 현재 36개국 185개 공항에서 passenger, ramp, cargo, maintenance, operation 등의 종합적인 서비스를 제공하는 다국적 전문지상조업사로서 본사의 직영 및 지분 참여의 조인트 벤처(joint venture) 형태로 진출하여 규모 및 인원에서 부동의 세계 1위의 지상조업 전문업체이다.

스위스포트코리아는 2001년 'Global Ground'라는 회사로 설립되어 루프트한자항공(Lufthansa Airlines)의 'passenger & ramp'서비스를 맡게 되었고, 2005년 7월 Swissport International Ltd.와의 조인트 벤처 형식으로 스위스포트코리아로 명칭을 바꾸었으며, 현재 인천공항 내 7,500m^2 면적의 화물터미널에서 지상조업서비스를 하고 있다.

모회사인 Swissport International Ltd.는 전 세계 42개국 179개의

공항에서 30,000명의 직원들이 근무하고 있으며 2008년 IATA에서 ISAGO 인증제도를 도입한 이후 안전조업 품질제고 및 인증취득을 위한 노력에 매진하고 있는데, 이를 통해 전 세계 지점의 지상조업수준을 한 단계 높임으로써 타 지상조업사의 벤치마킹의 대상이 되고 있다.

| 표 14-3 | 스위스포트코리아 기업정보 요약

구분	세부내용	구분	세부내용
대표자	김종욱	설립일	2001년 1월 29일(15년차)
기업형태	대기업(외감)	사원수	398명 재직 중
자본금	96억 6,000만 원	매출액	267억 6,146만 원
당기순이익	1억 6,039만 원	업종	항공 및 육상화물 취급업
주요 사업	화물하역 등		

출처 : 당사 홈페이지

4) 샤프에비에이션케이

샤프에비에이션케이(Sharp Aviation K)는 1964년 미국 노스웨스트항공의 총대리점(Ground Service Agency : GSA)으로 시작하여 전문지상조업사로 성장하였으며 현재 인천공항, 제주공항, 김해공항, 청주공항, 군산공항에서 램프(ramp)서비스, 화물서비스, 급유서비스 및 항공기 정비서비스를 수행하고 있다. 핀에어, 세부퍼시픽항공 등의 조업을 수행하며 특히 아틀라스(Atlas)항공과의 합작으로 연면적 16,000m² 규모의 화물터미널을 건립하는 등 화물서비스에서도 활발한 조업활동을 전개하고 있다.

또한 샤프에비에이션케이는 화물전용항공부문에서 아틀라스항공과 인천국제공항 내 화물터미널 건설을 위해 조인트 벤처계약을 체결, 합작회사인 'AACT 유한회사'를 설립하였다. 현재 AACT 유한회사는 12,510m^2 규모의 연간 14만 톤의 화물처리능력을 보유한 화물터미널로서 화물처리 전 과정에 첨단물류시스템을 도입, 빠르고 안전한 서비스로 동북아시아의 물류허브 화물터미널로서의 역할을 수행하고 있다.

| 표 14-4 | 샤프에비에에션케이 기업정보 요약

구분	세부내용	구분	세부내용
대표자	백순석	설립일	1969년 9월 9일(47년차)
기업형태	대기업(외감)	사원수	959명 재직 중
자본금	14억 원	매출액	569억 7,621만 원
당기순이익	3억 5,588만 원	업종	기타 항공 운송지원서비스업
주요 사업	여객체크인, 항공기 화물조업, 급유업, 지상조업 등		

출처 : 당사 홈페이지

5) 동보공항서비스

동보공항서비스(주)는 동보 Air Group의 계열사로 2004년 6월에 신설된 지상조업서비스 회사이다. 현재 인천공항에서는 에어캐나다 여객부문과 볼가항공 등

러시아 화물 전세기의 지상조업을 수행하고 있으며, 이 외에도 김포, 제주, 청주, 군산에서 저가항공사인 티웨이항공과 이스타에어의 지상조업을 담당하고 있다. 본사는 서울특별시 강서구에 위치하고 있으며, 인천사무소는 인천광역시 중구에 위치하고 있다.

동보 Air Group의 계열사는 동보공항서비스(주)를 비롯하여 동보항공, 보람항공, 월드브릿지항공, 아남항공 등이 있다.

| 표 14-5 | 동보공항서비스 기업정보 요약

구분	세부내용	구분	세부내용
대표자	차형태	설립일	2000년 8월 19일(16년차)
기업형태	소기업(외감)	사원수	380명 재직 중
자본금	10억 원	매출액	88억 8,965만 원
당기순이익	6,882만 원	업종	기타 항공 운송지원서비스업
주요 사업	항공기 지상조업, 공항관리대행업		

출처 : 당사 홈페이지

6) 이스타포트

EASTAR PORT 이스타포트

이스타포트는 이스타항공의 여객운송부문의 자회사로 자본금 3억 원에 이스타항공(주)가 100% 출자했다. 1월 8일부로 군산시에 법인이 설립됐으며, 본사와 각 공항지점에서 근무하는 114명의 임직원으로 구성됐다. 이스타포트의 주업무는 고객을 맞이하는 최일선부서로 공항에서 여행서류 및 항공권 발권 확인, 좌석배정, 위탁수하물 탁송, 항공기 탑승관리 안내서비스와 예약업무를 맡는 운송부문이다. 김포공항을 비롯해 각 공항에서 항공기 경정비 등 지상조업과 안전운항지원 등의 업무를 담당한다. 서울사무소와 국내선 각 공항지점에서 운영 중이다.

| 표 14-6 | 이스타포트 기업정보 요약

구분	세부내용	구분	세부내용
대표자	최종구	설립일	2015년 2월 1일(1년차)
기업형태	중소기업(비상장)	사원수	120명 재직 중
자본금	–	매출액	–
당기순이익	–	업종	호텔 · 여행 · 항공
주요 사업	이스타항공 공항여객서비스		

출처 : 당사 홈페이지

4 해외공항 위탁운영

1) 공항운영의 해외수출

현재 우리나라의 항공운송규모는 세계 6위로 성장하였으며, 항공보안 세계 최고수준 유지, 2005년부터 8년 연속 공항서비스 평가 세계 1위(인천국제공항) 등 세계 각국의 벤치마킹 대상이 되고 있다. 이를 기반으로 인천국제공항공사는 공항운영 노하우 수출, 고수익 컨설팅과 투자개발, 위탁운영, 지분투자 등 다각적인 측면에서 점진적으로 해외사업의 성과를 이루고 있다.

그림 14-7 ◐ 인천국제공항공사 해외사업 Portfolio 확립–사업유형별

■ 컨설팅 중심 사업구조에서 고수익 컨설팅과 투자개발/위탁운영/지분투자 등으로 해외사업을 다각화하고, 특히 잠재성장 가능성이 높은 중소형공항에 대한 PPP 사업추진과 안정기의 중대형공항 대상 지분투자를 통해 PPP사업과 지분투자의 밸런스 유지

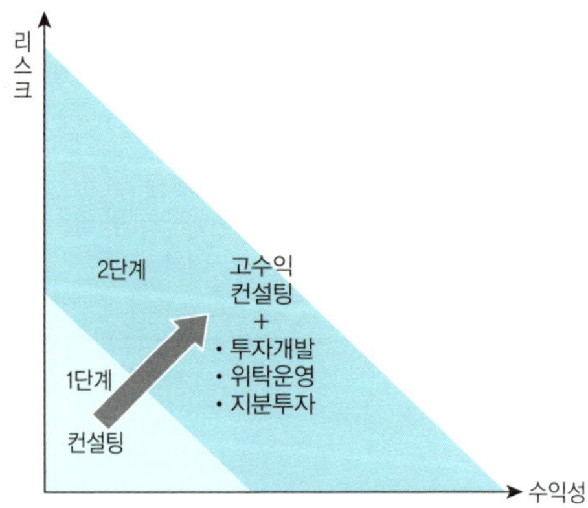

사업유형	사업대상	주요 타깃	공사역할	추진전략
컨설팅	기존공항/신공항	중소형공항	컨설턴트	인천공항의 공항운영노하우를 기반으로 공항운영컨설팅 및 건설사업관리 시행
위탁운영	기존공항/신공항	중소형공항	공항운영사	인천공항의 공항운영노하우를 기반으로 공항전체 및 부분 위탁운영
지분인수	기존공항/신공항	선진국 중대형공항	전략적 투자자	공항운영참여를 전제로 해외공항 지분인수(필요시 현지파트너사와 합작법인 설립 및 지사 설립)
투자개발형 (PPP)	기존공항 확장/신공항개발	중소형공항	전략적 투자자/운영사	건설투자자, 재무투자자 등과 공동참여를 통해 총괄사업관리와 공항운영 담당

출처 : http://korealand.tistory.com/2382

2) 인천공항의 해외공항 운영

(1) 이라크공항

[기고] 이라크에 공항운영 노하우 첫 해외수출

인천국제공항공사의 공항운영 경험과 기술이 처음으로 해외에 수출된다. 국토해양부와 인천국제공항공사는 어제 이라크 쿠르드 지방 정부 및 아르빌 국제공항 당국과 3,150만 달러 규모의 공항운영지원사업을 위한 컨설팅계약을 체결했다고 밝혔다.

이에 따라 공항공사는 정보통신과 기계설비, 항행시설, 운영관리 등 6개 분야 전문가 31명을 아르빌에 파견해, 향후 5년간 아르빌공항을 시험운영하는 등 운영을 지원하게 된다.

출처 : KTV국민방송(2009.2.25.)
http://www.ktv.go.kr/content/view?content_id=293976

[기고] 인천공항 해외수출 1호 '이라크 아르빌공항'

인천국제공항이 첫 해외공항운영 컨설팅을 수출한 이라크 아르빌 신공항이 2012년 9월 1일부로 개항 2주년을 맞았다.

이라크 아르빌 신공항은 이라크 북쪽 쿠르드 자치지역의 관문으로, 인천국제공항공사(사장, 이채욱)가 지난 2009년

2월 쿠르드 자치 정부 및 아르빌 국제공항 당국과 5년간 3,150만 달러 규모의 컨설팅계약을 체결하고 전반적인 공항운영 컨설팅을 수행해 왔으며, 2010년 9월 성공적인 개항을 이루었다.

개항한 지 2년 만에 아르빌공항이 거둔 성적은 놀랍다. 개항 초 대비 여객이 131%, 화물수송량이 124% 증가하였고, 운영 컨설팅과 항공사 대상 마케팅활동이 결실을 맺어 취항 항공사도 17개사에서 25개사로 증가하였으며, 취항노선도 17개에서 29개 노선으로 70.6% 증가하였다.

또한 일평균 운항횟수는 25%(21편→26편), 일평균 여객수는 131%(1,345명→3,111명), 일평균 화물운송량은 124% 증가(30톤→66톤)하였으며, 공항이 안정적으로 운영되고 있어 향후에도 성장세가 지속될 것으로 전망된다.

개항 2주년을 맞아 인천공항공사 이채욱 사장은 “아르빌공항은 세계공항서비스평가(ASQ) 1위 7연패에 빛나는 인천공항의 운영 노하우를 처음으로 수출한 사업으로, 어려운 환경 속에서도 개항 2년 만에 큰 운영성과를 달성하여 보람과 자부심을 느낀다”며, “아르빌에서 축적한 역량을 바탕으로 중동지역 2호인 이라크 도훅신공항사업도 성공적으로 추진해 나갈 것”이라고 말했다.

인천공항공사는 2009년 이라크 아르빌공항사업을 신호탄으로 러시아, 필리핀, 네팔, 인도네시아 등으로 해외사업시장을 넓혀 오고 있으며, 사업영역도 컨설팅뿐만 아니라 지분인수, BOT, 합작회사 설립 등으로 다각화하고 있다. 2012년 1월에는 아르빌공항에서의 성공적인 사업 수행 역량을 인정받아 쿠르드 제2의 도시 도훅지역 신공항에도 903

만 달러 규모의 건설관리사업을 수주하는 등 중동지역을 발판으로 세계 곳곳에 제2, 제3의 인천공항을 만들어가고 있다.

출처 : 무역운송신문(2011.12.9.)
http://moowoon.com/gnuboard4/bbs/board.php?bo_table=flight&wr_id=376&page

(2) 쿠웨이트공항

[기고] 인천공항, 쿠웨이트공항 4터미널 운영한다 : 1400억 원 받고 5년간 운영

쿠웨이트국제공항 제4터미널 조감도

인천공항공사가 쿠웨이트의 관문공항인 쿠웨이트공항 4터미널을 오는 8월부터 5년간 위탁운영한다. 인천공항공사는 23일 "프랑스 ADP(파리공항공단), 독일 프라포트 등 해외 유명 공항운영사들을 누르고 쿠웨이트공항 4터미널 위탁운영업체로 선정됐다"고 밝혔다.

공사가 1억 달러 이상 규모의 해외사업을 수주한 것은 이번이 처음이다. 쿠웨이트공항 4터미널 위탁운영사업비는 1억 2,760만 달러(약 1,368억 원)로, 지금까지 공사가 수주한 모든 해외사업을 합친 금액(9,344만 달러 · 약 1,002억 원)보다 많다. 공사가 해외공항 터미널을 단독으로 운영하는 것도 이번이 처음이다. 지금까지는 이라크 아르빌

공항, 터키 이스탄불신공항, 우즈베키스탄 타슈켄트공항 등에서 총 5건의 운영지원사업(컨설팅)을 진행했을 뿐이었다.

정일영 인천공항공사 사장은 "ASQ(공항서비스 평가) 12연패와 인천공항 2터미널의 성공적인 개항을 통해 인천공항공사의 운영 노하우가 세계 무대에서 인정받았기에 사업 수주가 가능했다"고 밝혔다.

쿠웨이트공항 4터미널은 쿠웨이트 국적항공사인 쿠웨이트항공의 전용 터미널로 연간 450만 명이 이용할 수 있는 시설이다. 인천공항공사와 국토교통부는 "쿠웨이트공항 4터미널 위탁운영업체로 선정되면서 2022년 문을 열 예정인 쿠웨이트공항 2터미널(연간 1,300만 명 이용) 운영사업자 선정에서도 유리한 고지를 점할 수 있을 것으로 예상된다"고 밝혔다.

사실 인천공항공사는 최근 해외사업 수주에 어려움을 겪어왔다. 2012년부터 작년까지 영국, 미얀마, 필리핀, 인도, 세르비아 등의 해외공항사업을 모두 수주하지 못했다. 공사는 "이번 해외사업 수주가 사우디아라비아 제다공항 위탁운영사업, 인도네시아 바탐 항나딤공항 확장사업 등을 수주하는 데도 도움이 될 것으로 기대한다"고 밝혔다.

출처 : 조선비즈(2018.4.24.)
http://biz.chosun.com/site/data/html_dir/2018/04/23/2018042302839.html#csidx98da3a0d6331badad8cc19e107949bb

그림 14-8 ➲ 쿠웨이트국제공항 제4터미널 개요

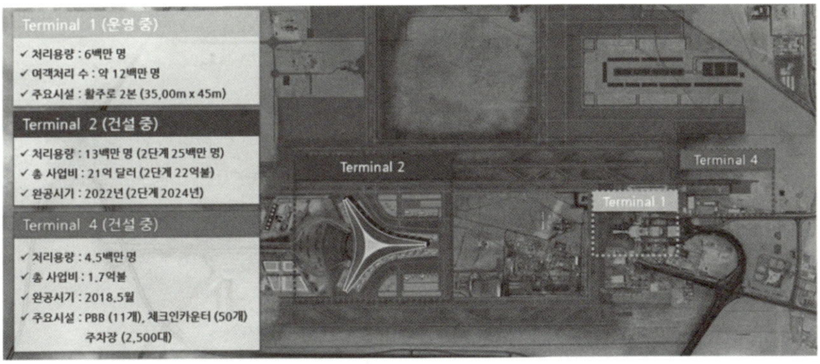

항목	내용
위치	쿠웨이트시티 남쪽 16km
연간 수용 가능 인원	450만 명
완공 시기	2018년 5월(예정)
취항 항공사	쿠웨이트항공
인천공항 위탁운영 용역비	1,400억 원

*인천공항 용역비는 사업기간인 2018~2023년기준
출처 : 국토교통부

그림 14-9 ○ 쿠웨이트국제공항 제4터미널 전경

터미널 용량	사업자	완공시기	사업금액
450만 명	Cengiz(터키), FKTC(쿠웨이트)	2018년 5월	1억 7,000만 달러

출처 : 인천국제공항공사

[기고] 노하우 또 팔았다, 수출기업 인천공항

인천국제공항이 공항운영 노하우를 전 세계로 수출한다. 그 첫발로 쿠웨이트국제공항을 위탁운영한다. 인천공항과 동일한 공항운영시스템을 갖춘 '제2의 인천공항'을 해외에서 선보이는 것이다.

인천공항공사는 쿠웨이트국제공항 제4터미널 위탁운영사업을 지난 22일(현지시각) 수주했다고 23일 밝혔다. 사업비는 1억2,760만 달러(약 1,400억 원) 규모다. 인천공항공사는 앞으로 3개월 동안 쿠웨이트공항 제4터미널의 개장 준비를 완료하고, 오는 8월부터 5년간 제4터미널 운영 및 유지보수를 전담하게 된다. 쿠웨이트공항은 쿠웨이트 정부 지분이 100%인 국영공항으로 지난해 1,200만 명의 여객을 처리한 중동지역 대표 공항 중 하나다. 인천공항공사가 운영하게 될 제4터미널은 올 하반기 개장 예정이고, 연간 450만 명의 여객을 수용할 수 있다. 쿠웨이트 정부는 제4터미널을 위탁운영할 공항운영사를 고르기 위해 인천공항공사, 프랑스 ADP, 독일 프라포트(Fraport), 터키 TAV, 아일랜드 더블린공항공사, 싱가포르 창이공항 등 세계 유수의 선진 공항운영사들만을 지명해 경쟁 입찰을 실시했다. 프랑스 ADP사의 경우 1991년 해외공항 위탁운영사업에 진출해 현재 전 세계 37개 공항을 위탁운영하고 있고, 독일 프라포트도 1995년부터 해외사업을 시작해 현재 22개 해외공항에서 7,162억 원의 매출액을 올리고 있다.

유동완 인천공항공사 해외사업1팀장은 "해외 사업경력이 풍부한 경쟁 사업자들과 치열하게 경합을 벌여 최종 사업자로 선정됐다"며 "쿠웨이트 정부가 올 1월 성공리에 개장한 인천공항 제2여객터미널과 동북아시아 허브공항으로 자리매김한 인천공항의 운영 노하우를 높게 평가한 것 같다"고 말했다. 인천공항공사는 이번 프로젝트의 사업자로 선정됨에 따라 쿠웨이트 공항 제2터미널 운영사업자 선정에서도 유리한 고지를 선점했다.

쿠웨이트 정부는 2022년 완공을 목표로 연간 수용능력 1,300만 명 규모의 쿠웨이트공항 제2터미널 공사를 진행하고 있다. 쿠웨이트 정부는 막대한 자본력을 바탕으로 중동의 물류 및 금융중심지로 도약하기 위해 '뉴 쿠웨이트 2035'프로젝트를 추진하고 있어 공항 등 교통 인프라에 대한 투자가 지속해서 증가할 전망이다.

인천공항공사는 지난 2009년 이라크 아르빌 신공항사업을 수주하면서 해외공항사업에 처음 진출한 이후 지금까지 신사업을 따내지 못했다. 2012년 미얀마 한따와디 신공항 개발사업, 2016년 인도 고아 신공항 운영사업, 2017년 세르비아 베오그라드공항 운영사업 등 굵직굵직한 국제 입찰에서 번번이 고배를 마셨다.

인천공항공사의 기술력과 운영노하우는 높게 평가받았지만, 가격 경쟁력이 부족했기 때문이다. 해외공항 운영경험이 적은 것도 약점으로 지적됐다. 하지만 이번에 쟁쟁한 경쟁사들을 제치고 대규모 프로젝트를 따냄에 따라 앞으로 나올 프로젝트에 대한 수주 전망도 밝아졌다. 지난해 블룸버그는 전 세계 공항사업규모를 6,556억 달러(약 701조 원)로 추정했고, 대규모 프로젝트가 계속 증가할 것으로 전망했다. 블룸버그는 필리핀, 베트남 등에서 노후화된 공항을 대체할 신공항사업이 증가하고, 사우디아라비아와 쿠웨이트 등 중동지역을 중심으로 공항시설 확장 프로젝트가 늘어날 것으로 봤다. 정일영 인천공항공사 사장은 "쿠웨이트 공항운영을 성공 사례로 삼아 앞으로 사우디아라비아 · 필리핀 · 인도네시아 등 전 세계에 '제2의 인천공항'을 계속 늘려나가겠다"고 말했다.

출처 : 중앙일보(2018.4.24.)
http://news.joins.com/article/22561968

| 표 14-7 | 인천국제공항공사의 주요 해외사업

사업 대상	사업 분야	사업진행기간	수주액
이라크 아르빌 신공항	운영지원	2009년 2월~ 2014년 3월	3,151만 달러
러시아 하바롭스크공항	마스터플랜 수립	2009년 12월~ 2010년 8월	61만 2,000달러
네팔 신공항	타당성조사	2010년 4월~ 2011년 1월	1억 원

필리핀 막탄 세부공항	마스터플랜 수립, 타당성조사	2010년 8월~ 2011년 7월	5억 7,783만 원
캄보디아 시엠리아프신 공항	IT 분야 설계감리용역	2010년 12월~ 2011년 6월	30만 달러
중국 하이난공항그룹	합치회사 설립, 컨설팅 및 위탁운영	2011년 2월~	합치회사기준 연간 매출 1,600억 원 기대

제공 : 인천국제공항공사
출처 : http://newsplus.chosun.com/site/data/html_dir/2011/03/24/2011032400586.html

| 표 14-8 | 한국형 공항운영기술 주요 수출 현황

인천국제공항공사 컨설팅 주요 수출 현황

국가	공항	컨설팅 내용
이라크	아르빌공항	공항운영 분야 컨설팅
러시아	하바롭스크공항	중장기 마스터플랜 수립
필리핀	막탄세부공항	마스터플랜 수립 및 신규 여객터미널 타당성조사
캄보디아	시엠리아프신공항	정보기술(IT) 설계감리 및 컨설팅

한국공항공사 개발 장비 주요 수출 현황

국가	시기	설치 공항	장비
터키	2008~2010년	이스탄불 등	DVOR 5식, DME 7식 등
사우디아라비아	2009년	알울라공항	DVOR 1식, DME 1식
인도네시아	2009년	발리공항	DME 2식
방글라데시	2010년	카밀라공항	DVOR 2식, DME 2식
수단	2010년	엘-제니나공항	ILS 1식, DVOR 1식 등

※ DVOR은 도플러전방향표지시설, DME는 거리측정시설, ILS는 계기착륙시설
제공 : 인천국제공항공사 · 한국공항공사
출처 : 파이낸셜 뉴스(2011.5.16.)
http://www.fnnews.com/news/201105161659182494

3) 외국의 해외공항 운영의 사례

[기고] 공항설계 세계적 기술력… 파리공항공단 자회사

ADPi는 프랑스 샤를드골공항 등 전 세계 30여개 공항을 소유하거나 운영하고 있는 파리공항공단(ADP)이 2000년 자회사로 설립했다. 15년간 중국 충칭의 장베이 국제공항 설계 등 80개국에서 700여개의 프로젝트를 수행했다. 최근에는 카타르 하마드국제공항 설계, 아랍에미리트(UAE) 두바이 알막툼국제공항 마스터플랜 · 설계 등 프로젝트도 진행했다. 공항뿐만 아니라 스포츠센터나 문화시설, 고층빌딩 건설 등 도심 프로젝트도 참여하고 있다. 현재 오만, 홍콩, 레바논 등 15개국에서 421명의 직원이 일하고 있으며 2014년 기준 6,600만 유로(약 871억 9,000만 원)의 수익을 올렸다.

출처 : 국민일보(2016.6.21.)
http://news.kmib.co.kr/article/view.asp?arcid=0923570310&code=11131100&cp=du

[기고] 프라포트, 브라질공항 2곳 운영권 인수

독일 최대 공항운영사인 프라포트가 브라질공항 2곳의 운영권을 브라질 국영 공항관리공사로부터 인수했다. 브라질 정부는 재정적자 해소와 경제성장을 위해

공기업 민영화 및 각종 개발사업의 인허가를 완화하고 있으며 지난해 3월 포르투알레그레와 포르탈레자의 운영권을 프라포트에 매각했다.

계약에 따라 프라포트가 전액 출자한 프라포트 브라질에서 포프탈레자공항 30년, 포르투알레그레공항은 25년간 운영하게 된다. 이 회사는 공항 인프라 개선 및 개발을 위해 각각의 공항에 약 6억 브라질 헤알(1억 8,400만 달러)을 투자할 계획이다. 프라포트는 남미에 4개 공항을 포함해 전 세계 30개 공항을 운영하고 있다.

출처 : 카고뉴스(2018.1.5.)
http://www.cargonews.co.kr/news/articleView.html?idxno=37820

4) 공항운영의 해외수출 미래

[기고] 성큼 다가온 미래 공항의 성공조건

이용자 편의를 우선하는 미래 공항의 중심은 데이터다. 편의제공을 위한 시스템은 이해관계자들의 데이터 협업을 필요로 한다. 당사자들의 에코시스템을 활용해 데이터 협업이 효율적으로 이루어지도록 해야 한다. 물론 공항 이용객들이 자신의 기호에 맞춰 여행 일정을 잘 관리하게 하는 시스템도 함께 운용돼야 할 것이다.

스마트공항을 위한 IT는 현재 부상하고 있는 생체인식, 블록체인, 빅데이터, 지능형 자동화, 운영제어센터, 셀프서비스 솔루션 같은 것들이다. 디지털기술과 공항 프로세스의 통합은 몇 가지 이점을 제공한다. 하지만 서비스 제공 비용, 서비스 이동으로 인한 서비스 중단, 비즈니스 모델 적용 사례 부족, 변화를 반기지 않는 이용자, 특히 대면서비스를 선호하는 사람들로 인해 빠른 구현이 어려울 수도 있다.

(1) 디지털 혁신으로 항공산업 재편

효율적인 디지털 전환을 위해 기본요소, 기술, 혁신적 비즈니스 모델이 원활하게 협력해야 한다. 이 중 기본요소는 사람, 탑승객 여행 경로, 정보관리, 제품, 서비스 등이다. 경영진의 참여와 지원은 디지털 전환프로그램 성공에 필수적이다. 승객 만족도를 높이려는 공항들로서는 디지털화가 승객에게 원활한 여행을 제공하는 최고의 선택이다. 디지털기술로 대체하면 경영진의 관심사인 운영과 유지·보수 비용을 줄일 수 있다. 또한 공항 간의 경쟁이 치열해져 승객 유지를 위해 지속적으로 기술을 혁신해야 할 필요성이 커지면서 운영과 관리에 도움이 되는 디지털화를 계속하지 않을 수 없다.

(2) 환경과 지역사회 요구 충족 필요

스마트공항으로 가기 위해서는 디지털 혁신이 반드시 필요하다. 공항 도시, 셀프서비스, 비즈니스 모델 변화, 전체공항관리(TAM), 지속가능성 등이 공항 혁신을 주도한다. 허브공항에서 도시형태를 띤 주요 경제 중심지로 전환한 것을 '공항 도시'라 한다. 이는 사람과 기업의 상호작용을 촉진해 비항공사업 수익에 초점을 둔다. 공항 도시의 개념은 공항을 중심으로 경제와 인프라가 배치된 계획 도시인 '에어로트로폴리스'로 성장할 전망이다. 독일 프랑크푸르트공항은 공항 도시로 발전하는 공항시스템의 주요 사례다. 복합운송시설과 도심 근접성을 통한 국제 · 지역 연결성의 이점을 활용해 공항을 핵심 경제지역으로 발전시킬 계획이다.

자동화된 셀프서비스는 승객이 더 쉽게 공항을 이용하도록 해준다. 우선 승객 대기시간이 줄어 비행기 정시 출발에 도움이 된다. 공항은 또 셀프서비스를 공항 체크인, 위탁 수화물 처리, 여권 스캔과 출입국 관리, 보안검색, 탑승권 발권 등에 활용할 수 있다. 승객들의 시간을 절약함으로써 공항 이용률도 높이게 된다. 공항이 승객 중심 운영 모델로 전환하려면 승객의 요구를 이해해야 한다. 승객은 항공기 탑승 전에 보안검색, 탑승구 도착을 거친다. 이런 승객의 여정에 맞춰 다양한 접근방식으로 서비스를 제공해야 승객의 공항 이용 만족도를 높일 수 있다.

블록체인, 인공지능, 빅데이터 분석, 클라우드 컴퓨팅, 사물인터넷 같은 개념과 기술을 TAM 플랫폼과 통합하면 정보의 질과 가치가 향상되어 공항운영에 도움을 준다.

미래에 우리는 승객에게 진정효과를 주는, 인공지능이 활성화된 자동화 공항을 목격할지도 모른다. 또한 빌딩이나 인프라관리시스템과 전체 공항관리시스템이 통합될 수도 있다. 지속 가능한 미래의 공항은 환경 영향을 줄이고 경제에 기여하며 지역사회의 요구와 가치를 충족하고 공항 운영 효율성을 향상시킬 것이다.

출처 : Economic insight(2018.3.1.)
http://www.economyinsight.co.kr/news/articleView.html?idxno=3937

A·I·R·L·I·N·E·&·M·A·R·K·E·T·I·N·G

15 CHAPTER 공항여객터미널 운영관리

1 공항여객터미널의 기능과 역할

여객터미널은 이용객의 첫인상을 좌우하는 중요한 공간으로 승객들이 비행 전후에 수하물을 찾거나 맡기고, 세관을 통과하기 위해 지나는 건물을 말한다. 공항의 핵심시설이며 여객과 항공기를 중심으로 여러 가지 기능이 복합적으로 작용하는 지역으로서, 공항을 이용하는 여객은 터미널에 머무르는 동안 여러 단계의 수속과정을 거치면서 다양한 여객편의시설을 이용하게 된다. 이러한 시설들 중에서 상업시설은 공항수익을 올리는 기능을 하고 있다. 또한 복합적인 공간을 추구하며, 다양하게 개최되고 있는 각종 문화행사 체험도 할 수 있다.

여객터미널의 기능은 여객수속기능, 여객이동 및 대기기능, 여객편의기능, 수하물처리기능, 사무관리기능으로 분류할 수 있다.

1) 여객수속기능

여객수속기능은 항공여행을 하는 여객에 대한 출입국관리기능과 출입국에 필요한 각종 여객절차기능으로 대별된다.

첫째, 출입국관리기능은 국내에서 국외로 출발하는 여객과 국외에서 국내로 도착하는 여객 등 출입국여객에 대한 출입국심사, 세관검사, 여객에 의한 전염병예방 등을 위한 검역, 동물이나 식물의 검역 및 방역 등을 위한 기능으로서 이러한 기능은 각 해당 국가정부 당국에서 수행하고 있다. 특히 이들 기능 중 세관(Customs), 출입국심사(Immigration) 및 검역(Quarantine)을 CIQ기능이라고 한다. 이러한 기능을 수행하기 위해 출입국심사대, 세관검사대, 검역 및 검사시설, 동물과 식물의 검역시설 등을 설치한다.

둘째, 여객절차기능은 항공여행을 하는 출입국여객을 위한 서비스 제공기능으로서 먼저 항공기 좌석의 예약, 항공권 구입을 위한 체크인 수속과 발권기능이 있으며 이는 체크인 카운터, 체크인 홀, 출발 홀 등의 시설 및 공간배치를 필요로 한다. 또한 보안검색기능을 위한 보안검

무인탑승수속기

공항검역소

색대, 수하물 수취 등의 기능을 처리하기 위한 수하물 수취대 등이 필요하다.

2) 여객이동 및 대기기능

인터넷 라운지

여객이 출입국을 위해 터미널 내에서 이동하거나 대기하는 기능으로서 여객이 이동하는 데 필요한 시설로는 복도, 계단, 출발 도착 콘코스(concourse) 등이 있으며 출입국여객과 환 · 송영객의 대기기능으로는 로비, 홀, 탑승라운지, 환승라운지 등 각종 라운지 시설 등이 있다. 이러한 여객이동 및 대기기능의 시설들은 여객 및 환 · 송영객의 수에 의해 그 크기와 특징이 좌우된다.

3) 여객편의기능

출입국여객과 환 · 송영객 그리고 공항종사자들이 대기하거나 휴식을 취할 때 이용할 수 있는 편의시설을 제공함으로써 공항서비스의 수준을 향상시키는 데 일익을 담당하는 한편 공항 수익을 증대하는 중요한 요소이기도 하다.

4) 수하물처리기능

수하물처리기능은 여객수속기능과 함께 여객터미널의 필수기능으로서 여객의 출입국 절차시간과 대등하게 수하물을 항공기에 탑재 또는 하역할 수 있도록 해야 하며 여객의 수하물을 안전하고 신속하게 처리하여 여객의 불편함이 없도록 기능을 수행해야 한다.

5) 사무관리기능

여객터미널운영과 관리에 필요한 직원의 사무와 후생복지 및 편리를 도모하는 기능으로서 공항공사의 사무나 터미널업무를 위한 운영기관 사무시설, 항공사별 업무나 정비를 위한 항공사 운영 사무시설 그리고 직원식당 및 직원의 휴식이나 대기를 위한 직원 편의시설 등으로 구성

| 표 15-1 | 여객터미널 세부기능

기능	세부기능
여객수송기능	체크인 카운터, 티켓팅, 보안검색, 여권심사, 검역, 수하물 수취, 세관검사
여객이동 및 대기기능	복도, 통로 계단, 로비, 출발 홀, 환영 홀, 만남의 장소, 탑승라운지, 환승라운지
여객편의기능	면세점, 식당, 상점, 스낵, 가판대, 화장실, 휴게실, 장애인시설, 안내 카운터, 유락시설
수하물처리기능	수하물 분류시설, 수하물계량기, 컨베이어벨트, 턴테이블, 수하물보관창고
사무관리기능	운영기관사무실, 관리사무실, 직원 대기실, 터미널사무실

되어 있다.

2 공항여객터미널 운영 및 시설관리

1) 여객터미널의 동선

여객터미널 내의 여객이동을 위한 동선은 공항이 위치하는 국가의 국민의식과 사회환경 및 종교 등에 밀접한 관계를 가지고 계획되어야 하며 공항이 처한 상황에 부합되도록 배치되어야 한다. 특히 터미널 각 기능의 구분에는 각별한 고려를 하여야 하는데, 터미널 내의 동선을 설치할 때에는 여객의 흐름이 맨 먼저 고려되어야 하고, 수하물 역시 여객의 흐름과 보조를 같이하여야 하므로 똑같이 중시되어야 한다.

(1) 여객의 동선

여객터미널 내에서 여객의 이동통로는 가능한 한 짧고, 직선으로 설계되어야 하며, 국제선여객과 국내선여객 또는 출발여객과 도착여객 등 여객의 식별이 용이하여야 한다. 그리고 다른 항공편이나 다른 노선의 여객과 수하물 동선에 중첩되지 않아야 하며, 공항직원들의 안내나 지시가 없어도 여객 스스로 건물 내를 이동할 수 있도록 설치되어야 한다. 특히 동일형태의 수속절차를 두 번 이상 거치지 않도록 동선이 설치되어야 한다.

국제선여객과 국내선여객 및 각각의 출발여객과 도착여객의 일반적인 수속 및 동선의 이용절차는 다음과 같다.

① 국제선여객

- 출국 시 : 출발 대합실 → 좌석 배정 및 수하물 탁송(check in) → 공항이용권 구입 → 보안검색 → 세관신고 → 출국심사 → 항공기 탑승
- 도착 시 : 항공기 하기 → 검역 → 입국심사 → 수하물 수취 → 세관검사 → 도착 대합실

② 국내선여객

- 출발 시 : 출발 대합실 → 좌석 배정 및 수하물 탁송(check in) → 보안검색 → 항공기 탑승
- 도착 시 : 항공기 하기 → 수하물 수취 → 도착 대합실

(2) 수하물의 동선

여객이 휴대한 수하물 중에서 항공기 탑승을 위한 체크인을 할 때에 탁송을 의뢰한 수하물의 동선은 여객의 흐름과 일치될 수 있도록 수하물시설이 설치되어야 한다. 특히 대규모 공항의 경우에는 주로 수하물 부문에서의 처리지연으로 공항의 기능이 떨어지는 경우가 자주 발생하고 있기 때문에, 최근에 신설되는 대규모 공항에서는 그 보완수단으로 공항을 설계할 때부터 수하물처리를 자동화하는 공항이 늘어나고 있

다. 공항시설의 시운전과정에서 수하물처리시설에 대한 점검은 특별히 완벽하게 이루어져야 할 것이다.

- 출발 수하물 : 체크인 카운터 → 보안검색 → 수하물 분류장 → 항공기 탑재
- 도착 수하물 : 항공기 하역 → 수하물 분류장 → 보안검색 → 터미널 내 수하물 인도장

2) 여객터미널의 공간배치

(1) 여객터미널의 공간배치 시 고려사항

- 계류장, 여객터미널 및 주차장지역의 특성에 대한 종합적인 검토를 거쳐 효율적 연결체계를 구축한다.
- 공항이용객의 특성을 감안하여 공간규모를 설정하고 공간배치(여객터미널의 휴게 공간 또는 상업시설 공간)한다.
- 여객의 편의와 여객터미널운영의 효율성 및 공항시설 투자의 효율성 등을 고려한다.
- 여객터미널운영 및 유지비용을 최소화하고 시설투자를 적정화한다.
- 상업시설 공간을 충분히 고려하여 공항의 사업수입 극대화를 추구한다.

(2) 여객터미널의 시설배치 시 고려사항

여객터미널 통로

- 출발여객, 도착여객 및 환승여객의 동선이 중첩되지 않도록 배치한다.
- 여객이 공항직원의 안내나 지시가 없어도 스스로 희망하는 장소를 찾을 수 있도록 배치한다.
- 여객터미널에 도착 후, 체크인시설을 여객이 처음 접할 수 있는 장소에 배치한다.
- 여객의 이동통로는 일방향, 안내간판을 설치하여 동선상에 혼란을 방지한다.
- 수속시설은 수속시간을 감안한 수량으로 설치하고 이중 수속절차를 방지한다.
- 상업시설은 여객의 이동통로와 근접하게 배치한다.
- 여객의 이동통로는 가능한 한 시야를 확보하여 도착승객의 혼란을 방지한다.
- 안내표지판은 목적지까지 계속적으로 연결된 표지를 설치한다.

(3) 체크인 카운터 설치

체크인 카운터는 출발여객이 터미널에 도착하면 맨 먼저 찾는 곳으로서 여객이 이용할 항공편의 항공권 구입과 좌석지정 및 휴대한 수하물을 탁송하는 장소이다. 즉 항공권의 발매와 탑승하고자 하는 항공편의 등급별 좌석을 지정받고 수하물의 규격과 무게를 계량하여 탁송하는 절차를 수행하는 시설이다. 체크인 카운터의 설치수량과 설치형태는 당해 공항을 이용하는 여객수와 여객의 특성 및 여객터미널의 형태나 규모에 의하여 결정된다.

3) 여객이용시설의 배치

전형적인 터미널 배치에서는 상호 밀접한 관련성이 있는 여러 시설을 묶어 배치하는 것이 이상적이며, 관련성이 희박한 시설을 같이 배치하는 것은 불필요하다. 여객이용시설을 배치하는 요령을 살펴보면 다음과 같다.

- 구내 영업시설을 한 장소에 같이 배치하는 것이 바람직하다.
- 항공사의 관리사무실의 경우에는 분리하여 배치 가능하다.
- 세관지역은 수하물 인수지역의 바로 옆에 배치한다.

(1) 출입국 관련시설의 배치

출입국 관련시설의 배치에 대하여 국제민간항공기구(ICAO ANNEX 9)가 권고하고 있는 내용을 따라야 한다.

(2) 환승여객 관련시설의 배치

- 가능한 한 여객이 항공기에 탑승한 상태에 있도록 허용하고, 급유 중에는 안전상 필요시 여객이 하기할 수 있도록 허용한다.
- 특별한 경우나 보안목적상 필요한 경우를 제외하고는 통과여객은 조사절차 없이 공항 내에 머무를 수 있도록 시설 구비한다.
- 환승여객의 수속절차를 위하여 환승지역에 항공사의 체크인 카운터를 설치한다.

(3) 항공사시설의 배치

- 항공기의 주간운항편수 및 운항거리를 고려한다.
- 터미널 수용능력 및 터미널별 여객분담비율을 고려한다.
- 항공기 운항시간대 및 터미널별 동일시간대의 동시운항편수를 고려한다.
- 항공기의 기종 및 탑승인원수를 고려한다.
- 영업 제휴항공사의 영업장지역을 배려한다.
- 기존 외국항공사의 시설배정 실태와의 형평 등을 고려한다.

(4) 상업시설의 배치

대체로 공항에서 이루어지는 서비스활동 중 비상업활동은 이용객에게 절대적으로 필요한 서비스로서 무료나 최소비용으로 제공되는 것이 보통이며, 상업활동은 공항수송기능에서 파생적인 일부분(면세매점)을 차지하거나 여행자의 선택(주차장, 차량 렌트 등)에 따른 수익활동을 일컫는다.

상업시설을 배치할 때는 다음 사항에 유의한다.

- 여객 동선상의 영향
- 인근 업체와의 경쟁 및 영업수익성
- 건축물의 관리와 관련한 건축법상의 건물용도에 적합한지 여부
- 건물의 구조나 설비상 제한요소에의 저촉 여부(피난시설, 급배수시설 등)
- 식품위생법, 도시계획법 등 각종 관련 법규에의 저촉 여부

그림 15-1 ◐ 상점위치에 따른 구매 정도

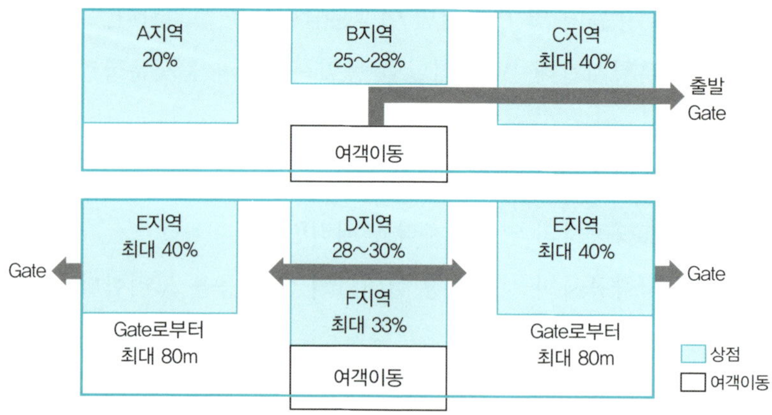

[그림 15-1]은 상점의 위치가 어떻게 배치되는가에 따라 여객이 각 지역 상점에서 구매하게 될 확률을 보여주고 있는데, 여객이 터미널을 거쳐 한 방향으로 탑승하도록 되어 있는 구조의 구매확률과 탑승구가

양쪽으로 설치된 경우의 구매확률을 나타내고 있다. 이처럼 상점의 위치에 따라 구매확률에 큰 차이가 있으므로 공항당국이 상업시설에서의 수익을 극대화하기 위해서는 상업시설을 유치할 때에 상점의 위치에 따라 임대료나 구내 영업비를 차등화할 수 있는 제도적인 장치가 필요하다. 즉 경쟁 입찰을 위한 예정가격을 산출할 때에 구매확률이 높을 것으로 판단되는 상점에 대해서는 임대료를 높게 책정하거나, 매출액의 일정한 비율을 구내 영업비로 징수할 수 있도록 하고, 반대로 구매확률이 낮을 것으로 판단되는 상점에 대해서는 임대료나 구내 영업비를 하향조정하는 등의 융통성을 발휘하여야 할 것이다.

4) 여객서비스시설 및 상업시설관리

(1) 접근교통시설관리

코레일 공항철도

과거에는 공항의 지상교통문제가 지역교통의 문제로 간주되기도 하였으나, 요즘 세계의 주요 공항들은 공항의 지상교통 혼잡과 어려움이 공항운영에 미치는 막대한 영향을 고려하여 세심한 관리를 하고 있다.

공항에 접근하는 주요 교통수단의 종류를 살펴보면, 주로 도로를 이용한 승용차 및 버스와 같은 육상교통수단에 크게 의존하나, 대규모 공항의 경우에는 고속도로와 철도 또는 지하철이 공항과 직접 연결되고 있다.

최근 항공기 소음피해나 공항부지매입의 어려움 등으로 해안이나 해상에 공항을 건설하는 지역에서는 선박을 이용한 해상교통수단으로 공항에 접근하기도 하며, 헬기나 경항공기 등 공중교통수단이 공항접근의 보조수단으로 활용되는 공항도 있다.

공항의 접근에 이용되는 교통수단의 선택에 영향을 미치는 요소로는 비용(cost), 안락성(comfort), 편의성(convenience)이 고려되고 있으나, 최근 공항이 도심에서 원거리에 위치하는 경향이 있어 선택폭이 점차 줄어들고 있는 실정이다. 근본적으로 공항의 접근성을 확보하기 위해서는 인접도시와의 연계교통체계의 구축이 필수적이며 공항 이용객의 종류별로 접근교통수단 이용에 차이가 있으므로 공항 상주직원, 일반여객, 환 · 송영객, 단체여객 등의 공항접근 교통수단에 대한 배려가 있어야 한다.

① 구내 도로관리

공항의 구내 도로관리에 있어 도로표지판, 차량신호등을 설치할 때에는 관계법령에 맞도록 하여야 하며 공항을 처음 찾는 사람들도 쉽게 알아보고 식별이 용이하도록 설치되어야 한다.

② 주차장관리

공항의 혼잡시간대에도 차량의 진출입이 가능토록 주차시설을 운영하여야 하고, 장애인의 주차공간을 배려하여야 하며, 주차장 내에서의 사고나 차량피해가 발생할 때에 공항당국이 책임 있는 보상을 할 수 있도록 보험가입 등 피해보상대책이 있어야 한다.

또한 공항 내 주차장의 주차요금을 탄력적으로 적용하는 방법으로는 경차 또는 장애인 차량의 요금할인과 주말할증요금체제 및 원거리 주차장이나 장기주차 차량에 대한 주차요금 할인제도 등이 있다.

(2) 안내서비스시설관리

여객은 화물과 달리 자기의 필요에 따라 능동적으로 터미널 내를 이동하기 때문에 이들 여객에게 필요한 위치정보, 운항정보, 시설물 안내, 시설이용방법 등에 대한 각종 안내정보를 정확하게 집약적으로 제공할 수 있도록 안내서비스시설이 설치되고 관리되어야 한다.

① 시설물 위치 안내

안내시설의 종류로는 안내 카운터와 안내간판 및 LED 전광판 등 안내 표지판이 있다. 기능별로 색상을 구분하여 설치하고, 공항별 CIP (Catalog Information Provider)에 의해 색상, 디자인, 형태 및 규격 등을 통일하여 일관성 있게 설치하여야 한다.

② 운항정보 안내시설관리

항공기의 출발, 도착, 지연 등 운항상황과 Paging Call 및 기타 공항당국이나 항공사 등의 공지사항을 전달하기 위한 시설로서 운항정보 등의 안내시설로는 방송시설, TV 모니터, 전광판 및 안내 카운터 등이 있다.

③ 종합 안내 카운터의 운영

여객터미널 내의 종합 안내 카운터는 공항당국이나 항공사가 시행하는 터미널시설 안내, 분실물 안내 및 항공기 운항 안내 등이 있고, 관광협회나 관광사업자가 시행하는 관광 안내와 호텔 안내 등이 있다.

④ 정보제공서비스의 종합기능화 추세

최근에는 정보통신기술의 발달로 인하여 각종 정보를 종합적으로 제공할 수 있는 시스템이 가능해졌다. 공항정보의 수요자인 항공여객과 공항이용객들이 한곳에서 종합된 정보를 제공받을 수 있도록 공항당국 및 항공사의 인터넷 홈페이지, 그리고 터미널 내에서도 종합정보시스템 등을 활용하는 한편, 종합 안내 카운터와 함께 항공사의 체크인 카운터나 발권 카운터도 안내서비스기능을 하고 있다.

(3) 공항상업시설관리

공항의 상업시설을 관리하고 운영하는 방법으로는 공항당국이 상업시설을 직접 운영하는 방법과 공항당국이 자회사를 설립하여 자회사로 하여금 상업시설을 운영토록 하는 방법, 공항당국과 항공사 또는 민간전문회사가 공동투자회사를 설립하여 상업시설을 운영토록 하는 방법 및 공항시설을 민간회사에 임대하여 민간회사가 상업시설을 운영토록 하는 방법이 있다.

| 표 15-2 | 공항의 구내 영업 운영형태의 장 · 단점

구분	장점	단점
공항당국이 직접 운영	• 통제와 이익금 회수 유리 • 조직의 유연성 극대화	• 투자자금의 부족 • 운영비용 증가 • 전문성 부족 • 직원관리문제 • 이익금의 저하
공항당국 소유의 자회사	• 전문인력 활용용이 • 임금조정 유연성 확보	• 소규모로 효율적 마케팅 실행 곤란
공항당국이 참여한 합자회사	• 이익금 분배용이 • 민간회사보다 통제용이 • 외부투자 촉진용이	• 책임소재 불분명 • 영업자 변경 불가 • 수익금 극대화 곤란
민간회사 (다수의 공항이 채택)	• 국내영업수익 극대화 • 최고의 전문적 지식 보유 • 관리상 문제점 해결 가능 • 구내 영업자 변경 가능	• 계약상 전문적 지식 필요 • 세밀한 모니터링 필요

(4) 환경 및 위생관리

① 실내 조경 및 문화환경 조성

공항의 건축물이 현대공학의 장점을 최대한 살려 건설되고 있는 추세에 따라 여객터미널의 실내장식도 편리성과 함께 쾌적하고 편안한 느낌을 줄 수 있도록 실내 조경을 할 뿐만 아니라 바쁜 현대인의 문화적인 욕구도 동시에 충족시킬 수 있는 문화환경 조성이 일반화되고 있다.

여객터미널 내의 실내 환경 조성을 위한 방법으로는 미술품 전시장 설치, 미니박물관 운영, 전통예술품이나 생활용품의 전시, 실내 소공원 조성, 산업제품 전시 및 배너나 휘장 등의 조형장식 설치 등이 있다.

여객터미널의 실내 환경을 조성할 때에 유의하여야 할 사항으로는 실내 환경조성물은 여객 동선에 따라 설치하되 여객의 이동에 장애가 되어서는 안 되며, 상업시설이나 여객편의시설 등으로 활용도가 비교적 적은 여유공간을 활용하고, 가급적 여객을 분산시키고 여객이 여유시간을 활용할 수 있도록 배치하여야 하며, 전체적인 실내 환경과 조화되도록 하여야 한다는 점이다.

② 의무실운영

국제민간항공협약 부속서 9(ICAO, Annex 9)에서 "국제공항에는 공항이용객에 대한 현장 응급조치를 할 수 있는 의무시설을 구비하고 즉각 출동할 수 있는 응급처치요원의 조직체계가 유지되어야 한다"고 명시하고 있기 때문에, 대규모 국제공항은 인근 병원 또는 국립의료원과 의료지원협정을 체결하여 공항의무실을 운영하고 있으며, 공항당국에서 의무실 운영비 일부를 지원하고 있다.

③ 위생관리

공항의 위생관리를 위한 업무로는 청소와 방역이 있는데, 청소업무는 대부분의 공항이 청소전문회사에 용역을 주어 시행하고 있으며, 공항당국이 시행하는 청소 대상은 공공지역에 한정하고 임대지역은 임차인이 시행하고 있다.

터미널의 방역업무는 전염병예방법의 규정에 의하여 하절기(4~9월)

에는 월 1회의 방역활동을 하여야 하고, 동절기 2월에 1회 방역을 시행하여야 한다. 공항의 방역업무는 전염병예방법의 규정에 의하여 소독사업신고를 한 업체에 위탁 시행하는 것이 보통이다.

④ 편의시설관리

터미널 운영에 필요한 각종 편의시설 중 대합실의 의자, 흡연실, 유아휴게실 및 셔틀버스는 공항당국이 운영하고, 수하물 카트, 전광안내판, 동전교환기, 공중전화, FAX서비스, 우체국 등은 해당 업체가 주로 운영하고 있다. 각종 편의시설은 매일 또는 수시 점검을 통하여 파손, 기능불량, 이용상태 및 이용 가능성 등을 확인하여 공항이용객이 편의시설을 이용하는 데 불편이 없도록 하여야 한다.

3 인천공항의 여객터미널운영

1) 출입국 소요시간 단축

(1) KISS

출입국절차와 관련해서 가장 많은 시간이 소요됐던 분야 중 하나가 바로 출입국심사과정이다. '출국 45분, 입국 40분'이라는 공항의 서비스 목표가 세워진 이후 50년 만에 조직운영시스템을 바꾸었다.

출입국사무소의 경우 입국과 출국심사관을 따로 두는 고정식 근무체제에서 업무의 구분을 완전히 없애고 소규모 팀제로 바꾸었다. 출입국 업무와 관계없이 여객이 많이 몰리는 시간대에 그 지역에 팀을 집중적으로 투입함으로써 처리속도를 향상시키도록 한 탄력적인 이동식 근무제라고 할 수 있다.

법무부는 이렇게 달라진 출입국서비스를 KISS(Korea Immigration Smart Service)라는 이름으로 브랜드화했다. 이는 세련되고 멋진 대한민국 출입국심사서비스라는 의미이다.

(2) 자동여권판독기

출입국심사업무는 정확성과 신속성을 동시에 요구하므로 '자동여권판독기(Machine Readable Passport)'를 도입하였다. 이곳에 여권을 갖다 대면 여권의 사진, 인적사항과 규제자정보가 자동으로 출입국정보시스템에 연결되어 모니터에 출력된다.

(3) 사전승객분석시스템

사전승객분석시스템(APIS : Advance Passenger Information System)은 비행기가 공항에 도착하기 전에 문제가 있을 만한 승객들을 사전에 분석하는 기법으로 입국수속시간이 절감되는 효과를 보았다.

2) 신속한 탑승수속방법

(1) 자동 체크인 키오스크(Self Check-in Kiosk)를 이용할 경우

① 대상 항공사

대한항공(KE), 아시아나(OZ), 유나이티드항공(UA), 델타항공(DL), 캐세이퍼시픽항공(CX), 네덜란드항공(KL), 중국국제항공(CA), 아메리칸항공(AA) 등이 있다.

② 주의사항

- 비자가 필요 없는 나라(일본, 동남아 등)로 출국 시에만 이용 가능하다.
- 수하물은 바로 옆 항공사 카운터를 사용하여 빠르게 위탁한다.
- 탑승수속 후, 맡긴 가방이 X-ray 검사를 마칠 때까지 5분 정도 기다리다가 이상이 없으면 출국장으로 이동한다.
- 수하물은 기내 반입 금지물품을 꼭 확인한 후 위탁한다.

그림 15-2 ⭘ 키오스크 이용절차

1. 사전등록절차

① 구비서류 : 여권
② 등록센터 방문
③ 신청 및 심사
④ 지문등록 및 사진촬영

2. 심사절차

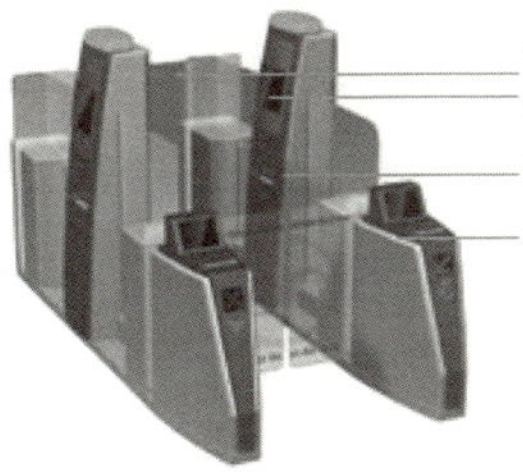

(2) 도심공항터미널을 이용하여 탑승수속을 할 경우

도심공항터미널(서울역, 삼성동)에서 탑승수속을 마치고 인천공항에 도착한 여객은 출국장 측면의 전용통로를 통해 보안검색 후 바로 출국심사대를 통과한다.

그림 15-3 ⊙ 도심공항터미널 탑승수송절차

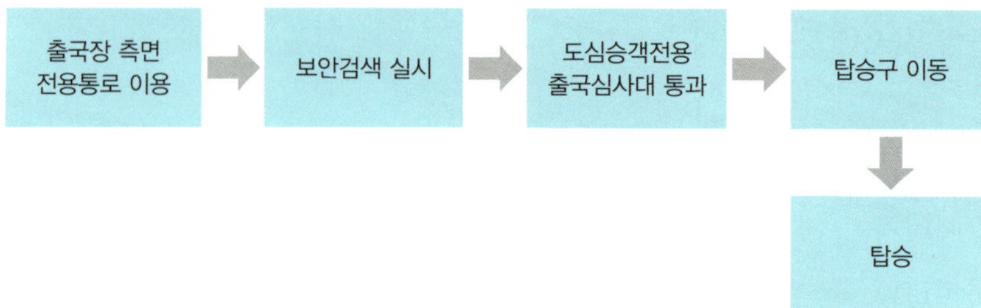

3) 출입국 승객예고시스템

최근 인천국제공항이 예전보다 덜 혼잡하다는 것을 느낄 수 있다. 단순히 시설이 확충되거나 인력이 늘어난 효과만은 아니다. 빨라진 공항 서비스의 이면에는 일반인들이 잘 알지 못하는 숨겨진 비밀이 하나 있다. 2004년 2월 인천국제공항에서 세계 최초로 도입한 '출입국 승객예고시스템'이 바로 그것이다.

출입국 승객예고제는 출국 승객의 경우 특정일 이틀 전에, 입국 승객의 경우는 특정일 하루 전에 해당 날짜의 여객수를 예측해서 알려주는 제도이다. 몇 명의 승객이 공항 내에서 어떻게 움직이게 될 것인지를 이틀 전에 미리 알 수 있다는 것이 다. 공항 이용객수를 여객터미널 위치와 시간대별로 미리 알 수 있기 때문에 서비스 관련 인력을 탄력적으로 배치할 수 있게 됐다. 현재는 출입국 승객뿐만 아니라 환승 승객에 대한 예고까지 함께하는 수준이다.

승객예고 통계는 공항 내 상주기관은 물론 인천국제공항 홈페이지를 통해 일반인들에게도 출입국별, 노선별로 공개되고 있다. 인천국제공항을 통해 해외로 나가려는 승객은 자신이 출국하는 날짜와 시간대를 알면 그 시간대에 얼마나 많은 승객들이 움직이는지 미리 알 수 있어 출국 당일 공항의 혼잡도를 미리 예측해 볼 수 있다.

4) 체크인 카운터 배치

처음 인천공항이 개항했을 때만 해도 여객터미널의 카운터는 동쪽에 국적항공사, 서쪽에 외항사로 구분되어 있어 극심한 혼란이 발생하는 문제가 발생했다.

이에 따라 대한항공과 아시아나항공을 동쪽과 서쪽 끝으로 완전히 분리시켰다. 또한 나머지 외항사의 경우 동쪽 카운터에는 대한항공을 시작으로 에어프랑스 등 스카이팀이, 서쪽 카운터에는 아시아나항공을 시작으로 타이항공 등 스타얼라이언스 항공사들이 자리 잡게 되었다. 또 중앙 카운터에는 에어웨이즈, 캐세이퍼시픽, 일본항공 등 원월드 항공사들을 대상으로 배치했다. 과거의 카운터 배치가 항공사의 입장에서 이루어졌다면 이제는 고객 위주로 바뀐 것이라고 할 수 있다.

5) 수하물처리시스템

최근 인천국제공항이 주목받고 있는 것 중 하나가 바로 수하물처리시스템 덕분이다. 2단계 확장 공사를 통해 기존 여객터미널 외에 또 하나의 터미널인 '탑승동'을 새롭게 건설했다. 직선거리로 900m 떨어져 있는 여객터미널과 탑승동 사이 구간을 100m에 14초, 초당 7m의 속도로 움직이고 있다.

인천공항의 수하물처리시스템

4 도심공항터미널

1) 도심공항터미널의 개념

공항이 아닌 도심에서 출국수속을 밟을 수 있는 공항터미널이다. 탑승절차, 수화물 위탁, 출국심사 등이 가능해 이용객들의 편리를 증진할 수 있으며 공항터미널의 혼잡을 해소할 수 있다. 탑승수속을 마쳤기 때문에 공항에 도착하면 승무원, 외교관 등이 이용하는 전용 출입문을 이용할 수 있어 출국시간이 줄어든다. 한국은 서울역과 삼성동에 위치한 한국도심공항 등에서 도심공항터미널을 운영하고 있다.

2) 도심공항터미널의 종류

(1) 삼성동 도심공항터미널

가장 먼저 문을 연 삼성동 도심공항터미널은 무역센터 옆에 위치하고 있어 성남, 분당이나 강남지역 거주자가 이용하기 편리하다. 국제선 탑승수속과 국내선 발권 및 탑승수속은 물론 병무신고, 세관신고, 출국심사도 가능하다. 모든 수속이 끝나면 10~15분 간격으로 운행하는 리무진 버스를 이용해 김포공항을 경유하여 인천국제공항으로 간다. 인천국제공항에서는 도심공항터미널 전용 출국 심사대를 이용하기 때문에 또 한 번 시간을 절약할 수 있다.

(2) 서울역 도심공항터미널

서울역 공항철도 역사 지하 2층에 위치한 공항터미널로 서울역 도심공항터미널은 공항철도 직통열차 개통과 함께 인천국제공항을 통해 출국하는 승객들의 편의를 위해 만들어졌다. 삼성동 도심공항과 비교할 때 이용 가능 항공사수가 적고, 이곳을 이용할 경우 반드시 공항철도 직통열차를 이용해야 한다.

그림 15-4 ○ 삼성동 도심공항터미널과 서울역 도심공항터미널 비교

도심공항 이용 시간 및 항공사

	삼성동 도심공항터미널	서울역 도심공항터미널
탑승수속시간	항공기 출발 3시간 전까지	
출국심사시간	05:30~18:30	07:00~19:00
탑승수속 가능 항공사	대한항공, 아시아나, 제주항공	
	타이, 싱가포르, 카타르, 에어캐나다, 필리핀, 미아트몽골, 중국동방, 상해항공, 중국남방, 일본항공, KLM, 델타, 유나이티드, 에어프랑스	중국남방

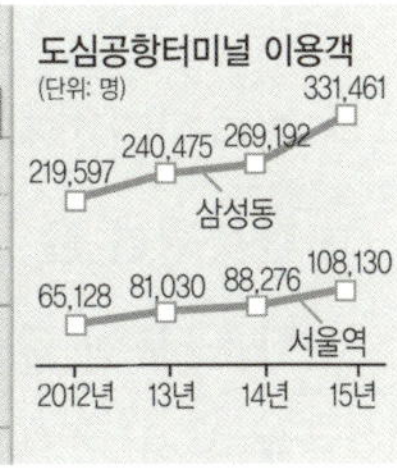

출처 : 한국도심공항, 공항철도

(3) 광명역 도심공항터미널

광명역에 위치한 한국 세 번째이자 비서울 최초의 도심공항터미널이다. 경기 서남부권과 비수도권에서 인천국제공항을 통해 출국하는 승객들의 편의를 위해 만들어졌다. 코레일네트웍스가 운영하고 있다.

이외의 반포동 센트럴시티 도심공항터미널과 김포공항 도심공항터미널은 운영이 중단되었다.

3) 도심공항터미널의 특징

- 주차하자마자 체크인이 가능하다.
- 티켓팅을 할 때 기다릴 필요가 없다.
- 짐을 부친 후 공항터미널에서 왕복 티켓을 끊으면 공항까지 편하게 공항 리무진으로 할인까지 받아서 이동 가능하다.
- 자동출입국심사 등록을 도심공항터미널에서 할 수 있다.

4) 도심공항터미널의 역할과 기능

(1) 탑승수속 및 다양한 서비스기능

- 도심공항터미널은 일반 공항 탑승수속 카운터에서 이루어지는 항공권 발권, 좌석배정, 수하물 위탁 등 주요 기능 수행을 해당 항공사나 도심공항터미널 운영업체가 대행하고 있다.
- 도심에서 체크인수속이 가능하므로 여행가방 등 무겁거나 부피가 큰 짐은 먼저 체크인을 하고, 자유로운 상태에서 나머지 업무를 볼 수 있다(단, 체크인수속은 당일 항공기 출발 3시간 전으로 한정되어 있으나, 국가마다 운송수단에 따라 다소 차이가 있음).
- 출국심사와 병행될 필요가 있는 법무부 출국신고서 제출, 병무신고 등도 수행되고 있다.

(2) 공항 교통중심지기능

- 도심공항터미널은 인천국제공항 접근교통에 있어서 리무진 버스를 통해 일괄적으로 육상운송서비스를 제공함으로써 주변지역의 공항교통수요를 한곳으로 모으는 역할을 하고 있다.
- 공항여객터미널의 혼잡완화를 위해서 환송객 및 배웅객이 직접 공항까지 나가지 않고, 도심공항터미널에서 환송 및 배웅을 할 수 있으므로 공항의 여객터미널 내 혼잡을 완화할 수 있으며, 도심공항터미널에서 출국심사를 마친 사람은 공항여객터미널에서 체크인 수속과 관련된 시설을 이용하지 않고, 별도의 전용통로를 통해 Air Side로 진입할 수 있으므로, 이에 따른 혼잡을 완화할 수 있다.
- 공항 접근 시 대중교통서비스 제공을 통해 공항 접근 교통혼잡을 완화시키는 동시에 개별적으로 공항에 접근하는 것에 비해 상당히 경제적이다.

(3) 부대시설에 의한 부가기능

도심공항터미널 내에 유통시설(백화점, 할인점 등 쇼핑시설), 금융시설, 문화시설, 편의시설 등을 적극적으로 유치하여 공항기능을 보완하고, 사업운영 측면의 수익성을 제고할 수 있다.

5) 도심공항터미널의 활용

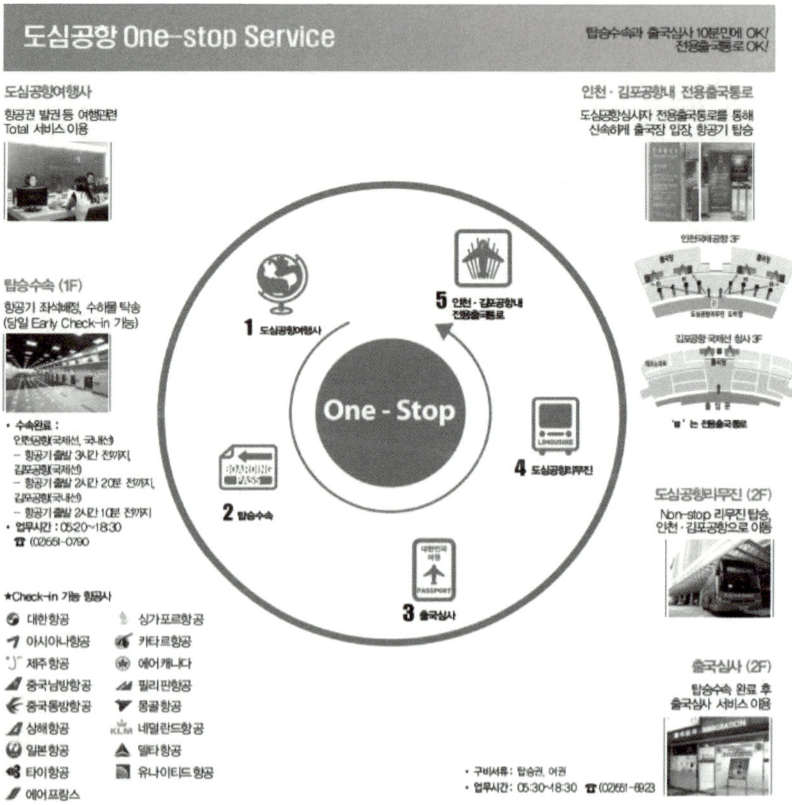

A·I·R·L·I·N·E·&·M·A·R·K·E·T·I·N·G

CHAPTER 16 공항 컨세션

1 공항 컨세션

1) 개념과 분류

과거의 일반적인 공항의 개념은 여객 및 화물의 운송처리를 위한 기반시설로 인식되어 왔고 공항의 개발은 공항 자체의 이윤을 얻기보다는 항공교통의 발전을 위한 시설의 확충으로 연결되어 왔다. 그러나 최근 공항의 개념은 국가 관문으로서 항공교통의 이용장소뿐만 아니라 나라 간 통상, 문화예술, 과학기술 발달의 선도 역할을 담당하는 공항도시의 개념으로 바뀌어 오고 있다.

컨세션의 원래 의미는 상업시설의 임대운영 시 공항 측이 징수하는 영업권료를 말하며 임대료와는 구별되는 개념이다. 일반적으로 공항의 컨세션이라 함은 공항 이용객이 비용을 지불하고 구매하는 상품 및 서비스를 판매하는 모든 시설들을 통칭하며, 공항당국의 직영이나 임대를 구별하지 않고 사용되고 있다.

인천국제공항 컨세션시설의 유형은 우리나라의 경우 기존 공항시설 기준이 따로 없기 때문에 원칙적으로 국제적인 기준을 수용하는 것이 바람직하다. 기본적으로 ICAO 및 FAA에서 권장하는 시설들이 모두 포함되어야 한다. 특히 인천국제공항의 특성과 여객의 편의성을 감안하고 주요 선진국공항과 동남아 주요 경쟁공항이 수용하고 있는 컨세션 시설을 고려하여 이에 적합한 다양한 컨세션시설이 필요하다. 공항의 컨세션 운영 및 배치에 관한 구체적인 계획을 수립하기 위해서는 먼저 공항 내 컨세션의 유형을 명확히 정의하고, 이들 각 사업의 특성 및 구체적인 요구사항 등에 대하여 구체적인 정의를 내리는 것이 바람직하다. 컨세션의 업종을 구체적으로 분류하여 제시해 보면 다음과 같다.

- 편의점(Convenience Retail) : 신문 · 잡지 판매소, 약국, 소형잡화점(여행 편의점, 과자류, 캔 음료 등 취급)
- 전문점(Specialty Retail) : 의류점, 액세서리점, 피혁제품점, 여행용 가방점, 서점, 선물 · 기념품점, 가전제품점, 음반점, 초콜릿점 등
- 면세점(Duty Free Retail) : 주류, 연초, 향수, 화장품, 패션의류 등 모든 종목의 면세품을 취급
- 식음료점(Food and Beverage) : 한식, 일식, 중식, 양식, 칵테일바, 패스트푸드 등 모든 종류의 음식취급점 망라
- 여객서비스실(Consumer Services) : 구두수선 · 미화점, 이 · 미용

실, 수화물포장점, 선물포장집, 어린이놀이시설, 환승객 샤워 · 수면실, 여행보험업소, 복사점 등

- 위락시설(Specialty Entertainment) : 비디오게임룸, 미니골프장, 카지노, 가상현실게임룸, 극장, 볼링센터 등

그러나 일반적인 경우 컨세션의 범위는 여객터미널 내 에어사이드(Airside) 및 랜드사이드(Landside)의 컨세션시설을 고려하여 면세점, 식음료점, 전문점, 편의점의 네 종목으로 구분 · 한정하고 있다.

(1) 상업시설

- 편의점 : 슈퍼마켓, 편의점
- 식음료점 : 한식, 일식, 중식, 양식, 칵테일바, 패스트푸드 등 모든 종류의 음식취급점 망라
- 면세점 : 관세 및 각종 목적세와 부가가치세 면세(국내생산품은 관세 대상 제외)
- 전문점 : 특정한 종류의 상품 혹은 특정 업체의 상품만을 취급하는 소매점

- 위락시설 : 비디오게임룸, 미니골프장, 카지노, 가상현실게임룸, 볼링센터 등

(2) 서비스시설

- 은행 및 환전소
- 우체국
- 병원
- 어린이 놀이방
- 그 외의 서비스업 : 렌터카, 이 · 미용실, 구두미화, 수화물포장, 선물포장, 택배서비스, 비즈니스센터, 여행, 여행보험업

2) 컨세션의 배치

컨세션의 배치는 공항 내 여객, 방문객 등 이용객의 흐름을 고려하여 어떤 편의시설이 제공되어야 하는가를 계획하기 위한 것이다. 컨세션의 주요 기능별 배치 분포는 국제기구에서 제시하는 여객터미널시설분포 결정방법을 근거로 할 수 있다.

컨세션 배치개념은 공항별로 큰 차이가 없는데, 이는 공항이 수행해야 하는 기능과 역할에 큰 차이가 없기 때문이다. 일반적으로 지하 1층은 대부분 설비지원시설이나 공항 내 종사자를 위한 시설을 배치하고, 1층은 도착층, 2층은 출발수속 혹은 항공사 사무실, 상주기관 사무실이 배치되고, 3층은 출발층, 4층은 이용객 편의시설과 상점, 식당 및 라운

지 등의 시설이 배치된다.

또한 공항 내 시설은 보편적으로 중앙홀을 중심으로 좌우대칭형태로 배치되어 있다. 중요한 것은 이용객 편의시설 간의 조화로운 배치와 운영의 차이로 공항의 이미지와 운영성과가 크게 달라질 수 있다는 것이다.

컨세션 배치 시 고려사항으로는 먼저 공항의 컨세션에서 판매하는 제품 및 서비스에 대한 이용고객들의 구매행태를 들 수 있다. 여러 가지 판매상품과 식음료 등 고객이 얻고자 계획한 품목들을 구매하려는 수요와 공항에서 기다리는 동안 식사, 쇼핑, 오락을 하고자 하는 충동구매수요가 있을 수 있다. 공항의 컨세션 설계 시에는 이와 같은 다양한 고객수요를 충족시킬 수 있는 배치 및 영업 · 판매전략이 필요하다. 컨세션시설의 배치를 효과적으로 하기 위해서는 다음과 같은 사항들이 중요하게 고려되어야 할 것이다.

- 공항여객터미널의 기본설계 및 형태
- 공항 컨세션의 공간규모와 이용 가능성
- 이용객의 인구통계적 특성과 구매행태
- 이용객 동선
- 공항이 제공하는 제품 및 서비스의 특성
- 개별 컨세션 운영업자와 그들의 요구공간 관련 사항
- 인근지역 식음료산업과 소매점의 판매추세
- 공항 내 컨세션시설 간 시너지효과
- 배달 · 쓰레기 제거를 포함한 관리운영방안

특히 컨세션 배치에 영향을 미치는 공항 이용객의 특성으로는 공항의 전체 통행자수, 피크 시 통행자수, 이용객 중 여객의 구성비, 여객의 외유기간 및 여행목적, 국제선 승객의 구성비, 국제선 승객 중 국적별 구성비, 환승여객 구성비 등이 포함된다. 또한 내국인과 외국인의 승객 구성비율도 중요한데 일반적으로 외국인은 공항에 머무르는 시간이 더 길기 때문에 면세점의 이용이 많고, 내국인은 돌아오는 출발공항에서 면세품목을 먼저 구입하게 되므로 면세점 품목을 적게 구매하는 경향이 있다.

국제선 승객 중 국적별 구성비도 소비패턴에 큰 차이를 보이는데, 하나의 예로 유럽공항에서 일본인 고객은 북미지역의 고객보다 더 소비하는 경향이 있다. 그리고 공항이 혼잡할 때는 이용객의 구매의도를 감소시키므로 이를 감안하여 이용객당 컨세션 공간을 충분히 확보하는 것도 중요하다. 여행목적에 따른 차이, 즉 비즈니스여객과 관광여객은 각자 공항에서 체재하는 시간이 다를 수 있으므로 컨세션시설의 판매에 영향을 미칠 수 있다.

일반적으로 가장 좋은 컨세션의 배치형태는 승객의 동선과 관련되어 위치하는 형태로 시설이용 시 편의성을 고려한 것이다. 매장의 가장 좋은 위치는 승객흐름의 직접적인 동선을 따르며 출발 게이트나 게이트 라운지와 가까운 곳으로 탑승객뿐 아니라 환영객 · 환송객들이 편리하게 이용할 수 있는 곳이다. 컨세션 배치 시에는 랜드사이드의 식음료점이나 상점들, 공항직원들을 대상으로 한 편의점 등의 시설도 적절히 고려되어야 한다.

(1) 운영조건

- 이용자중심으로 신속성, 쾌적성, 안전성, 편리성 등을 확보한다.
- 이용자에게 최고수준의 서비스를 제공함으로써 다양한 이용자 요구를 충족한다.
- 미래의 공항은 제공시설의 만족도를 높이는 것이 중요하다.

(2) 고도의 기술의 집약

- 특정 국가의 기술수준을 항공부분의 발달 정도로 가늠할 수 있다.
- 앞으로 수직 또는 단거리 이 · 착륙 항공기, 초대형 · 초고속 항공기 등의 개발을 다양화한다.
- 항공기를 안전하고 신속하게 처리할 수 있는 기술적 · 물리적인 능력을 확보한다.

(3) 복합적인 기능

- 인적 · 물적 자원흐름의 중심지로서 도로, 철도, 해운 등이 연계하는 통합시스템으로 그 기능을 확대한다.
- 부속항만을 건설하고 육상교통망과 유기적으로 연계되는 거대한 공항도시형태로 개발하여 자원의 원활한 흐름을 돕는 기능이 필요하다.
- 서비스 제공에서 벗어나 복합적인 기능을 제공한다.

(4) 친환경적인 접근

- 항공 부문에서도 친환경적인 접근이 절대적으로 필요하다.
- 공항은 환경파괴를 최소로 하며 지역사회에 도움이 되는 방향으로 건설 및 운영한다.

(5) 수익창출의 극대화

- 운영자에게 수익창출, 이용자에게는 최고수준의 서비스를 제공할 수 있도록 설정한다.
- 공항을 이용하는 이용자의 만족도를 극대화하는 데 필요한 시설의 확충이나 운영개선에 재투자가 필요하다.

3) 공항의 컨세션관리

(1) 편의점

- 여객의 흐름에 따른 최적의 위치, 신속한 서비스와 필요용품을 항상 배치한다.
- 공항 근무자들의 접근성을 고려한다.

(2) 일반소매품

- 충동구매를 유발, 동선에서 눈에 잘 띄게 배치한다.

- 시너지효과를 유발하여 여러 가게를 들르게 한다.
- 주로 주요 전시물 옆에 위치시킨다.

(3) 면세점

- 공항 내 판매를 견인하는 역할로 다른 상점의 수입을 올려야 한다.
- 출발지역뿐만 아니라 도착지역에도 배치한다.

(4) 식음료

- 면세점 다음으로 판매를 유도한다.
- 찾기 쉬워야 하며 에어사이드와 랜드사이드에 충분히 배치한다.
- 여행자뿐만 아니라 환영객, 근무자들도 고려하여야 한다.

(5) 서비스업

- 많은 이윤과 서비스 품질을 요구한다.
- 좋은 장소보다 여객 동선에 위치하되 은행과 환전소는 여객 동선에서 가까이 위치해야 한다.

(6) 오락시설

- 여객 동선에서 멀리 위치하되 여행객을 유도해야 한다.

4) 컨세션관리과정

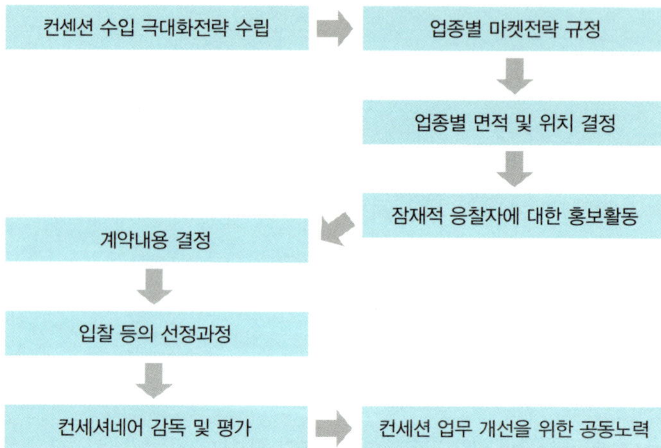

2 우리나라 공항 컨세션

1) 김포공항

우리나라의 경우 여객터미널에 상업시설을 배치할 때 체계적인 연구를 기초로 배치기준을 설정하고 각종 시설의 종류 및 면적 등을 배치한 예는 드문 것으로 나타났다. 여객터미널의 컨세션 영업장에 대한 지나친 단순배치구조는 수준 높은 쇼핑문화에 익숙한 외국여객들에게는 쇼핑에 대한 흥미를 유발시키기 어려우며 결국 상품 구매욕을 떨어뜨려

공항의 수익을 감소시키는 결과를 초래할 가능성이 크다.

김포공항의 경우 기본적으로 컨세션시설의 전체 면적을 ICAO나 FAA의 기준에 의하여 설정하고 운영해 나가면서 필요한 시설에 대한 조정을 거쳐 현 상황에 이르렀다고 볼 수 있는데, 김포공항의 개방형 소매점구조는 상품을 여행객들에게 노출시키는 효과는 있지만 전체적인 쇼핑공간으로서의 품위가 손상되어 수익을 감소시키는 결과를 초래하고 있다.

김포공항 아울렛

이와 같은 평가는 국내 대부분의 공항이 식당이나 스낵바를 제외하고는 별다른 상업시설이나 편의시설을 가지고 있지 못하다는 현실을 통해서 잘 알 수 있으며, 이는 그동안 국내공항들이 이용객 편의 및 수익증대 측면에서 여객터미널을 계획하고 운영하는 개념이 미흡했다는 것을 단적으로 보여주는 사례이다. 이는 또한 시장에 쏟아져 나오는 다양한 상품의 종류와 유행에 민감한 세련된 여행객들의 취향을 정확하고 시기적절하게 파악하지 못하고 있기 때문이기도 하다. 향후 국내의 공항에서도 각 업소는 관련 상품에 대하여 고객설문을 포함한 가능한 모든 정보수집수단을 가동하여 취급하여야 할 상품을 선정하고 이처럼 선별된 상품의 미적이고도 효과적인 전시와 신구상품의 효과적인 회전을 위하여 전문적인 상품진열방법을 도입할 필요성이 있다.

한편 비교적 최근에 건설된 김포공항의 국제선 제2청사는 과거 공항의 운영경험을 살려 체계적인 시설계획과 운영이 어느 정도 이루어지고는 있으나, 외국의 국제공항과 비교해 볼 때 아직도 컨세션시설의 종류와 면적, 운영전략 등 제반 측면에서 보완되어야 할 부분이 많은 것으로 나타나고 있다.

2) 인천공항

인천국제공항의 여객터미널은 2개의 주 터미널과 4개의 분리 탑승동으로 구성되어 있다. 계획된 여객터미널은 길이 1,060m, 너비 149m, 높이 33m의 지상 4층 구조물로 연면적은 496,804m^2(약 150,000평)이다. 컨세션의 종류와 배치에 있어서는 식음료점의 경우 에어사이드(AS : Airside)와 랜드사이드(LS : Landside)에 비교적 골고루 분포되어 있으나 전문점은 주로 Level 2와 Level 5의 LS에 위치하고 있다.

편의점은 4개소로 Level 3의 LS에만 위치하고 있으며 많은 수의 전문점들이 Level 2(13개)와 Level 5(62개)에 위치하고 있다. 각 층의 특징적인 배치를 보면 Level 2 LS에는 각종 전문점들이 집중적으로 배치되어 있으며, 식음료점 중 패스트푸드와 카페테리아가 각 1개씩 위치하고 있다. Level 3 LS에는 스낵, 패스트푸드, 커피전문점, 브랜드상품점, 팬시용품점, 약국 등이 주로 배치되어 있고, Level 4 LS에는 공항이용자들을 위한 편의시설과 위락시설들이 집중적으로 배치되어 있다. Level 5 LS에는 면세점에서 취급되는 거의 모든 품목이 집중 배치되고 있으며, 식음료점은 LS에 5개, AS에 14개 점포가 골고루 위치하고, 전문점 중 백화점, 서점, 약국 등이 LS에 배치되어 있다. Level 6 LS에는 전문식당과 패밀리레스토랑 등이 적절히 배치되어 있다.

이 밖에 구조 및 형태별 배치의 특징으로는 여객터미널의 경우 Level 2와 Level 3가 터미널규모 및 구조상 중앙홀을 기준으로 한 좌우 대칭형의 배치를 따르고 있으며, 특히 Level 5는 출국자 위주의 면세시설과 일반 식음료 및 전문상점이 집중 배치되어 있다는 점을 들 수 있다. 터미널구조상 출국수속 및 심사를 마치고 에어사이드로 진입한 여객의 출국 동선은 집중되지 않고 곧바로 게이트로 분산되며, 터미널의 좌우 전장이 1km에 달한다. 엔틀러 길이도 터미널 중앙부와 좌우의 엔틀러 초입에 대칭으로 조화 있는 상업구역을 형성하여 여객이 엔틀러나 터미널 양쪽으로 진입하기 이전에 충분한 쇼핑기회를 갖도록 컨세션시설이 위치되어 있다.

층 간 배치의 특징으로는 층별로 개성 있는 상업환경을 창출하고, 공항당국의 관리도 상대적으로 용이하게 배치되어 있다. Level 4의 경우 비즈니스 지원시설을 집중 배치하여 국내의 비즈니스맨들이 활용할 수 있는 격조 높은 업무공간으로 개발되고 있으며, Level 6의 중앙부분 랜드사이드에 고급레스토랑이 집중 배치되어 있다.

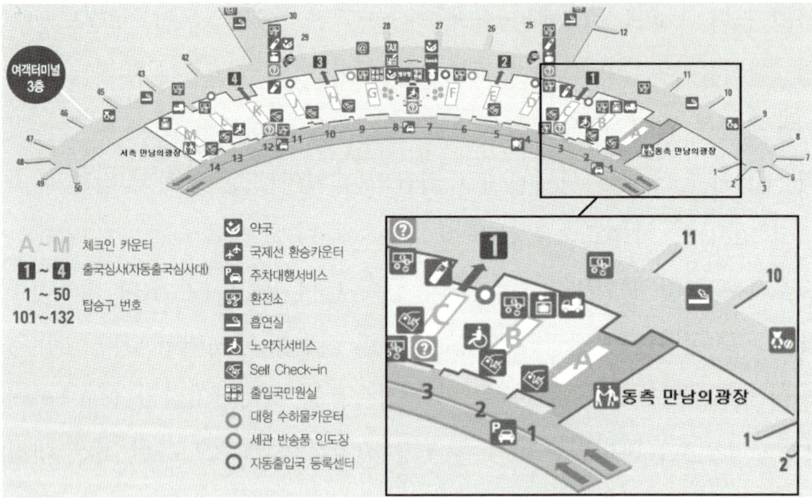

3 외국의 공항 컨세션

1) 네덜란드 스키폴공항

스키폴공항 주변의 인구 분포를 보면 200km 이내에 3,000만 명, 500km 이내에 약 16,000만 명의 인구가 집중하고 있다. 스키폴공항의 배치는 중앙에 연간 2,700만 명의 처리가 가능한 연면적 310,000m^{2}의 여객터미널이 위치해 있고, 동쪽에는 주기와 정비, 서쪽에는 화물처리, 북쪽은 케이터링을 위한 공간으로 구성되어 있다. 여객터미널은 'One Terminal Concept'으로 연결되어 있어, 확장할 경우에는 기존 터미널과 연결이 용이하여 이용객의 편의와 업무의 효율화를 도모할 수 있다.

컨세션의 종류와 배치에 있어서 가장 큰 특징은 컨세션의 안내에 특정한 색을 사용함으로써 눈에 띄기 쉽게 하여 이용객의 목적지까지 접근이 용이하게 하고 있는 점을 들 수 있다. 노란색은 여객의 탑승과 도착 시 여객의 동선을 나타내고 있으며, 초록색은 여객터미널 내의 편의시설을 안내하고 있다. 특히 어린이 놀이시설에 전자오락기를 배치해 두거나 어린이용 TV 프로그램을 방영해 주는 등 실질적이고 구체적인 서비스를 제공한다는 점이 장점으로 평가될 수 있다.

스키폴공항 컨세션의 특징은 'One Terminal Concept'에 모든 시설을 구비하고 이용객들을 유인하고 있다는 것이다. 공항운영의 전체적인 측면에서 볼 때는 세계적으로 유명한 면세점, 여행객과 비즈니스 방문객 모두를 만족시키는 시설, 신속하고 현대적인 수하물처리가 가장 큰 장점이다. 컨세션에서 가장 특징적인 것은 카지노 운영인데 세계적

으로 유일한 오락시설로 면세구역 내에서 Holland Casino에 의해 운영되고 있다. 이와 아울러 환승공항으로의 역할에 걸맞게 비즈니스센터가 우수한 것으로 평가되고 있다.

| 표 16-1 | 스키폴공항의 특징적인 시설

시설구분	내용
세계무역센터	• 1996년 10월 오픈되어 회의 관련시설, 비서, 임시사무실, 은행 등 비즈니스맨의 편의를 제공 • 유럽에서 두 번째
비즈니스센터	• Fax, 전화, 미니바, 전기스탠드, 컴퓨터, 비서, 회의실, 호텔 등이 구비 • 호텔은 객실수 55개, 일일 평균이용객은 153명 정도
스키폴 프라자	• 최근 개장한 쇼핑센터로 대합실과 연결되어 있고, 각 도시와 연결된 전철역과도 연결 • 다양한 교통수단과 연결
카지노	• 면세구역 내 키지노를 Holland Casino에 임대 • 일일 이용객은 평균 500명
골프센터	• 공항 내 실내 골프연습장

2) 홍콩 첵랍콕공항

여객터미널 면적 550,000m^{2}와 터미널 내 30,000m^{2}의 상업시설이 5개 지역으로 나누어 배치된 첵랍콕 신국제공항은 1998년 개항하였다. 공항당국은 개항 전 신공항의 여객터미널에 대하여 3차례의 시험운영을 추진하였으며, 공항당국과 정부기관, 관련 업계를 대상으로 1차에는 500명, 2차에는 800명, 3차에는 1,000명이 참여하여 개항 시 발생

할 수 있는 모든 부문에 대한 점검과 운영을 확인하였음에도 불구하고 개항과 함께 인수운영 교육부족과 공항 내 시스템의 유기적인 관계 미숙으로 엄청난 국가적 손실을 입었다.

컨세션의 종류와 배치에 있어서는 총길이 1,300m, 700m의 중앙 콩코스의 선형(Liner Type) 터미널로 여객터미널 전체면적은 550,000m^{2}이며, 8개 Level로 구성되어 있다. Level 1~Level 4는 기계실, 설비창고, 사무실 등으로 구성되며 Level 5는 도착층, Level 6은 출발층, Level 7은 항공사 카운터, Level 8은 전망시설이다.

상업시설 면적은 30,000m^{2}로 이 가운데 컨세션 면적은 6%인 1,570m^{2}를 차지하고 있다. 특징적인 것은 각 층마다 Help Phone을 설치하여 공항시설 이용에 관한 문의를 포함하여 분실물 신고 및 긴급의료를 요청할 수 있도록 하고 있는 점이다.

홍콩 첵랍콕공항 컨세션의 특징을 몇 가지 요약해 보면 다음과 같다. 첫째, 면세점을 포함한 상업시설은 국제적인 브랜드로 고급화되어 있으며, 공항당국이 수익성을 높이기 위해 배치 및 운영에 상당한 역점을 두었다. 둘째, 개별 수유실을 출발과 도착층의 거의 모든 화장실 옆에 함께 두도록 배려한 점이다.

3) 싱가포르 창이공항

창이공항의 여객터미널은 2개 동으로 구성되어 있으며, 제1터미널은 285,000m^{2}의 면적에 H형 설계구조로 중앙홀 좌우에 4개의 Piers를 갖추고 있다. 제2터미널은 220,000m^{2}의 면적에 6층의 중앙집중식 Linear형으로 중앙홀 좌우에 4개의 Piers를 갖추고 있다.

먼저 컨세션의 종류와 배치에 있어서 창이공항의 컨세션은 통과지역과 공공지역으로 나뉘어진다. 창이공항이 인천국제공항에서 계획하고 있는 컨세션과 다른 점은 공항 이용객의 특성을 감안하여 환승객을 위한 호텔을 중심으로 종합적인 편의시설이 배치된 점이며, 시설 종류의 차이로는 과학관과 종교실, 복합적인 위락시설이 운영되고 있는 점이다. 참고로 상업시설 중 면세점을 입국승객을 위해 제1, 2터미널의 도착장에도 배치하여 운영하고 있으며, 매출액은 출발층 면세점의 25% 수준이다.

싱가포르 창이공항 컨세션의 특징으로는, 첫째 허브 공항화를 위한 연계승객 위주의 편의시설 배치를 들 수 있다. 아 · 태지역의 관문인 창이공항은 통과여객의 비중이 매우 높고 이들 환승객을 유치하기 위해 편리하고 다양한 시설을 제공하고 있다. 비즈니스맨을 위한 업무센터, 호텔 등 휴식시설, 값싸고 편리한 쇼핑시설, 정보화시대의 수요 충족을 위한 세계 최초의 24시간 인터넷 이용시설 설치 등 다양한 환승시설로 편의를 제공하고 있다. 또한 환승객을 위한 대기시간별 프로그램을 개발하여 공항 내 시설들을 이용객들이 이용할 수 있도록 홍보하고 있으며, 특히 환승객을 위한 시내관광은 항공청과 세관, 이민국의 긴밀한 협조하에 추진되고 있다. 둘째, 여객서비스를 최우선적으로 고려하고 있다. 이것은 구호가 아닌 실행을 우선하는 것으로 이용객이 필요하거나 개선을 요하는 시설 설비나 요구사항을 공항당국이 실행한 후 내용을 최대한 빠른 시간 내에 통보함으로써 이용객의 욕구를 충족시켜 주는 것이다. 아울러 획기적인 출입국절차의 간소화로 여객, 수하물 및 항공화물에 대한 처리시간을 대폭 단축하는 등 허브공항의 위치를 공고히 하고 있다.

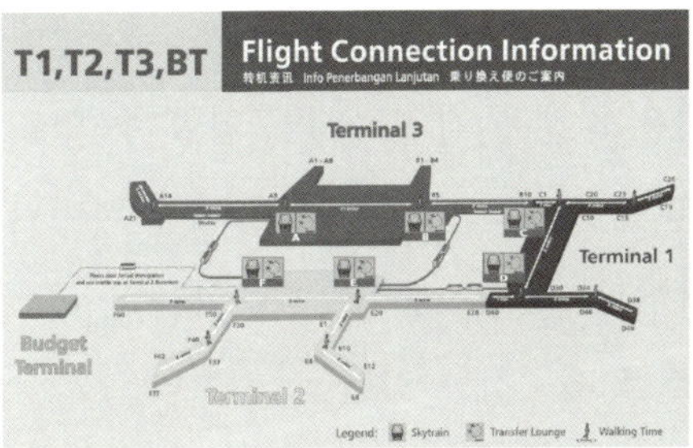

4) 일본 간사이공항

여객터미널은 연면적 291,269m^{2}의 4층 구조물로 680m의 양방향 탑승동과 340m의 중앙터미널 등 총길이 1,680m의 선형(Linear Type) 터미널로

1층은 국제선 도착, 2층은 국내선 출발과 도착, 국제선 입국심사, 3층은 국제선 출국심사, 4층은 국제선 출발로 이루어져 있으며, 여객 수용능력은 국제선 1,200만 명, 국내선 1,300만 명이다. 여객터미널은 각 층별로 사용용도를 고려하여 설계한 것으로 일본의 전통적인 색조와 건축미를 서구적으로 융화시킨 독창성이 있는 건축물이다. 그러나 장대선형의 여객터미널로 여객 동선이 다소 길어 터미널 내 이용객은 불편하기 때문에 이를 보완하기 위해 무인자동수송수단인 AGTS(Automated Guideway Transit System)를 설치하고 있다.

간사이공항은 여객터미널 내의 출발과 도착 Level에 티켓 자동판매기를 설치하여 시설 및 대중교통이용 티켓을 간편하게 구입할 수 있도록 배치하였고, 각 층에 Sky Net라는 안내모니터를 설치하여 터미널 내 시설정보 및 교통정보를 6개 국어로 서비스하고 있다. 아울러 국제선 출 · 도착지역 근처에 택배서비스를 제공하고 있다.

컨세션의 특징을 살펴보면, 여객터미널의 장점은 동일 터미널 내에서 국제선과 국내선이 수직으로 연결되어 있어 환승객의 이용이 편리한 점이다. 그러나 이와 같은 장점은 또 다른 문제점을 가지고 있는데, 이는 동일 층에서 다른 역할을 함으로써 엄격한 구역제한의 문제로 공간이용의 효율성이 떨어진다는 것이다. 간사이공항의 컨세션은 전반적으로 국내선중심으로 설계되어 있다고 볼 수 있는데, 특히 터미널중심의 12개 탑승교를 국내선용으로 배정해 놓아 국제선 이용객의 동선길이가 길다. 또한 항공사 사무실이 주 터미널의 남북 양 끝에 위치하고 있고, 정부기관과 공항관리동도 양 끝에 위치하고 있어 이용객서비스 대처능력과 신속성이 떨어지는 점도 있다.

A·I·R·L·I·N·E·&·M·A·R·K·E·T·I·N·G

CHAPTER 17 공항화물터미널 운영관리

1 공항화물터미널

1) 공항화물터미널의 개요

공항화물터미널(Air Cargo Terminal)이란 수출입 항공화물을 효과적으로 처리하기 위한 시설로서 수출항공화물의 반입, 보관, 포장, 통관, 적재(ULD3화) 및 수입항공화물의 분류, 보관, 포장, 통관, 운송 등의 일련의 조업공정을 집중화함으로써 기계화된 설비 및 장비 등을 제공하는 일종의 보세구역을 말한다. 특히 공항화물터미널의 중요한 기능은 항공기에 적재 및 하기, 분류하는 기능과 국내 물품의 외국화 및 외국 물품의 국내화를 하는 통관기능이다. 이로 인하여 공항화물터미널은 교통체계에 있어서 각 체계를 연결하는 기능과 함께 육상운송과의 연결 거점으로서 복합운송의 거점시설이라고 할 수 있다.

국제선 여객터미널이 출국과 입국장, 통과승객을 위한 구역으로 되어 있는 것과 마찬가지로 국제선 화물터미널도 수입, 통과, 수출의 세 구역으로 나뉘어 있고, 그 내부에는 화물들을 분류, 이동, 보관할 수 있는 각종 조업시설과 장비, 창고들을 갖추고 있다. 인천공항 여객터미널 북동쪽에 위치한 대한항공 화물터미널의 경우 대형 트럭에 화물을 싣고 내리는 작업을 하기 위한 대형 트럭 도크와 측면 하역용 트럭 도크(Wing Body Truck Dock)가 설치되어 많은 화물들을 안전하고 신속하게 처리할 수 있다.

2) 항공사의 화물운송업무

(1) Office Job

항공기 도착 전의 업무로 운항 스케줄 확인, 각종 메시지 확인, 예약 상태 및 제반 화물정보 확인 등 항공기가 도착하면 빠른 시간 내에 적절히 화물을 탑재하기 위한 제반 준비사항과 항공사무실 등의 Document, 전산업무 처리작업 등 터미널 내 물리적 조업작업 등이 있다.

항공기 도착 후 업무로 Air Waybill과 관련된 각종 서류의 분류 및 세관신고, Loading Plan, Special Work Order 등 화물의 탑재 혹은 반출을 원활히 할 수 있도록 계획을 수립하고 지시하는 업무가 있다. 끝으로 항공기 이륙 후 도착지 공항에 탑재된 화물에 대한 각종 정보

제공, 세관신고업무 및 Off Load 등의 Irregularity 사항에 대한 사후관리조치 등의 업무가 있다.

(2) Warehouse Job

실제 화물과 접촉하며 일어나는 화물의 하차, 중량 계측 및 접수, 보안검색, 목적지별 장치 및 ULD 적재작업, 항공기 탑재 등의 수출 관련 업무와 하기, 종류별 · 목적지별 분류, 창고 반입 및 반출, 트럭 상차 및 인도 등의 수입 관련 업무가 있다.

3) 공항화물터미널의 분류

(1) 운영주체별 분류

공항화물터미널의 운영방식은 운영주체가 누구냐에 따라 크게 네 가지로 분류할 수 있는데, 항공사가 운영하는 방식, 지상조업사가 운영하는 방식, 공항공사가 직접 운영하는 방식, 그리고 컨소시엄을 구성한 운영방식으로 구분할 수 있다.

| 표 17-1 | 공항화물터미널 운영주체별 분류

구분	형태	운영 중인 공항
항공사 운영방식	항공사 소유 화물터미널 운영, 자사 화물 및 협력항공사 화물조업서비스 제공	대한항공 공항화물터미널(인천), 아시아나항공 화물터미널(인천), Lufthansa Cargo Centre(Frankfurt)
지상조업사 운영방식	조업계약에 의한 계약항공사의 화물조업서비스 제공	한진 공항화물터미널(인천)
공항공사 운영방식	공항공단이 직접 화물조업서비스 제공	FAG Cargo City(Germany)
컨소시엄 운영방식	공항화물 관련업체인 항공사, 복합운송업체, 은행, 창고업체 등의 공동 출자방식으로 항공사에 조업서비스 제공	Tokyo AirCargo City Terminal (TACT)(Japan)

(2) 입지형태별 분류

공항화물터미널의 입지형태별 분류는 공항화물터미널과 공항의 거리에 의하여 분류할 수 있는데, 공항집중형, 도시집중형, 중간형으로 구분할 수 있다.

| 표 17-2 | 공항화물터미널 입지형태별 분류

공항집중형	• 일반적인 공항화물터미널의 형태로 우리나라를 포함한 대부분의 나라에서 채택하는 방식 • 공항 또는 공항근접지역에 공항화물터미널이 입지하는 형태 • 공항과 화주의 거리가 30km 이내일 경우에 운송의 편리성과 근접성이 좋아 국제항공운송과 관련된 각 유관기관, 화주업체의 이용 편익이 크기 때문에 나타나는 입지형태

도심집중형	• 공항과 공항화물 발생지 간의 거리가 50km 이상일 때 개별 화주의 운송, 보관, 통관기능상 문제점을 보완하고자 한 공항화물터미널의 입지형태이나 엄격한 의미의 공항화물터미널이라기보다 도심항공화물 보세창고의 기능에 중점
중간형	• 지리적인 문제와 토지사용상의 문제로 인하여 발생하는 공항 입지적 문제를 해결하기 위한 입지형태로 공항과 도심(화물 발생지)의 중간에 위치하여 공항 내에 위치한 공항화물터미널의 모든 기능을 그대로 수행

4) 공항화물 수출프로세스

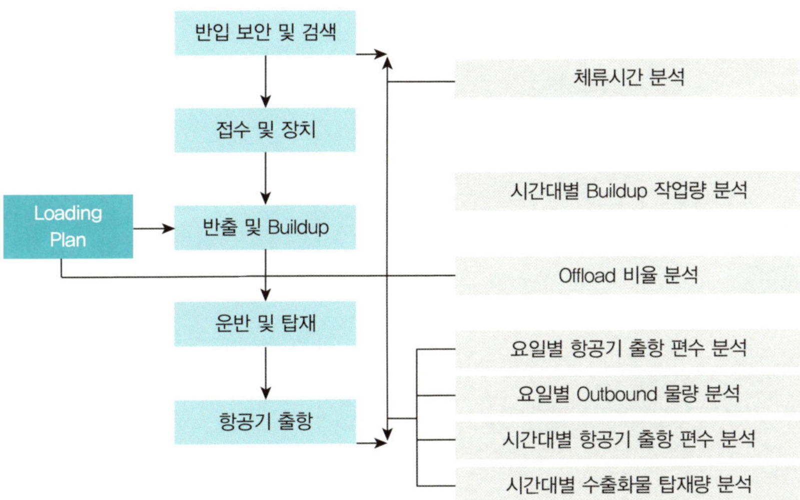

5) 공항화물 수입프로세스

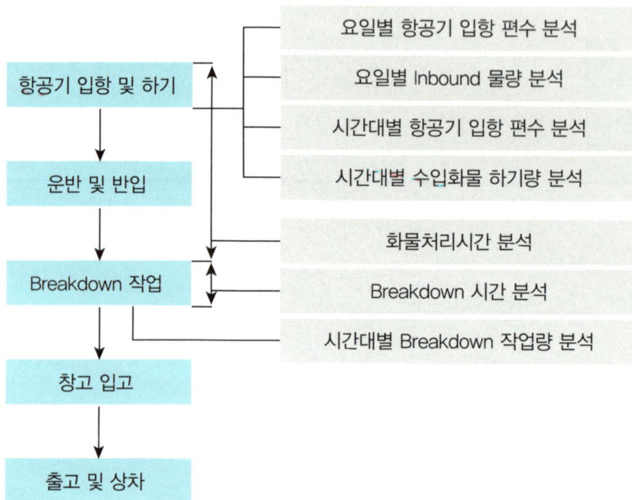

2 국내 공항화물터미널

1) 인천국제공항 화물터미널

인천국제공항 화물터미널은 인천국제공항을 통해 국내외로 반·출입 또는 통과되는 모든 화물의 원활한 운송, 보관, 처리를 위해 항공기와 지상수송을 연결하는 시설이다. 화물터미널지역은 6개의 터미널로 구성되어 있으며, 각 항공사별로 독립된 터미널을 확보함으로써 특화된 서비스를 제공하고 있다.

화물터미널은 24시간 운영체제를 갖추고 있으며, 화물수요에 대응하여 시설을 단계적으로 확장해 나갈 수 있다. 화물터미널에는 신속한 화물처리를 위해 컴퓨터를 곳곳에 설치하고 화물의 개별정보와 이동정보, 보관정보 등을 실시간으로 처리할 수 있는 정보전달시스템을 구축하였으며, 화물터미널 인근에 공항물류단지(Airport Logispark)를 운영하여 이 지역을 국제적인 물류중심기지로 운영하고 있다.

그림 17-1 2011년기준 화물처리량

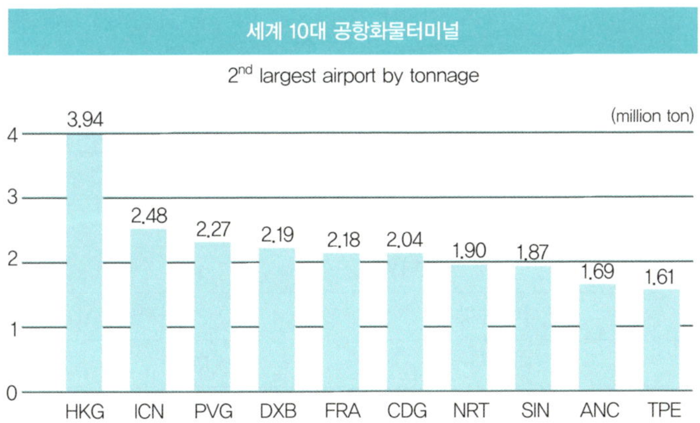

(1) 빠르고 간편한 통관시스템

인천공항화물터미널은 온라인 통관처리시스템인 UNI-PASS를 도입해 100% 온라인화를 통한 빠른 통관업무 처리속도로 물류비용 절감, 세계관세기구(WCO) 169개 회원국 중 가장 빠른 서비스를 제공하고 있으며, 24시간 통관가능시스템으로 막힘없는 물류환경을 제공하고 있다.

그림 17-2 ◐ UNI-PASS를 통한 업무 효율화

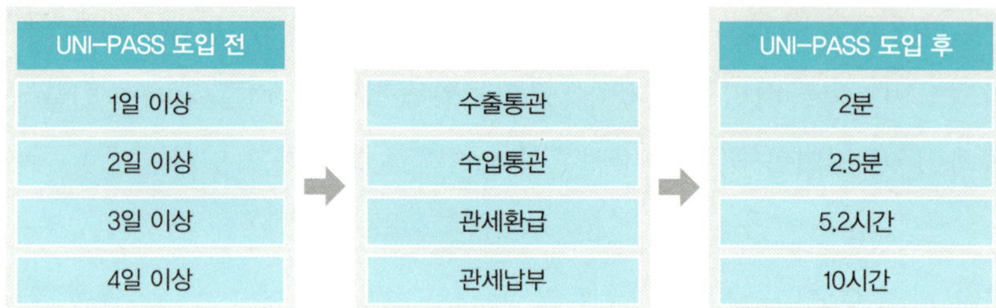

(2) 인천공항 화물터미널

구분			연면적(m^2)	처리능력
운영	대한항공	제1터미널	65,911	135만 톤
		제2터미널	37,466	80만 톤
	아시아나항공		62,286	110만 톤
	외항사		73,707	52만 톤
	미군사우편시설		1,973	2만 톤
	국제우편물류시설		27,786	35만 톤
확장	DHL		19,946	40만 톤
	AACT		15,392	
합계			307,772	454만 톤

그림 17-3 ● 인천공항 화물터미널

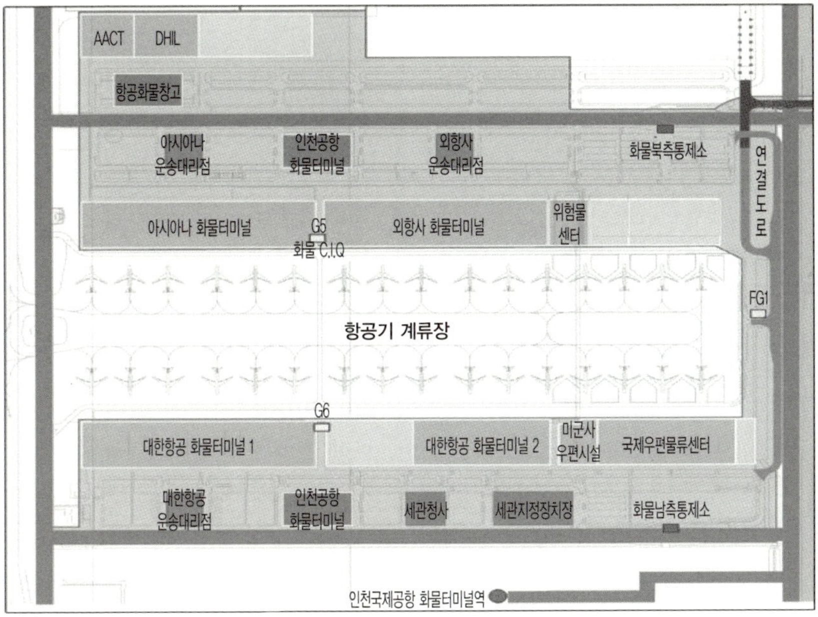

(3) 인천공항 물류기지

구획번호	면적(m²)	업체명
B1	79,083	인천국제공항 물류센터
F1~4	65,707	AMB Property
B3	9,060	K.W.E. Korea
B2	8,892	삼성 로지텍
A2	25,303	범한 물류
C4	6,895	현대 로지스틱스
D1~6	52,600	네오세미테크
G4	6,531	하나로 T.N.S
G5	9,580	인천국제공항 물류센터
G6	9,464	백마 물류
G3	10,000	Schenker Korea
G2	6,973	해우 물류
G1, G7	14,961	대우 로직스틱스
C2	6,711	월드드림피쉬
A3	38,347	한국면세점협회
총	297,451	(임대율 : 77.4%)

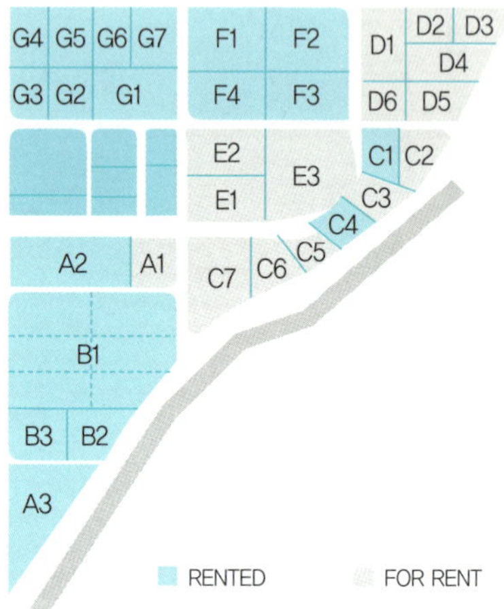

(4) 항공화물시스템(AIRCIS)

물류주체들 간 업무협력을 지원할 수 있는 정보서비스 네트워크와 연계하여 인프라를 제공할 목적으로 국토교통부에서 구축하고 인천국제공항공사에서 운영하고 있다. 항공사, 조업사, 포워더, 운송사 등 물류주체의 정보공유 및 협업지원을 통한 항공물류의 One-Site, One-Stop서비스를 제공한다.

| 표 17-3 | 항공화물시스템

항공화물 예약 및 추적서비스	• 화물예약/멀티예약 • 예약변경, 예약현황 조회
스케줄 조회	• 실시간 항공사 스케줄 • 인천공항 주간 스케줄
E-Freight서비스	• 국내외 세관신고용 문서 전송 • e-AWB(전자운송장) 전송 • 화물접수증 조회
터미널 조업정보 조회	• 터미널 조업정보 및 D/O정보 조회
부가서비스	• 각종 물류통계 및 물류 관련 자료 제공 • 항공물류 관련 뉴스 제공

(5) 항공물류서비스

① 화물터미널 CIQ

화물항공기에 탑승하는 승무원(조종사 등)에 대한 출입국 편의를 제공하기 위해 세계 유일하게 화물터미널지역에 C.I.Q(세관, 출입국, 검역)서비스를 구축하고 있다.

② Green Cargo Hub Project

인천공항은 세계 최초로 물류 분야 녹색성장공항을 모토로 삼고 2009년부터 Green Cargo Hub Project를 시작, 인천공항 취항 항공사 및 물류기업과 함께 경량형 ULD 개발, 항공화물용 생분해성 · 광분해성 비닐 개발 등 항공물류 분야 온실가스 저감배출방안을 연구했으며, 그 결과 2010년도 한 해에만 32,000톤의 항공화물 분야 CO_2 배출절감에 성공하는 결과를 거둘 수 있었다.

2) 대한항공 화물터미널

국제항공화물운송 부문에서 우리나라의 대한항공은 지난 2004년 19년간 부동의 1위였던 독일의 루프트한자를 제치고 국제항공화물 수송실적 1위에 올랐고 2009년에 이르기까지 6년 연속 1위의 명성을 지켰으며 2010년 이후 루프트한자와 1, 2 위를 다루고 있다.

대한항공은 인천국제공항을 비롯하여 도쿄, 오사카, 로스앤젤레스, 뉴욕공항 등에 당사 전용 화물터미널을 운영하고 있으며 작업환경의 자동화를 통하여 신속하고 정확한 운송서비스를 제공하고 있다. 전용화물터미널에는 고객의 화물을 보다 안전 · 정확 · 신속하게 처리할 수 있도록 각종 시설물 및 장비를 갖추고 있으며, 공항 특성에 따라 보냉 및 냉동창고, 귀중품창고 등 특수화물창고시설을 별도로 운영하고 있다.

화물을 보관창고 내에서 쉽게 이동시키는 자동승강장치(ETV), 터미널 내부에서 곧바로 화물기에 화물을 탑재할 수 있도록 설계된 모빌로더(Mobile Loader), 공기오염과 소음공해가 없는 전동 지게차(Forklift), 견인차(Tug Car) 등의 최신장비를 갖추고 화물을 보다 안전 · 정확 · 신속하게 처리하고 있다.

(1) 인천 제1터미널

연간 143만 톤의 처리능력을 보유하고 있는 대한항공 제1화물터미널은 동북아지역의 핵심물류 허브로서, 지속적으로 증가하는 항공화물 수요에 부합하도록 탄력적인 서비스를 제공하고 있다.

| 표 17-4 | 대한항공 인천 제1터미널 시설규모

시설	대한항공 제1화물터미널
연면적	65,603m^2
W/H규모(Canopy 포함)	420m×105m(420m×140m)
건물규모	지하 1층, 지상 3층
터미널처리능력	1,430,000 tons/year
비고	대한항공 수출입화물처리

대한항공 인천 제1터미널

(2) 인천 제2터미널

2007년, 인천 제1화물터미널에 이웃하여 준공된 인천 제2화물터미널은 연간 26만 톤의 처리능력을 보유하고 있다. 대한항공의 가장 최신

화물터미널로 다양한 현대화시설과 장비를 갖추고 있다.

| 표 17-5 | 대한항공 인천 제2터미널 시설규모

시설	대한항공 제2화물터미널
연면적	37,500m²
W/H규모(Canopy 포함)	210m × 105m(420m × 142m)
건물규모	지하 1층, 지상 5층
터미널처리능력	260,000 tons/year
비고	외항사 수출화물처리

대한항공 인천 제2터미널

3) 아시아나항공 화물터미널

인천국제공항 개항과 발맞추어 2001년 3월에 개장한 아시아나항공 인천 화물터미널은 연평균 70만 톤의 화물을 처리하는 아시아나의 허브터미널이다. 개장 초 8,576평이었던 규모는 2005년 7월 증축을 통해 13,340평으로 확대되었으며 첨단 물류시설을 갖추고 있다. 인천공항 화물터미널 단지 내 터미널 B에 위치하고 있으며 김포공항으로부터 서쪽 38km 거리에 위치한다. 인적 실수에 의한 화물의 분실, 파손, 지연 등을 감소시키고 실시간 화물위치 추적, 화물 반·출입, 업체별 물량 등 고객서비스 제공을 위해 완전 자동화창고를 지향한다.

(1) 자동화시스템 ACTS

ACTS는 아시아나 화물터미널 자동화시스템으로서 ETV, TV, ASRS 등의 자동화장비의 자동제어, 바코드 라벨이 부착된 수출입화물의 창고 내 작업공정 자동화를 위한 시스템이다. 이 시스템을 이용하여 수출입화물의 창고 내 작업공정을 자동화하여 정확한 화물위치관리가 가능해졌다. 또한 첨단 물류장비의 완전 자동화를 통해 화물보관 효율 증대 및 신속한 화물 입출고가 가능하다.

(2) 창고관리시스템

창고관리시스템(WMS)은 아시아나항공 창고관리시스템으로 아시아나 화물터미널에 반출입되는 모든 화물정보를 관리하는 시스템이다. 이 시스템을 이용해 고객에게 터미널 반입 후 반출까지 화물작업 진행과정에 따른 실시간 적재정보를 제공한다. 또한 터미널 내 화물창고료 관리 전산화, EDI방식을 통한 대 세관 수출입업무 전산화, 장치장 내 화물 물동량 및 재고관리를 통한 효과적인 수출입화물 업무지원이 가능하다.

(3) 신속한 화물처리

트럭 독(Truck Dock), 플랫 독(Flat Dock), 컨베이어(Conveyer) 등 최신 운송설비를 다수 비치해 보다 신속한 화물처리가 가능하다.

(4) 강화된 보안시스템

창고 내 다수의 CCTV 배치를 통해 LCD 모니터 등 고가의 화물을 안전하게 보관 · 운송한다.

3 해외 공항화물터미널

1) 홍콩 첵랍콕공항

홍콩국제공항(Hong Kong International Airport, 첵랍콕국제공항이라고도 함)의 화물터미널시설은 Hong Kong Air Cargo Terminal (HACTL)과 Asia Airfreight Terminal Company Limited(AAT)가 운영하고 있다. 두 회사는 20년간 사용계약을 체결하였으며, 초기 연간 화물처리능력은 302만 톤이다. 특히 HACTL이 운영하고 있는 터미널시설인 'Super Terminal 1'은 세계에서 가장 큰 항공화물처리시설이다.

(1) 첨단기술 도입

새로운 터미널은 12개의 컴퓨터로 통제되는 스태커 크레인(Stacker Crane)을 이용해서 한 번에 3,500개 이상의 컨테이너를 다룰 수 있는 완전 자동화된 컨테이너 저장시스템을 가지고 있다. 또한 주 터미널 빌딩중심에는 2개의 박스보관시설(Box Storage System)과 24개의 전산화된 스태커 크레인이 있고, 여기에는 10,000개 이상의 개별 위탁화물을 저장할 수 있다. Super Terminal 1은 COSAC(Communication System for Air Cargo)과 같은 선진화된 컴퓨터 전산망을 가지고 있다. 이 네트워크는 항공사, 운송업자, 세관, 항공국, 홍콩공항당국, 하주와 수하인을 포함하는 모든 주요 사업체와 함께 HACTL에 연결되어 있다.

(2) 특별서비스(premium service)

통관절차의 속도와 효율성을 향상시키기 위해 Super Terminal 1은 터미널 빌딩 1층 중앙에 통관시설을 설치하고, 이 시설이 박스보관시설에 직접 연결되게 하였다. 유사한 통관시설은 특송센터뿐 아니라 부패성화물취급센터(perishables cargo handling centre)에도 설치되어 있다.

(3) 특수화물(special cargo)

위탁화물의 하역이 가능한 부패성화물취급센터가 있고, 냉장실, 가축실, 위험물 보관실, 방사능실 등이 별도로 제공되고 있다. 특대형 물품, 귀중품 또는 위험물을 위한 시설로는 140개의 6m 컨테이너 보관이 가능한 보관시스템과 동시에 9개의 구조물 혹은 대형 장비(armured vehicles)를 취급할 수 있는 고안정성의 화물을 위해 고객주문에 따라 설계한 시설 등이 있다.

(4) 우수한 안전성

HACTL은 20년 이상 화물취급 경력을 통해 뛰어난 안전성을 자랑하고 있다. 직원은 모두 고도로 훈련된 전문성과 표준화 요구를 충족시킬 수 있는 능력을 가지고 있다. Super Terminal 1은 선진형 보안시스템, 즉 600대의 CCTV가 24시간 작동하고 있고, 보안통제체계(security access control system)를 도입하였다.

(5) 캐세이퍼시픽항공 화물터미널

캐세이퍼시픽서비스는 캐세이퍼시픽항공의 자회사로 지난 2008년 1월에 설립됐으며, 2008년 3월 홍콩공항청으로부터 20년 동안의 홍콩국제공항-캐세이퍼시픽 화물터미널의 설계 · 시공 · 운영권을 부여받았다.

새로운 화물터미널은 화물취급시스템, 화물취급장치 및 시행절차, 맞춤형 창고 운용시스템 등 체계적이고 기술적인 시스템을 도입해 항공사 고객의 편의를 극대화하고자 했다. 화물 접수시간 연장이나 마감화물 탑재, 화물 환적을 위한 연결시간 단축 등 획기적인 서비스 개선이 이루어진다. 새로운 화물서비스는 현재의 화물운송시스템에서 새로운 시스템으로 전환이 원활하게 이루어질 수 있도록 캐세이퍼시픽항공과 드래곤에어를 대상으로 우선 시행하였고, 총 3단계에 걸쳐 점진적으로 터미널을 개방했다.

터미널 설립에 59억 홍콩달러(약 8,850억 원)가 소요됐으며, 항공화물운송의 거점으로서의 기능과 화물 취급량 증가에 중점을 두고 디자인됐다. 터미널이 전면적으로 개방되면 연간 260만 톤가량의 취급이 가능해져 홍콩국제공항의 전체 화물 수용량도 약 50%가량 증가된 740만 톤으로 확대될 전망이다. 더불어 새롭게 1,800명의 인력이 투입돼 효율적인 서비스를 제공할 것으로 기대된다.

이 터미널은 전 세계에서 가장 큰 최신식 공항화물터미널로 새로운 화물터미널은 정시성과 전략적인 기술력으로 화물 접수시간 연장이나 마감화물탑재, 환적을 위한 연결시간 단축 등의 성과를 끌어냈으며 이는 항공사 고객들의 편의성을 높였다.

영국 스카이트랙스 선정 '5성 항공사' 중 하나인 캐세이퍼시픽은 홍콩을 중심으로 첨단 기술산업 도시인 중국 정저우와 스리랑카의 콜롬보를 비롯 IT, 의약품산업의 중심지로 부상하고 있는 인도 하이데라바드에 주 4회 여객편을 신규 운항, 편당 12~15톤의 화물탑재량을 추가로 확보해 화물운송서비스를 확대했다.

2) 싱가포르 창이공항

싱가포르의 창이공항(Changi International Airport)은 우수한 기반 시설과 탁월한 운영능력을 인정받아 항공화물 부문에서 10년 연속 아시아 최고공항으로 선정되었다. 창이공항의 항공화물지역인 Changi Airfreight Centre는 자유무역지대(free trade zone)로 지정되어 운영 중이며 핵심서비스와 시설은 자유무역지대에 집중되어 있다. 하루 중 어느 시간대에 도착한 화물이더라도 수하인에게 2~4시간 내에 전달되고 있으며, CAC(Changi Airfreight Centre) 내에서의 One-Stop서비스를 제공한다.

| 표 17-6 | 창이공항 Performance Standards

<table>
<tr><th>Activity</th><th>Performance Standards</th></tr>
<tr><td rowspan="2">Cargo Document Handling
(화물터미널에서 수하인에게
AWB 인도준비 완료)</td><td>여객기 : 항공기 도착 후 2시간 이내</td></tr>
<tr><td>화물기 : 항공기 도착 후 4시간 이내</td></tr>
<tr><td rowspan="2">Physical Cargo Handling
(화물터미널에서 수하인에게
실화물 인도준비 완료)</td><td>항공기 도착 후 4시간 이내</td></tr>
<tr><td>화물기 : 항공기 도착 후 6시간 이내</td></tr>
<tr><td>Express Cargo Handling
(실화물 인도준비 완료)</td><td>항공기 도착 후 1시간 이내</td></tr>
</table>

3) 독일 프랑크푸르트공항

프랑크푸르트공항(Frankfurt Main Airport)은 유럽 최대의 화물수송량을 유지하고 있으며 프랑크푸르트공항을 중심으로 화물터미널을 운영하고 있는 루프트한자 독일항공은 2003년까지 세계 1위의 화물 수송 능력을 자랑했다. 프랑크푸르트 남서쪽 9km에 위치하며 유럽의 거점 공항으로서 입지를 확고히 하고 있다.

화물터미널시설은 Cargo City North(400,000m^2)와 Forwarder's Center South(458,000m^2)를 갖춘 Cargo City South(940,000m^2) 등 2개가 있는데, 두 곳의 연간 처리능력은 약 150만 톤이다. Cargo City South에는 철도역이 있어 항공과 육로를 잇는 복합운송기지 역할을 하고 있다.

(1) 루프트한자항공 'BUP(Build up Program)'제도

루프트한자항공에서 보여주는 수출화물에 대한 터미널 효율성 증대를 위해 항공사터미널의 Build up을 최소화하고 대리점 창고에서의 화물 Build up을 촉진코자 운영하는 제도로서 이를 통하여 Build up에 필요한 인력 · 장비의 증가를 억제하고, 조업사에 의존하는 조업형태에서 벗어나 항공사와 화주가 직접 화물조업의 주체가 되는 'BUP(Build up Program)'제도를 시행하고 있다.

(2) 서비스 평가제도

루프트한자항공은 조업사에 대해 3개 부문의 정기적 품질(Quality) 평가를 주간 및 월간 단위로 실시하고 있으며 평가결과를 지표화하여 지속적인 관리를 하고 있다. 평가방법으로는, 첫째 업무 프로세스 정도를 계수화하는 CQI(Cargo Quality Index)가 있으며, 둘째 고객만족지수를 통한 서비스 평가가 있다. 또한 인적자원 계수를 도입하여 인적요소의 서비스만족도 EQI(Employee Quality Index)를 평가하고 있다.

A·I·R·L·I·N·E·&·M·A·R·K·E·T·I·N·G

18 CHAPTER 항공운송시스템과 국제 로지스틱스

1 항공운송

1) 항공운송의 개념

운송이란 자동차, 철도, 선박, 항공기 등 교통수단을 이용하여 사람이나 재화의 출발지와 도착지 간의 공간적 거리의 조정과 시간적 격차를 줄이기 위한 '장소적 이동'활동을 의미한다.

운송은 사람이나 재화를 신속하고, 안전하며, 저렴하게 고객이 원하는 장소, 시간까지 이동시키는 '물리적 행위'로 장소적 효용 창출을 목적으로 하고 있다. 운송은 물류활동 중 가장 큰 비중을 차지하고 있으며, 물류활동의 목표인 비용절감과 고객서비스 향상에 초점을 두고 있다.

그림 18-1 ◐ 운송의 목적

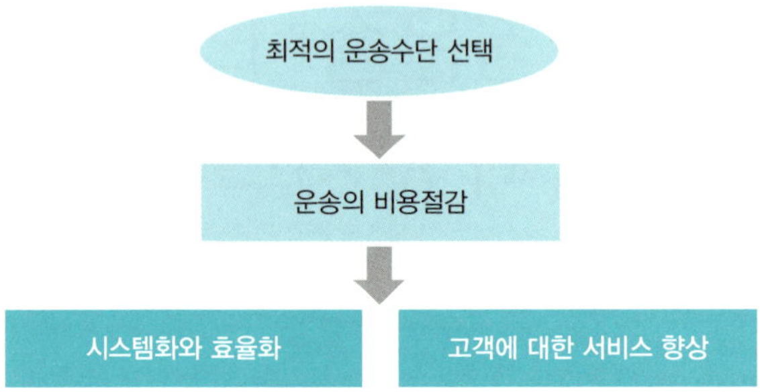

항공운송(Air Transport)이란 항공기를 사용하여 여객, 화물, 우편물 등을 운송하는 경제행위를 말하며, 항공화물운송은 항공기에 적재되는 승객의 수화물과 우편물을 제외한 항공화물운송장(AWB : Air Waybill)에 의해 운송되는 화물의 운송을 일컫는다.

1910년 필립 팔메리가 세계 최초로 비행기 날개에 실크 60파운드를 싣고 미국 오하이오주 데이톤과 콜럼버스 간 65마일을 운항한 것이 항공화물운송의 효시였다. 그 후 항공화물운송은 우편물, 긴급품, 귀중품 등 특수한 물품의 운송에 한정되어 있었으나, 1959~1960년에 개발되어 항공운송업계에 도입되기 시작한 제트기의 등장으로 자동차나 컴퓨터, 기계 등 대형 화물의 운송이 가능해지면서 비약적인 발전을 이루게 되었다. 특히 1963년 화물전용 제트기(DC-8F, B-707F)의 취항은 항공화물운송을 본격적인 대량운송체제로 접어들게 하였다.

이어 1970년대에는 보잉 747 점보제트기를 비롯하여 DC-10, L-1011 등 광동형 대형 항공기가 세계 각 항로에 취항하게 되면서 국제 간 항공화물운송의 발전이 본격화되었다. 이후 광동형 항공기의 보급 확대와 더불어 항공운송절차의 표준화, 항공화물의 컨테이너화 및 지상작업의 자동화로 운송효율이 급격히 상승하면서 오늘날 항공화물 운송량은 약 270만 톤 규모로 매년 성장하고 있다.

2) 항공운송 현황 및 성장요인

(1) 항공운송 현황

우리나라 수출입화물에서 항공화물이 차지하는 비중은 물동량기준으로 약 0.3%에 불과하지만, 운송되는 화물가액을 기준으로 할 때 항공화물은 30%를 상회한다. 이는 항공화물의 경우에 물동량규모는 작지만 운임부담력이 큰 고부가가치화물을 주로 운송하고 있기 때문이다. 특히 도난, 파손 가능성이 높은 화물 혹은 상품의 수명주기가 짧은 화물 등의 운송에는 항공운송이 주로 이용되고 있다. 향후 IT 제품의 지속적인 수출입 수요증가, 일본의 생산복구 및 유럽 경제회복, 나아가 인천국제공항의 이용도 향상 등에 힘입어 항공화물시장은 계속 성장해 갈 것으로 전망되고 있다.

(2) 항공운송의 성장요인

- 항공기술의 발전으로 항공기의 스피드화와 대형화에 따른 항공운송 수요가 증가한다.
- 수출입화물의 경박단소화, 고부가가치화 등의 진전으로 운임부담

력이 있는 화물이 증가한다.

- 국제적 분업화의 진전에 따른 상품 및 반제품의 국제운송이 증가한다.
- 샘플, 이삿짐, 패션상품, 식품, 화훼류 등 긴급성 및 시한성 제품의 수요가 증가한다.
- 항공운송의 장점에 대한 물류관리나 마케팅전략이 고도화된다.
- 항공운송서비스의 향상과 운임이 저렴화된다.
- 운송의 합리화에 의한 시간가치가 상승한다.
- 노동가치의 변화로 인한 항공여객 수요가 증가한다.

그림 18-2 ◐ 항공여객수의 추이

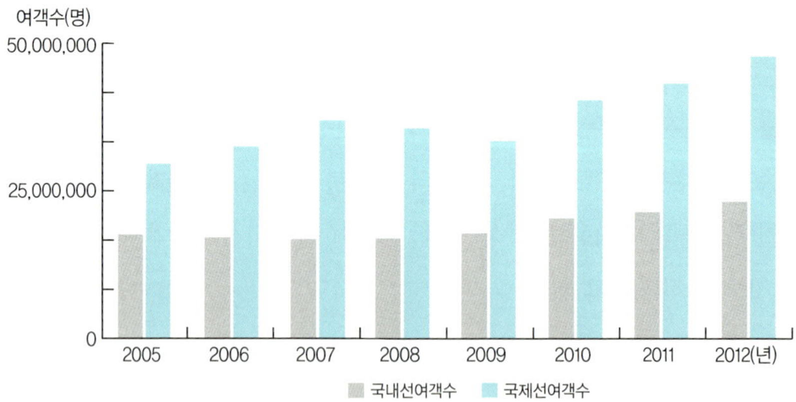

2 항공화물운송

1) 항공화물운송의 특성

(1) 서비스지향적인 시장

긴급운송을 필요로 하는 화물에 대한 효과적인 처리의 수단으로서 해상운송에 비하여 운송시간이 짧고, 정시운항으로 인한 운송 스케줄에 대한 신뢰도가 높으며, 운송 중인 화물의 위치에 대하여 신속한 추적이 용이하다. 따라서 화주의 입장에서는 수준 높은 서비스에 대하여 기꺼이 높은 운임을 지불하게 된다.

(2) 고가화물운송시장

항공화물은 운송하는 단위중량에 비해 화물의 가치가 높다. 따라서 기회비용이 높게 발생한다. 즉 항공운임이 해상운임에 비해 높으나 해상운송으로 인해 발생하는 포장비, 보험료, 창고료 등 직접비와 재고품에 대한 투자자본, 관리비, 파손 등에 따른 간접비를 포함할 경우 높은 운임을 상쇄할 수 있다.

(3) 보완적 운송시장

다른 운송수단에 대해 보완적인 경우가 많다. 즉 육상 또는 해상운송이 일시적으로 불가능하거나 안정성과 신뢰성에 문제가 발생한 경우,

일시적인 수요의 급격한 증가, 계절적인 수요의 변화에 따라 가격적인 측면보다 시간적인 측면을 우선적으로 고려하는 경우에 주로 사용된다.

(4) 낮은 가격탄력성을 갖는 시장

항공운송의 특성상 요율에 대하여 상대적으로 민감하지 않은 반면 운송의 신뢰성과 정확성이 더 요구된다. 따라서 항공화물의 수요는 가격에 대해 탄력성이 낮은 특성을 가진다.

2) 항공화물시장과 항공여객시장의 차이

| 표 18-1 | 항공화물시장과 항공여객시장의 비교

구분	항공화물시장	항공여객시장
운항형태	편도(one-way)	왕복(round trip)
요율구조	크기, 모양, 무게 등에 따라 복잡하고 다양함	화물보다 간단함
성격	지상조업서비스를 요구하는 수동적 성격	여객 스스로가 움직이는 능동적 성격
활동시간	야행성(夜行性)	주행성(晝行性)
경쟁수단	육상, 해운 등 다양	제한적
항공노선	다수의 경유지 등 노선의 선택에 대한 중요성이 덜함	주로 직항노선을 선호하며 경유지의 선택이 상대적으로 중요함
이해관계자	송화인, 지상조업회사, 보험중개인, 보세창고업자, 관세사, 항공사, 수화인 등 다수가 관계	여객과 항공사
거래형태	대규모 고정거래자와 반복거래	화물에 비해 덜 반복적

3) 항공운송의 장 · 단점

(1) 장점

- 신속성(speed)
- 정시성(safty)
- 안정성(schedule)
- 경제성(economic, 총물류비 관점에서는 해상운송보다 저렴)

(2) 단점

- 중량과 규격이 제한되어 중량물, 장척물의 운송이 곤란하다.
- 운임이 비교적 높다.
- 공항이 없거나 항공화물편이 없는 곳에서는 운송이 곤란하다.
- 에너지 소비량이 높다.
- 소음공해 발생으로 규제가능성이 있다.

4) 항공기의 단위 탑재용기

항공기의 단위 탑재용기(ULD : Unit Load Device)는 항공화물의 단위화를 위한 용기로서 항공기의 대형화 및 상하역작업의 기계화에 따라서 이용되는 항공화물용 파렛트(pallet), 컨테이너(container), 이글루(igloo) 등을 말한다. ULD는 국제항공운송협회(IATA)가 인정하는 것과 항공사가 소유하고 있는 것의 두 종류가 있다. 국제항공운송협회(IATA)가 인정한 ULD는 각 항공기의 화물칸에 적합하도록 제작된 것으로 Aircraft ULD라고 하며, 컨테이너, 파렛트, 이글루는 여기에 속한다. 항공용(Aircraft) ULD는 항공기 바닥면의 고정장치로 직접 고정할 수 있는 ULD이고, 비항공용(Non-Aircraft) ULD는 항공용 ULD를 매개로 해서 항공기에 탑재할 수 있는 ULD이다.

(1) 파렛트(Pallet)

1인치 이하의 알루미늄 합금으로 만들어진 평판으로, 파렛트 위의 화물을 특정 항공기의 내부모양과 일치하도록 적재작업한 후 망이나 띠로 묶을 수 있도록 고안된 장비이다. 작업이 완료된 파렛트는 항공기에 탑재하고, 화물실 바닥에 장치된 Attachment System을 사용하여 항공기에 고정시킨다. 표준사이즈는 88×108(인치), 88×125(인치)이다.

88인치 파렛트에 적재된 화물

(2) 컨테이너(Certified Aircraft Container)

별도의 보조장비 없이 항공기 내의 화물실에 적재 및 고정이 가능하도록 제작된 용기이다. 항공기 화물실 윤곽에 맞게 제작되어 화물실 공간을 최대한 활용할 수 있게 제작되었다.

LD3 Refrigerated Container(RKN)

LD6 Container(ALF)

항공화물전용컨테이너

(3) 이글루(Igloo)

유리섬유 또는 알루미늄 등의 재질로 비행기의 동체모양에 따라 만들어진 덮개로 파렛트와 함께 사용되어 공간을 최대한 활용하도록 고안되었다. 항공기 내부구조에 맞게 모서리가 둥글게 제작되어 있다. 이글루의 종류는 파렛트와 마찬가지로 88×108(인치), 88×125(인치)가 표준형이다.

(4) 특수 ULD

자동차운송용 장비로서 Car Transpoter, 말운송용 ULD인 Horse Stall, 가축운송용 ULD인 Cattle Pen, 의류를 행어에 걸어 적재하는 컨테이너인 GOH(Garment on Hanger) 등이 있다.

5) 항공화물운송과정

(1) 운송화물의 장치장 반입

송화인의 화물이 육로수송을 거쳐 물류터미널에 도착하고 장치장에 반입된다.

(2) 화물의 척량검사

장치장 반입 시에 화물의 척량검사를 실시한 후 수출화물 반입계를 발급받는다.

(3) 장치장 지정 및 승인

보세구역인 보세장치장에 화물을 반입하기 위해 세관 보세과에 수출화물 반입계를 제출하고 장치장 지정 및 승인을 받아야 한다.

(4) 수출신고

보세구역 내의 화물을 반입한 후 자가통관의 허가를 받지 않은 송화인(수출자)은 반드시 통관업자(관세사)를 통해서 수출신고를 해야 한다. 이때 준비해야 할 구비서류는 수출신고서, 신용장사본, 상업송장, 포장명세서, 검사증이다.

(5) 수출심사

세관 심사과에서는 제출된 수출신고서류를 1차 심사한 후 이상이 없을 경우 감정과로 서류를 이송한다. 이때 심사하는 사항은 다음과 같다.

- 수출승인서, 신용장상의 단가와 정부의 가격 비교
- 정상결제 여부
- 수출금지품목 여부
- 신고서 기재사항의 정확성
- 화물의 기호, 품종, 수량, 계약조건, 목적지검사

(6) 화물검사

세관 감정과에서는 서류와 화물을 대조하면서 수량, 규격, 품질 등을 검사하며, 심사과에서는 지정한 검사수량에 대한 전부 또는 일부를 개봉하여 검사한다.

(7) 수출허가

화물검사 결과 이상이 없는 서류는 심사과로 회송되어 2차 심사로 수출면장을 발급해 준다.

(8) 운송장 및 화물의 인계

- 통관절차가 완료된 화물의 운송장은 항공화물대리점에서 Cargo Delivery Receipt와 함께 해당 항공사에 접수시킨다.
- 운송장에는 Invoice, Packing List, C/O(원산지증명), 검역증 등 목적지에서의 통관에 필요한 서류가 첨부된다.
- 항공회사는 Cargo Delivery Receipt에 접수확인을 기재한 후 화물을 인수하도록 한다.

(9) 적재작업

항공사는 해당 항공편의 항공기에 ULD 사용 가능성 등을 고려하여, 사용 ULD 및 적재작업방법 등을 결정하고 그에 따라 적재작업을 행한다.

(10) 전문접수

출발지로부터 항공기 출발 후 해당 편 탑재화물 관련 전문을 접수하면 화물을 완벽한 상태로 신속하게 수화인에게 인도하기 위해 항공기 도착 이전에 조업사에 통보하여 필요한 장비 및 시설을 확보하도록 한다. 또한 특수화물에 대해서는 사전에 수화인에게 통보한다.

(11) 항공기 도착

항공기가 도착하면 항공사 직원이 기내에 탑승, 승무원으로부터 운송장 및 출발지 출항허가, 적하목록 등을 인계받은 다음, 세관 승기실에 적하목록을 제출하여 입항허가를 받는다. 또한 화물은 하역된 후 물류터미널로 이동 담당자에게 인계한다.

(12) 서류분류 및 검토

- 서류가 도착하면 항공운송장과 적하목록을 대조하여 수입금지품목 여부 및 안보를 위해 물품 여부를 확인하고, 보냉 · 냉동을 요하는 품목은 담당자에게 적절한 작업지시를 한다.
- 검토가 완료된 운송장과 적하목록은 통과화물의 경우 최종목적지 수송을 위해 세관에 이적허가를 신청하고, 우리나라 도착화물의 경우에는 창고배정 및 보세운송을 위해 세관 보세과로 이송한다.

(13) 창고분류 및 검토

세관 보세과에서는 보세운송업체 직원이 세관 직원의 감독하에 운송장상의 목적지에 따라 또는 화주의 요청에 따라 창고배정작업을 한 후 적하목록에 기록한다.

(14) 화물분류작업

창고배정이 완료되면 분류적하목록에 의거 실제 화물을 배정된 창고에 입고시킨다.

(15) 도착통지

창고배정작업이 완료되면 운송장은 통관지역에 따라 항공사의 인도과로 보내지며 수화인에게 전화, 전보, 텔렉스 등을 이용하여 도착통지를 한다.

(16) 운송장 인도

해당 화물의 수화인에게 운송장을 인계할 때 신분을 확인하며, 또한 착지불화물인 경우에는 운임 이외의 별도의 요금을 지불해야 한다.

A·I·R·L·I·N·E·&·M·A·R·K·E·T·I·N·G

19 CHAPTER 항공 및 공항 안전관리

1 항공안전과 사고

1) 항공안전

항공안전은 항공기가 안전하게 이륙해서 운항하고 착륙할 수 있도록 사고의 요인이 되는 비능률적 요소(인적 · 물적)를 사전에 방지하는 것이다. 즉 승객에게 제공되는 가장 기본적인 서비스사항으로 승객이 항공기 탑승 전 갖게 되는 항공기에 대한 불안감 등을 해소하고 기타 사고요소를 줄여 안전하고 편안한 여행이 되도록 하는 것이 목적이다.

항공안전(Aviation Safety)은 항공운송산업 내부의 종사자가 관련 업무를 수행 중 일반적인 상황에서 발생하는 위험요소로부터 안전을 확보하는 개념이다. 반면에 항공보안(Aviation Security)은 항공종사자

외 제3자(탑승객 포함)로 인해 발생할 수 있는 위험상황을 방지하고자 노력하는 행위를 뜻한다.

2) 항공안전관리

항공안전관리는 항공기 운항의 제반활동에 대한 안전관리를 실시하는 것으로 항공기의 운항에 있어 승무원과 항공기 및 기타 자원의 안전을 도모하기 위해 필요한 방책을 시행함으로써 항공사고를 방지하는 것이다. 즉 항공기운영에 따른 인적 · 물적 · 환경적 요소의 사고 잠재요인을 규명하여 이에 필요한 안전대책 수립과 적절한 안전장치 및 보호장비를 개발 적용하여 인적 · 물적 자원의 보호와 임무 수행의 안전을 도모하는 것이다.

3) 항공사고

항공기 사고(Aircraft Accident)는 승무원이나 승객이 항공기에 탑승한 후부터 내릴 때까지의 사이에 그 항공기가 운항함으로써 일어난 사람의 사망 · 부상, 항공기의 손상

등 항공기와 관련된 모든 사고를 의미한다. 사고라고는 할 수 없으나 항공기의 운항안전에 큰 위협이 되었다거나 또는 그럴 가능성이 큰 사건들을 준사고(Incident)라고 하기도 한다.

| 표 19-1 | 항공기의 사고와 준사고

사고(Accident)	준사고(Incident)
• 항공기 탑승객 또는 지상에 있던 사람이 항공기나 부속물에 직접 접촉하여 사망하거나 중상을 당할 경우 • 항공기 구조적 파괴로 대형 수리나 교체가 필요한 경우 • 항공기가 행방불명되거나 잔해 위치를 알 수 없는 경우	• 사고(Accident) 이외 항공기 파손 또는 상해자 발생 시 • 항공기 비상착륙 시 • 항공기 감항상태(Airworthy)가 아닌 채로 공항에 착륙 시 • 항공기 탑승자나 지상에 있는 사람의 안전이나 재산에 위험을 준 경우

4) 항공사고의 원인

| 표 19-2 | 항공교통사고의 원인분석

구분	시사점
현황	• 체계적인 분류 · 분석기준이 없어 사고원인에 관한 분석과 자료화 미비 • 부정기 및 사업용 항공기의 사고율이 높음 • 회전익 항공기의 사고율 높음 • 인적 요인에 의한 사고원인의 비율이 높음

사고원인	인적 요인	• 운항절차 위반 • 불충분한 크로스체크 • 기장의 독선적 행위 • 비정상상태에서의 승무원의 미숙한 대응 • 관제사, 조종사 간 통신 오해 • 부적절한 착륙 결정 • 관제, 정비, 지상요원의 실수 • 조직적 문제(항공사의 안전관리 미흡) • 점검 미흡
	항공기	• 항공기 설계 결함 • 항공기 이상
	환경적 요인	• 기상조건(불충분한 기상정보) • 표준 및 기준 부족 • 공항시설 및 보조시설 부족 • 장애물(공항 내 차량 등 장애물, 야생동물)

2 항공안전관리의 배경 및 필요성

1) 항공안전관리의 배경

(1) 항공기 사고율 감소 정체

1960년대 이전에는 항공기 사고율이 상당히 높았으나, 1970년대에 이르기까지 사고조사와 사후관리를 통한 항공기의 기술적 신뢰성 증진으로 항공사고율을 감소시켰다. 이후 인적 요인의 관리와 시스템적 특성에 주목한 시스템 안전개념의 도입이 이루어졌음에도 1980년대 이후

그림 19-1 ○ 항공기 사고율

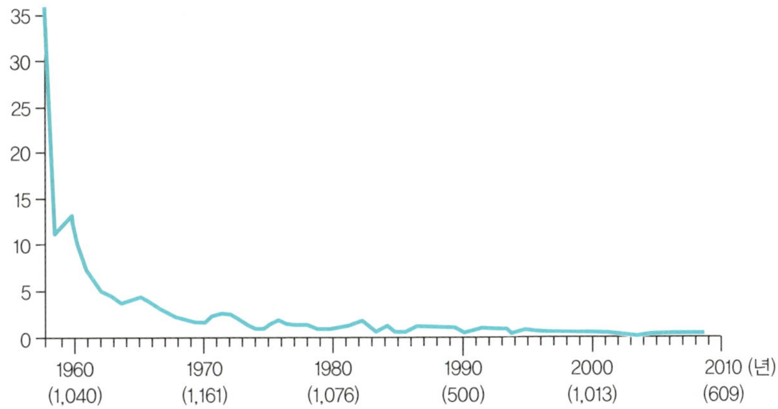

항공사고율은 정체상태를 보이고 있다.

(2) 항공교통량 증가

세계 항공교통량은 지속적으로 증가했다. 항공 수요 또한 꾸준히 증가하고 있기 때문에 향후에도 전 세계 항공교통량은 꾸준히 상승세일 것으로 예상된다. 세계적으로 항공교통량은 지속적으로 증가하고 있으나, 항공사고 감소율은 1980년대 이후 정체상태를 보이고 있다. 이러한 항공교통량의 급증은 항공사고 발생위험 증가로 이어지며 교통량 증가에 따라 절대적 사고발생 건수는 오히려 증가하고 있다. 현재 수준 이상의 안전을 확보하기 위해서는 체계적인 항공안전 접근 노력이 필요하다.

그림 19-2 ➊ 세계 항공교통량

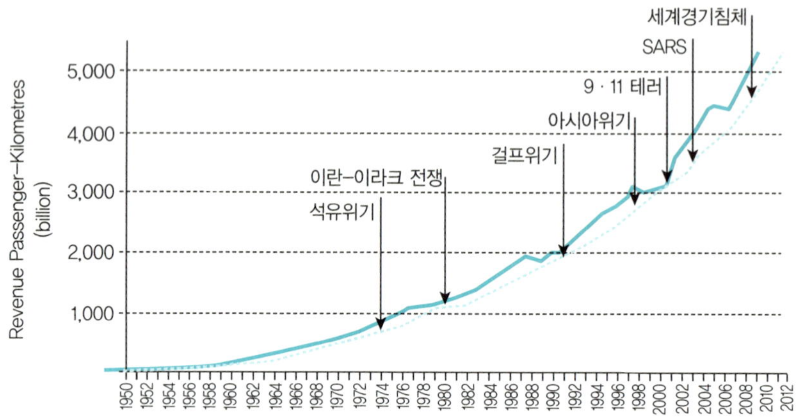

* World scheduled services(2014)

(3) 항공안전에 대한 국제적 요구

ICAO의 국제항공안전계획(GASP : Global Aviation Safety Plan) 추진에 따라 국제기준에 상응한 항공안전목표 반영 요구가 제기됐다. 항공운송량 세계 9위(ICAO, 2006), ICAO 이사국(3선) 및 항행위원 진출 등 우리나라의 국제적 영향력 확대에 따라 선진국수준의 항공안전 향상과 항공선진국 이미지 확립이 요구되었다.

(4) 항공계획 수립의 국제적 추세

기술의 발전, 항공자유화에 따른 항공시장의 변화, 환경보호를 위한 국제기준 강화 등 항공환경의 변화에 적절히 대응하기 위한 국가적 차원의 체계적 안전관리정책이 필요했다. 항공안전 확보와 항공 발전을 위해 미국, 영국 등 항공선진국은 중장기 항공계획을 수립하여 시행하는 추세이다.

2) 항공안전관리의 필요성

우리나라는 세계 6위의 항공운송강국으로 성장하며 항공교통량이 급증하고 있으나 항공사고는 지속적으로 발생하고 있다. 이러한 현실을 극복하기 위해서는 조사보고서를 중심으로 위험요소에 세세하게 대응할 수 있는 예방적인 항공안전관리가 필요하다. 이를 위해서 국가항공안전프로그램(SSP : State Safety Program)과 항공안전관리시스템(SMS : Safety Management System)이 적극 추진되고 있으며, 안전에 예방적인 대응을 위해 2013년 11월 제19부속서(Annex 19)가 신설되어 시행될 예정이다.

3) 국가항공안전프로그램

국가항공안전프로그램은 안전 증진을 위해 국가 차원의 통합 안전목표 · 위험지표를 설정, 리스크분석에 활용하고 과학적 의사결정 및 대책강구를 위한 규정과 활동을 통합적으로 관리하는 종합적인 안전관리체계를 의미한다. 또한 국가의 전반적인 의무 및 책임체계를 효율적으로 시행할 수 있어야 하고 명백한 정책, 절차, 관리통제, 문서화 및 국가항공안전관리시스템의 수정조치 프로세스를 포함한다.

이러한 SSP는 항공운송사업자, 항공 항행서비스공급자, 공항운영자, 훈련 및 정비기관에서 제공하는 항공서비스의 허용 가능한 안전수준을 설정하고 관리하는 것이 목적이다.

4) 항공안전관리시스템

항공안전관리시스템이란 항공안전을 확보하고 안전목표를 달성하기 위해 항공운영기관이 정부의 항공안전프로그램에 따라 자체적인 안전관리를 위하여 요구되는 안전조직, 보고체계, 안전조사, 평가 등의 안전활동을 포함하는 안전관리체계를 말한다. 다시 말해 항공기 사고의 예방을 위한 잠재 위험요인관리, 자체 안전조사 및 평가 등 지속적인 개발이 가능하도록 주기적으로 감시 · 점검 · 검토하여 피드백시키는 과정을 효율적으로 하기 위해 조직의 구성과 자원관리, 체계적인 문서화를 시키는 통합된 시스템이다.

| 표 19-3 | 항공안전관리시스템의 장점

기존 시스템	SMS	SMS 장점
사후적 개선	리스크 사전파악, 개선	취약 분야 집중개선, 예방기능 강화
분야별 접근	시스템적 통합접근	연관된 위험요인 사전 차단
인력의존관리	DB, 통계, 확률관리	과학적 · 체계적 안전관리
타율적	자율적	자율성 제고, 책임 강화

3 항공안전관리 사례

1) 국제민간항공기구(ICAO)

국제민간항공기구는 민간항공 사고율을 낮추고 항공안전에 대한 예방적 접근과 국제적 협력을 도모하기 위해 세계항공안전계획(GASP : Global Aviation Safety Plan)을 제안한다.

GASP는 예방적 접근 차원의 항공안전 달성을 위해 안전에 대한 목표를 일치시키고 불필요한 노력의 중복을 피하도록 안전 관련 모든 조직의 참여를 강조한다.

| 표 19-4 | GASP 주요 내용

국제적 안전 발의사항(Global Safety Initiatives)
• GSI-1 : 국제기준과 항공업계 최상의 실무지침의 일관된 이행 • GSI-2 : 일관된 규제감독 • GSI-3 : 에러와 준사고의 실효성 있는 보고활동 • GSI-4 : 준사고 및 사고의 실효성 있는 조사 • GSI-5 : 지역프로그램의 일관성 있는 조화 • GSI-6 : 항공업계의 실효성 있는 에러 및 준사고 보고 · 분석활동 • GSI-7 : 안전관리체계(SMS)의 일관된 활용 • GSI-8 : 규정항목의 일관된 준수 • GSI-9 : 항공업계 최상의 업무지침 채택 • GSI-10 : 항공업계 안전전략의 정렬 • GSI-11 : 자격 있는 종사자의 충원 • GSI-12 : 안전 증진을 위한 기술의 활용

2) 제주항공

(1) 안전관리활동

제주항공은 2009년 전 세계 LCC(Low Cost Carrier, 저비용항공사) 가운데 이례적으로 IATA(국제항공운송협회)의 항공운송 표준평가제도인 IOSA(IATA Operation Safety Audit) 인증을 받았다. 2010년 하반기에는 새롭게 개정된 '3rd Edition'을 신청해 '무결점(Zero Finding)'으로 인증을 통과했다.

제주항공이 인증받은 3rd Edition은 국제항공운송의 표준을 관장하는 ICAO(국제민간항공기구)가 정한 규정에 따라 안전과 보안에 관련된 위험요소를 사전에 발견하고 제거할 수 있는 내부 감사시스템에 대한 평가비중을 강화한 것이다. 즉 제주항공이 2006년 취항 이후 지속적으로 투자하여 독자적으로 구축한 안전운항관리시스템이 국제공인되었음을 의미한다.

(2) 안전관리시스템

① 제주항공 안전관리체계

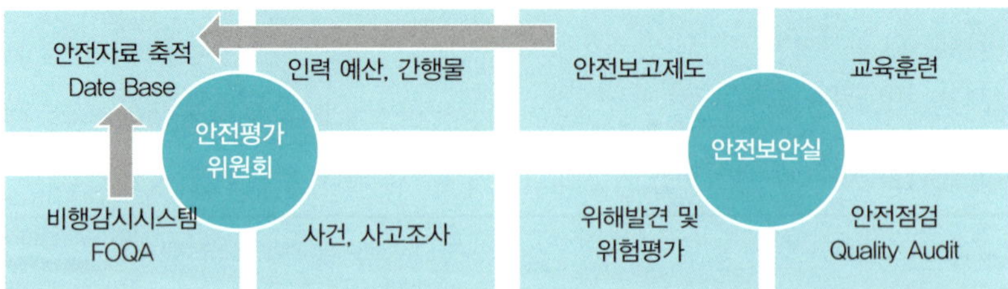

② 비행감시시스템(FOQA)

제주항공은 비행감시시스템을 구축해 매일 운항자료를 수집하고 위험요인을 세분화시켜 분석해서 위험요소를 사전에 발굴, 분석, 평가한 후 지속적인 조종사훈련을 바탕으로 안전하고 편안한 비행이 될 수 있도록 철저하게 비행감시시스템을 운영한다.

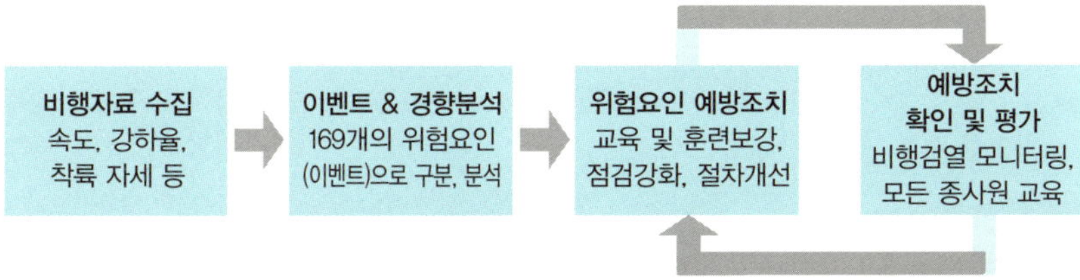

③ 자체 안전평가제도 운영

제주항공은 국제민간항공기구인 ICAO의 안전기준에 따라 훈련, 양성된 사내 감독자들이 운항, 정비, 객실, 운송 등 안전에 영향을 미치는 전 분야에서 감시 및 예방적 안전관리활동을 적극적으로 펼치면서 지속적으로 안전평가시스템을 운영하고 있다.

④ 위험관리(RMS)시스템

모든 비행편과 일반 정비작업에서 발생한 위험요소를 발굴하여 위험수준을 평가, 관리, 개선하는 시스템을 운영하고 있다.

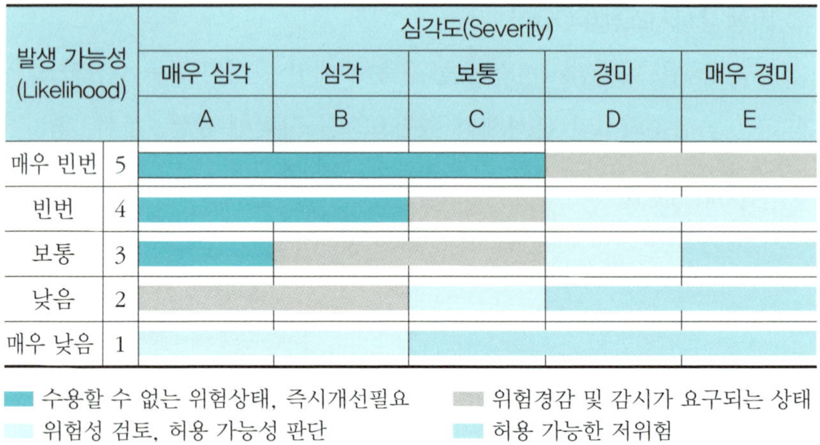

⑤ 해외 항공안전전문가 영입 및 안전컨설팅 진행

제주항공은 해외 항공안전전문가를 영입해 항공안전을 보다 객관적으로 평가하고 개선해 나가고 있다. 세계적으로 공인된 항공안전평가 컨설팅업체인 C.H.S사와 ABA사의 CEO들이 정기적으로 방문해 안전평가를 실시하고 수정·보완함으로써 국제적으로 객관화되고 공인된 수준의 안전성을 유지한다.

⑥ 안개 등 저시정상황에서의 운항능력 공인

제주항공은 서울 지방항공청으로부터 불과 300m 이상의 시정만 확보된 기상악화상황에도 안전한 계기착륙을 할 수 있는 공항운영등급 CAT(Category)-Ⅱ에 부합하는 조종사의 자격과 항공기의 성능에 대한 인증을 받았다. 따라서 기상변화에 따른 지연과 결항률 또한 낮다고 볼 수 있다.

A·I·R·L·I·N·E·&·M·A·R·K·E·T·I·N·G

20 CHAPTER 세계 주요 공항

스카이트랙스는 전 세계 110개국에서 1,285만 명의 고객들을 대상으로 410개 공항들을 평가했다. 그 결과 인천공항은 2년 연속 2위 자리에 올랐다. 인천공항은 특히 평가 세부항목 중 하나인 출입국심사서비스 부문에서 1위를 차지했다.

스카이트랙스의 에드워드 플레이스테드 최고경영자(CEO)는 "고객들이 인천공항의 훌륭한 서비스를 높게 평가하고 있다는 것을 보여준다"면서 "인천공항은 특히 가장 경쟁이 치열한 부문에서 1위에 올랐다"라고 말했다.

2년 연속 종합순위에서 1위를 차지한 창이공항에 대해서 플레이스테드 CEO는 "창이공항은 우수한 공항 인프라와 문화시설 등으로 단순한 공항 이상의 가치를 창출하고 있다"고 평가했다.

3위는 독일 뮌헨공항이 차지했다. 이어서 홍콩국제공항과 네덜란드

스키폴공항이 각각 4위 · 5위에 올랐다. 일본 하네다공항, 중국 베이징 서우두국제공항, 스위스 취리히공항, 캐나다 벤쿠버국제공항, 영국 히드로공항이 각각 6~10위를 기록했다.

The World's Best Airports 2014

1 Singapore Changi Airport
2 Incheon international Airport
3 Munich Airport
4 Hong Kong International Airport
5 Amsterdam Schiphol Airport
6 Tokyo International Airport Haneda
7 Beijing Capital Iternational Airport
8 Zurich Airport
9 Vancouver International Airport
10 Lodndon Heathrow Airport

1 뉴욕 존에프케네디공항

존에프케네디국제공항(John F. Kennedy International Airport)은 미국 뉴욕시 퀸스구 자메이카에 있는 공항이다. 맨해튼 도심에서 동쪽으로 24km 떨어진 곳에 있는 공항이다. 약어는 JFK이다. 1948년 7월 뉴욕국제공항(New York International Airport)으로 공식 개항하였으며, 케네디 대통령 암살사건 이후 1963년 12월 현재의 명칭으로 변경하였다.

국제선 노선수 및 이용객수가 미국에서 가장 많은 공항으로, 미국으로 들어가는 최대의 국제 관문 역할을 하고 있다. 또한 라과디아공항과 뉴어크리버티국제공항과 더불어 뉴욕의 관문 역할을 한다. 그러나 미국 전체적으로 동쪽에 치우쳐 있고, 외곽의 다른 공항과 기능을 분담하고 있으므로, 화물수송 및 전체적인 여객수송은 시카고, 댈러스, 애틀랜타 등지의 공항에 비해 뒤처진다.

공항 면적은 1,995만 724m^{2}이다. 활주로는 2,520m×45m와 3,048m×45m, 3,460m×45m, 4,441m×45m 크기의 4개소가 있다. 유도로는 길이 40km, 표준 폭 22.5m이다. 주차장은 10개소로 12,250대가 주차할 수 있는 규모다. 여객터미널은 10동으로 연간 3,200만 명을 수용할 수 있으며, 화물터미널(Air Cargo Center)은 35개동으로 화물처리 및 서비스빌딩, 항공우편시설 등으로 이루어져 있다. 관제탑 높이는 97.84m로 약 30층 높이의 건물과 같다.

1997년기준으로 항공기 운항횟수는 연간 353,322회이며, 여객수는 31,355,268명이고, 화물수송량은 1,667,581톤이다. 취항 항공사는 107개사이며, 국내외 총 128개 도시로 취항한다.

여객 편의시설로는 호텔과 여행자지원센터, 우체국, 예배당 등이 있다. 공항으로 접근하는 방법은 공항지역으로 진입이 가능한 3개 노선의 고속도로와 지하철, 택시, 버스 등이 있으며, 공항 구내노선을 비롯하여 3개 노선으로 건설 중인 경전철이 있다.

공항은 뉴욕 · 뉴저지항만관리청(Port Authority of New York & New Jersey)에서 공항 소유권 및 운영권을 갖고 전반적인 시설운영 및 유지보수, 종합개발계획 수립 등에 관한 권한과 책임을 가지고 있다.

국제항공수송협회(IATA) 코드는 JFK, 국제민간항공기구(ICAO) 코드는 KJFK이다.

2 파리 샤를드골공항

파리 샤를드골공항(Aéroport de Paris–Charles de Gaulle, (영어) Paris–Charles de Gaulle Airport)은 프랑스의 국제공항이다. 파리 북쪽으로 25km 떨어진 발두아즈주 루아시에 자리하고 있다.

프랑스의 대표적 국제 공항으로 유럽의 주요 관문 중 하나이다. 1974년 3월 개항했는데, 프랑스 전 대통령인 샤를 드골의 이름을 따 명명됐다. 1945년 설립된 파리공항관리공단이 운영하고 있다.

2010년기준 승객면에서 세계 7번째로 복잡한 공항이자 런던 히드로 공항에 이어 유럽에서 두 번째로 복잡한 공항이다. 비행횟수로는 2010년기준 세계에서 10번째, 유럽에서는 가장 복잡한 공항이다. 공항 면적은 32.38km^{2}이다. 여객터미널 3개와 화물터미널 1개를 갖추고 있다. 제1터미널은 가장 오래된 터미널로 낙지모양의 혁신적 디자인을 취했다. 제2터미널은 7개의 부속터미널들로 이루어진 전통적 양식의 터미널이다. 2007년부터 경전철(CDGVAL)이 운행돼 4개의 터미널과 기차역, 주차장 사이를 연결하고 있다. 파리의 지하철 네트워크와 고속철도(TGV)를 통해 파리와 프랑스 전역, 그리고 나머지 유럽지역으로 이동할 수 있다. 또한 다양한 노선의 버스가 파리까지 운행된다. 국제항공수송협회(IATA) 코드는 CDG, 국제민간항공기구(ICAO) 코드는 LFPG이다.

3 뮌헨국제공항

독일 바이에른(Bayern) 주 뮌헨(München)에 있는 국제공항으로 뮌헨 시내에서 약 30km 떨어진 프라이징 및 인근 지자체에 걸쳐 있다. 정식 명칭은 '뮌헨 프란츠 요제프 슈트라우스 국제공항'이다. 뮌헨지역에는 본래 1939년 개항한 라임공항이 있었으나, 수요 증가에 대처하기 위해 뮌헨 교외에 대규모 신공항을 건설하기로 해 1992년 5월 새로 개항하였다. 공항 명칭은 1988년 사망한 뮌헨지역의 유명한 정치인 프란츠 요제프 슈트라우스(Franz Josef Strauss)의 이름을 기려 명명되었다. 이 공항의 개항으로 기존 라임공항은 폐쇄되었다. 최신식의 1터미널과 2터미널로 나누어져 있으며, 세계 주요 도시와 연결되는 항공노선이 개설되어 있다.

독일 국적항공사인 루프트한자(Lufthansa)항공의 허브공항이며, 1996년에 이용객수에서 뒤셀도르프공항을 제치고 프랑크푸르트국제공항에 이어 독일의 2번째 공항으로 올라섰다. 2010년의 이용객수는 유럽의 공항 중에서 7번째였다. 도심과 공항 주변에는 철도 및 고속도로 등이 연결되는 복합 교통망이 구축되어 있다. 여객 편의시설로는 자동보도블록, 회의센터, 호텔, 면세점 등이 있다. 신공항 계획 단계부터 환경문제와 조경을 고려하여 설계되었다. 국제항공수송협회(IATA) 코드는 MUC, 국제민간항공기구(ICAO) 코드는 EDDM이다.

4 프랑크푸르트공항

프랑크푸르트 중심지에서 남서쪽으로 약 9km 떨어진 곳에 있는 국제공항이다. 도심에서 택시로 약 20분 거리에 있으며 프랑크푸르트 역에서 기차로 11분 거리에 있다. 약어는 FRA이다.

1924년 처음으로 시험 비행하였으며 1936년 8월 개항, 루프트한자(Lufthansa)항공사가 취항하였다. 그 후 1949년 제2활주로가 완공되었으며 1992년에는 제2터미널이 완공되었다. 공항 면적은 1,900만m^{2}이다. 활주로는 4,000m×60m와 4,000m×45m, 4,000m×45m 길이의 3개가 있으며 수용능력은 시간당 76회를 운항할 수 있다. 계류장의 면적은 256만m^{2}로 항공기 92대가 동시에 머무를 수 있는데 터미널지역에 36대, 터미널 이외 지역에 56대가 가능하다. 주차장은 36,470대를 동시에 주차할 수 있다.

여객터미널은 2동(70만 4000m^2)으로 연간 4,500만 명(1999년)이 이용하며, 화물터미널은 6동(110만m^2)으로 연간 화물수송량이 1,514,267톤(1997년)이다. 항공기 운항횟수는 연간 142만 회(1999년)이다. 취항 항공사는 105개 사이며 233개 도시로 취항하고 있다. 1948년 발족된 프랑크푸르트공항공단(Flughafen Frankfurt Main AG)에서 운영하고 있으며, 운영시간은 5~24시이다.

프랑크푸르트공항의 경우 런던 히드로공항 발착지보다 많다. 그러나 여객의 수송량에서 여전히 프랑크푸르트공항이 우위에 있어 파리 샤를드골공항 다음으로 수요가 많다. 2003년에 프랑크푸르트공항을 이용한 여객은 48,351,664명에 달하지만, 프랑크푸르트공항의 수요는 63,487,136명으로 파리 샤를드골공항의 경우 48,220,436명이 이용했다. 런던 히드로공항 항공기 이동의 경우 프랑크푸르트공항을 발착한 항공기는 458,865대로 유럽의 공항 중에서 3위를 기록했다. 파리 샤를드골공항의 경우 515,025대인 반면 런던 히드로공항의 경우 463,650대를 이용했다. 화물수송에서 프랑크푸르트공항의 취급량은 1,548,014톤으로 유럽의 공항 중에서 2위를 기록했다. 파리 샤를드골공항의 경우 1,723,700톤인 반면 런던 히드로공항의 경우 1,300,420톤을 수용했다. 9 · 11테러 이후, 화물 취급량이나 여객수는 일시 감소했지만 현재는 다시 증가하고 있다. 이 때문에 프랑크푸르트공항의 처리능력은 포화상태에 이르고 있다.

5 런던 히드로공항

런던 히드로공항은 영국 런던 서부 힐링던(Hillingdon) 자치구에 있는 세계적인 국제공항이다. 한 해 탑승객 규모가 6,000만 명을 웃돈다. 2010년 이용객 숫자기준으로 애틀랜타국제공항(Atlanta International Airport), 베이징서우두국제공항(Beijing Capital International Airport), 시카고오헤어국제공항(Chicago O'Hare International Airport)에 이어 세계 4위에 올라 있다. 그러나 이용객 숫자에 비해 시설이 낙후하고 이용료가 비싼 편이어서 각종 설문조사에서 '이용객들이 가장 싫어하는 공항'으로 여러 차례 이름을 올린 곳이기도 하다.

런던 히드로공항은 1946년 처음 개항했다. 1965년 공항의 운영주체인 영국공항공단(British Airports Authority)이 출범했다. 1980년대 마거릿 대처(Margaret Thatcher) 영국 총리가 공기업 민영화를 강력하게 추진할 때 스페인 건설회사인 페로비알(Ferrovial)이 영국공항공단의 최대주주에 올랐다. 이 때문에 2011년 현재 런던 히드로공항은 영국을 대표하는 공항임에도 불구하고 소유 주체를 기준으로 할 때는 스페인 기업으로 분류된다.

런던 히드로공항에는 모두 다섯 개의 터미널이 있다. 2008년 새로 개장한 제5터미널은 공항이 너무 혼잡하다는 이용객들의 불만이 폭주하면서 새로 지은 터미널이다. 2011년 현재 기존의 제2터미널도 보수공사를 위해 사용이 중단됐다. 영국공항공단은 제2터미널도 새로 지어진 제5터미널과 비슷한 수준의 시설과 규모를 갖춘 터미널로 재단장할 계획을 가지고 있다.

1946년 개항 당시 18개 도시로 취항하였으나 2008년에는 90개 항공사가 100여 개의 도시로 취항하고 있으며 연간 이용객수는 6,800만 명(2007)이다. 중심가에서 공항까지는 자동차 도로망이 잘 연결되어 있으며 버스, 택시, 지하철 등 다양한 교통수단을 이용할 수 있다. 공항 내 이동수단으로는 터미널과 주차장을 연결하는 무료 순환버스가 있다. 1965년에 설립된 영국공항공단(British Airports Authority : BAA)에서 운영하고 있으며, 운영시간은 24시간이다.

6 홍콩 첵랍콕공항

일명 첵랍콕공항이라는 이름으로 알려진 홍콩국제공항은 그동안 운영되던 카이탁공항(1925년 이래) 시대를 마감하고 지난 1998년 개항한

최신 공항이다.

약 90여 개의 항공사가 150여 개 도시를 운항하는 이 공항은 아시아의 허브로 불릴 정도로 많은 노선과 항공 교통량을 자랑한다. 지난 2009년에는 세계에서 가장 바쁘고 복잡한 공항 13번째를 차지했으며, 연간 이용객수가 약 4,500만 명, 공항 근무자수만 6만 명에 달한다. 또한 화물운송량면에서도 세계에서 2번째를 자랑한다.

홍콩 도심에서 서쪽으로 약 35km 떨어진 곳에 위치한 홍콩국제공항은 지난 1998년 7월 6일 개항하였다. 이 새 공항이 개항하기 전까지 75년간 홍콩의 관문이었던 카이탁공항은 워낙 도심에 위치하여 이 · 착륙할 때 도심의 고층 아파트 사이로 아슬아슬하게 비행을 해야 해서 전 세계 조종사에게 스트레스의 주범으로 악명(?)이 높았다. 심지어 "착륙하면서 아파트에 널어놓은 빨래를 걷으며 내려온다"는 승객들의 우스갯소리까지 있던 시대를 마감하고, 홍콩국제공항이 아시아의 새 허브공항으로 등장한 것이다.

첵랍콕공항으로 일반인들에게 더 알려진 홍콩국제공항의 연간 승객처리능력은 4,500만 명으로 하루에 약 450편의 항공편이 이 공항을 뜨고 내리고 있으며, 하루 이용객수는 8만여 명에 달하고 있다. 3,800m 활주로 두 개가 있는 24시간 운영하는 공항이다.

또한 세계 최대의 화물물동량을 처리하고 있는 공항으로, 단일 화물청사로는 세계 최대이며 연간 처리능력이 240만 톤에 달하는 '슈퍼터미널 1'을 가지고 있다. 홍콩국제공항은 건설 초기 단계에서부터 10대 프로젝트(Airport Core Program)로 추진한 신공항청사와 배후단지, 고속전철, 칭마대교, 연결 고속도로 등의 관련 기간시설들을 동시에 건설하여 개항과 함께 공항 이용의 효율성을 높였다.

이 프로젝트는 파나마운하, 유로터널, 오페라하우스, 세계무역센터 등과 함께 세계 건축 관련 인사 및 편집인들 위원회에서 선정한 '20세기 10대 건축 업적' 중의 하나이기도 하다. 그러나 미화 약 200억 달러 이상과 7년의 시간이 투자된 이 프로젝트는 개항 당일부터 화물터미널 운영시스템 고장 등의 혼란으로 홍콩의 명성에 먹칠을 하였다는 비난 속에서 출발하였다.

이제는 모든 시설이 효율적으로 운영되고 있어, 2008년 영국 여행잡지 '콩데 나스트 트래블러(Conde Nast Traveller)'의 전 세계 공항 평가에서 총점 0.05점 차이로 세계 최고 싱가포르 창이공항에 이어 2등으로 선정되었다.

홍콩국제공항은 이 평가에서 총 11개 항목 중 탑승수속의 효율성, 환승의 편리함, 수하물처리, 항공편 정보제공 및 안내판의 명료함, 음식과 식당 등의 5개 부문에서 1위를 차지하였다. 전 세계에서 단일 터미널로는 가장 큰 규모를 자랑하는 이곳은 영국의 노먼 포스터 경에 의해 설계되었으며, 전체 길이가 1,200m에 달하는 거대한 구조물이다. 지붕에만 12,500톤의 철강이 소요된 철골구조물로 아침 9시 이후에는 모든 전등이 소등된 채 자연채광으로만 운영되는 환경친화적인 건물이다.

7 싱가포르 창이공항

싱가포르 창이공항은 싱가포르 도심에서 동쪽으로 25km 떨어진 곳에 있다. 공항에서 도심에 이르는 길은 바다 매립으로 건설된 동쪽 해안도로와 연결되며 기타 지역과는 2km의 공항 접근 도로가 팬섬 도로와 연결된다. 창이공항이라고도 하며 약어는 SIN이다.

제1단계 공사를 마친 1981년 7월 1일 개항하였다. 1990년 11월 22일 제2터미널이 완공되었다. 2008년 1월 9일 제3터미널이 문을 열었다. 면적은 16,958,754m^{2}이며, 활주로는 4,000m×60m와 3,355m×60m 길이의 2개가 있고, 수용능력은 시간당 66회 운항할 수 있다. 계류장은 면적이 456,200m^{2}로 항공기 69대가 동시에 머무를 수 있다. 주차장은 3,728대가 주차할 수 있는 규모로 4개가 있으며, 관제탑은 높이가 78m이다.

여객터미널은 3동(1,018,020m^2)으로 연간 7,000만 명을 수용할 수 있으며, 화물터미널은 총 6개 동으로 면적은 25만m^{2}이다. 취항 항공사는 62개 사이며 54개국 114개 도시로 취항하고 있다. 2009년기준 항공기 운항횟수는 연간 263,593회이며, 여객수는 37,203,978명이고, 화물수송량은 166,724톤이다.

창이공항은 싱가포르민간항공청(CAAS : Civil Aviation Authority of Singapore)에서 운영하고 있으며, 여객 편의 위주로 설계한 여객처리시설 및 최고수준의 서비스로 세계 최고의 공항에 손꼽힌다. 7~8년 전부터 계속 '다시 오고 싶은 공항', '세계 최고의 공항'으로 선정되고 있다.

그 비결은 바로 공항은 일하고 쇼핑하고 즐기고 휴식하는 하나의 작은 도시로서, 세계 모든 사람들이 불편을 느끼지 않도록 시설과 서비스에 완벽을 기하기 때문이다. 싱가포르는 쿠알라룸푸르나 방콕과의 관광객 유치 경쟁이 치열해짐에 따라 창이공항을 세계 최고의 서비스공항이 되도록 지원하고 있다.

8 인천국제공항

21세기 수도권 항공 운송 수요를 분담하고 동북아시아 허브(Hub) 공항으로서의 역할을 담당하기 위해 2001년 3월 29일 개항한 한국 최대의 국제공항이다. 과거에는 서울특별시 강서구의 김포국제공항이 대한민국의 대표적인 국제공항이었으나 인근 거주지로 인해 공항시설

의 확장이 어려웠고 또한 빠르게 증가하는 국제항공 수요에 대처하고자 인천광역시 영종도, 용유도, 삼목도, 신불도 등과 인접 간석지를 매립하여 새로운 공항을 건설하게 되었다.

인천국제공항 제2단계 확장공사가 완료된 현재 국제 규격 축구장 7,800개 규모인 총 5,606만m^2의 부지에 A380기 등 초대형 항공기의 동시 이착륙이 가능한 3개의 활주로(3,750×60m 2본, 4,000×60m 1본)를 갖추고 있다. 연면적 총 66.2만m^2의 여객터미널 및 탑승동, 25.8만m^2의 화물터미널, 108개소(243.7만m^2)의 여객기 계류장과 36개소(73.7만m^2)의 화물기 계류장 등을 구비하고 있으며, 승용차 11,410대, 화물차 6,260대를 수용할 수 있는 주차장 그리고 여객터미널과 탑승동을 연결하는 0.9km 길이의 IAT(무인여객수송열차)노선을 갖추고 있다. 관제통신시설로 지상 22층 높이(100m)의 관제탑이 설치되었으며, 활주로의 시정거리가 50m인 상태에서도 항공기의 착륙이 가능하도록 계기 착륙시설과 표지시설을 갖추고 있다.

전천후 24시간 운항이 가능한 인천국제공항은 연간 41만 회의 항공기 운항과 최대 4,400만 명의 여객 및 450만 톤의 화물을 처리할 수 있는 능력을 보유하고 있다. 아시아 92개(중국 38개, 일본 26개 포함), 미주 27개, 유럽 39개, 아프리카 및 중동 6개, 오세아니아 5개 등 총 60개국 170여 개 도시에 취항하고 있으며, 2010년기준 연간 운항편수는 총 214,835회로 33,457,925명의 여객과 2,684,499톤의 항공화물을 처리하였다.

여객터미널 동편은 대한항공과 스카이팀(Sky Team) 소속 항공사, 여객터미널 서편은 아시아나항공 및 스타얼라이언스(Star Alliance) 소속 항공사의 탑승수속 카운터가 위치해 있으며, 기타 외국항공사들이 전용으로 사용하는 탑승동과 여객터미널은 지하의 셔틀기차(shuttle train)로 연결된다. 인천국제공항의 입출국 평균 소요시간은 입국 13분, 출국 18분으로 세계에서 가장 빠른 수준이며 환승 최소 연결시간도 45분으로 주변국 경쟁 공항을 크게 앞서고 있다.

또한 탑승객 및 환승객을 위한 다양한 편의시설을 구비하고 테마 이벤트 및 전시, 한국문화 체험공간 등의 볼거리, 즐길거리를 제공함으로써 세계적으로 이용객 만족도가 매우 높은 공항으로 손꼽히고 있다. 이에 인천국제공항은 2004년부터 2009년도까지 국제공항협의회가 실시하는 공항서비스 평가에서 5년 연속으로 세계 1위 최우수공항에 선정되었으며, 2006년부터 2010년까지 6년 연속으로 미국의 여행전문지 글로벌 트래블러가 선정한 세계 최고공항상을 수상하였다.

9 오사카 간사이공항

일본이 야심찬 계획으로 만든 간사이국제공항은 오사카 도심에서 40km 떨어진 곳에 있는 공항이다. 오사카 국제공항의 과밀화와

소음문제를 해결하기 위해 1987년에 착공하여 1994년 9월 4일에 공식 개항한 간사이국제공항은 바다를 매립하여 인공섬을 만든 다음 공항을 건설하였으므로 소음문제를 해결하여 24시간 이 · 착륙이 가능한 해상 공항이다.

공항 면적은 5,103,000m^{2}이고, 3,500m×60m 크기의 활주로가 하나 있으며, 현재 확장 공사중이다. 유도로의 총길이는 10,720m이다. 계류장은 면적이 97,100m^{2}이며 항공기 55대가 동시에 머무를 수 있다. 여객터미널은 291,269m^{2}로 연간 3,300만 명을 수용할 수 있으며 264,000m^2 규모의 화물터미널이 갖춰져 있다. 여객터미널의 디자인은 유명한 건축가 렌조 피아노의 작품이다.

공항의 운영은 1984년 설립된 관민합작의 간사이국제공항주식회사(Kansai International Airport Co. Ltd.)에서 하고 있다. 1996년부터 활주로 1개와 국내화물시설 등을 증축하는 2기 확장사업을 2007년 완공하였다. 다만 인공섬 위에 건축된 공항으로 현재도 지반침하 등으로 인한 문제가 끊임없이 발생하고 있으며, 높은 공항 이용료 때문에 개항 10년을 맞고 있는 지금까지도 정상적인 운영궤도로 진입하는 것이 어려운 상태다. 하지만 세상에서 가장 아름다운 공항 중 하나라는 평가는 결코 허언이 아니다.

간사이공항의 가장 큰 특징은 일본 최초의 본격적인 24시간 이 · 착륙 공항이라는 점이다. 소음공해로부터 자유스러워졌기 때문에 시간에 구애됨 없이 24시간 운영이 가능하게 되었다(실상은 공항에서의 대중교통수단이 24시간 운영되지 못하기 때문에 제한적이 될 수밖에 없음). 또한 이용할 수 있는 교통수단이 다양하다. 일반 승용차는 물론, 간사이지역 주요 도시 100여 곳을 망라하는 리무진 버스, 국철과 난카이라는 서일본 주요 2대 철도역과 연결되어 있으며 선박에 의한 근해로부터의 접근도 가능하게 되어 있다. 구조상 특징은 국제선과 국내선이 같은 터미널에 있어 짧은 시간에 편리하게 환승할 수 있다는 것이다.

공항 건물은 건축물 자체로도 충분한 매력을 가지고 있다. 완벽한 좌우대칭이며 모든 벽을 유리로 만들어 자연광을 넉넉히 얻을 수 있다. 엘리베이터도 유리로 된 벽에 쌓여 시각적으로도 훨씬 넓고 현대적인 느낌을 준다. 유리벽에 의한 시각의 트임은 이용객들이 손쉽게 자기 위치를 알 수 있는 커다란 장점이 되고 있다. 청사 1층에는 국제선 도착과 버스, 택시 정류장이 있으며, 2층에는 국내선 발착과 식당가, 3층에는 쇼핑센터와 식당가, 4층에는 국제선 출발이 위치해 있다.

10 베이징 서우두국제공항

1958년 개장한 베이징 서우두국제공항은 중국의 수도 베이징시 차오양구에 위치한 국제공항이다. 중국에서 규모가 제일 크고 가장 교통량이 많은 국제공

항으로, 늘어나는 수요를 감당하기 위해 신공항을 착공했다. 2017년에 완공되는 베이징시 남쪽의 베이징 다싱국제공항이 개항하면 국내선 전용 베이징 난유안공항과 함께 대체될 예정이다.

처음에는 소형 터미널을 갖추고 VIP 승객과 전세기가 주로 이용하였으나, 1980년 1월 1일 격납고 등을 갖춘 제1터미널(T1)이 개장되었고, 1999년 11월 1일 제2터미널(T2)이 개장되었다. 또 2008년의 베이징올림픽을 대비한 제3터미널(T3)이 2004년 3월에 착공되어 2008년 2월 29일 개장되어 모두 3개의 터미널을 갖추고 있다.

제3터미널 건설과 함께 활주로도 1개를 증설하여 길이 3,200m에 너비 50m인 활주로 1개와 길이 3,800m에 너비 60m인 활주로 2개 등 총 3개를 갖추고 있다.

연간 6,000만 명의 여객수송능력을 갖춘 제3터미널이 개장됨으로써 총면적 139,500m^{2}의 3개 터미널에서 연간 9,500만 명의 여객을 수송할 수 있게 되었다.

2008년 5,594만 명의 여객을 수송하여 전 세계 공항 가운데 8위를, 화물처리량은 1,365,768톤으로 18위를 기록하였다.

제1터미널(T1)은 면적 78,000만m^{2}로 3개 터미널 가운데 규모가 가장 작으며 국내선으로 이용된다. 제2터미널(T2)은 면적 326,500m^{2}로 동시에 20대의 비행기가 계류할 수 있다. 면적 986,000m^{2}로 단일 터미널로는 세계 최대규모인 제3터미널은 T3C · T3D · T3E의 3개 터미널로 이루어져 있으며, 각 터미널을 연결하는 모노레일 열차가 운행된다.

2009년 현재 중국국제항공 · 중국남방항공 · 중국동방항공 등 중국항공사와 대한항공 · 아시아나항공 · 일본항공 · 말레이시아항공 · 전일본항공(ANA) · 노스웨스트항공 · 캐나다항공 · 루프트한자항공 · 브리티시항공(BA) · 오스트리아항공 · 프랑스항공 · 알이탈리아항공 · 파키스탄항공 · 싱가포르항공 · 타이항공 · 드래곤항공 · 스칸디나비아항공(SAS) 등 외국항공사를 합하여 총 72여 개의 항공사가 취항하고 있다.

11 터키 아타튀르크국제공항

아타튀르크국제공항은 터키 이스탄불에 있는 공항이다. 이 공항은 터키항공의 허브공항으로 터미널은 여객터미널 2동(A · B터미널)과 화물터미널(C터미널)로 이루어져 있다. 유럽부흥개발은행이 투자한 공항으로 2001년 현대화되고 효율적인 시설을 갖춘 국제터미널(B터미널)이 개장해 1970년대에 설치된 A터미널(현재는 터키 국내 전용)의 혼잡성을 완화할 수 있게 되었다.

2015년에 공항 이용객이 6,132만 명으로 독일의 프랑크푸르트국제공항을 제쳐, 2015년기준으로 영국의 런던 히드로국제공항, 프랑스의 파리 샤를드골국제공항에 이어 유럽 3위, 세계 11위의 공항이다.

현재의 아타튀르크국

제공항은 활주로가 극심한 포화상태에 이른데다가 인구가 밀집한 주거지역 한가운데에 위치하고 있어서 확장이 불가능하고 소음문제도 매우 심각하기 때문에, 공항에서 약 32km 북쪽의 흑해 연안에 2015년 5월부터 신공항이 건설되고 있다.

신공항은 2018년 10월 29일에 2개의 독립 활주로를 갖추어 개항하는 것을 1차 목표로 하고, 신공항이 개항하면 현재의 아타튀르크국제공항은 공항의 이름과 인력을 넘기고 폐쇄할 예정이다. 신공항은 최종적으로 길이 3,750m×폭 60m인 6개의 활주로와 연간 1억 5,000만 명의 여객을 처리하는 시설을 갖추는 것을 목표로 하고 있다.

세계 최대 공항이 될 이스탄불 신공항(Istanbul New Airport)

12 네덜란드 스키폴공항

네덜란드의 메인공항이자 KLM의 허브공항으로, 승객기준으로나 화물기준으로나 항상 세계 10위 안에 드는 굉장히 복잡한 공항이다. 3개의 터미널이 있으며, 활주로가 6개나 되는 크고 아름다운 공항이다.

영국의 히드로공항, 프랑스의 파리 샤를드골공항, 독일의 프랑크푸르트공항과 함께 유럽을 대표하는 허브공항이며, 2016년 이용 여객수 기준으로 유럽 3위의 공항이다.

스키폴공항 지하에는 3면 6선 규모의 철도역이 있는데, 터미널 바로 밑에 위치하고 있기 때문에 셔틀버스나 기차 등을 타지 않고도 바로 다른 교통수단으로 환승할 수 있다는 장점을 가지고 있다.

| 참 | 고 | 문 | 헌 |

1. 국내문헌

건설교통부(1994), 공항개발 중장기 발전계획.

교통개발연구원(1990), 각국 항공법 비교연구.

교통개발연구원(1992), 국제항공 여건변화에 따른 대응방안.

교통개발연구원(1993), 수도권 신공항의 동북아 중추공항화 전략과 국민경제에 미치는 효과.

교통개발연구원(1999), 선진공항의 접근교통체계 및 ITS 현황.

교통개발연구원(2001), 인천국제공항경쟁력 강화방안.

교통개발연구원(2003), 21세기 항공운송환경변화와 항공정책 방향.

구교훈 외 2인(2012), 국제물류론, 신지원.

김강식(2002), 항공운송사업의 노사관계, 중앙경제.

김구현(1996), 공항의 항공교통흐름분석에 관한 연구, 고려대.

김기홍(2001), 항공사 고객의 인터넷 이용특성분석, 국제e-비즈니스학회.

김기홍(2002), 항공사의 전략적 제휴의 필요성 분석, 세종대 항공산업연구.

김기홍(2003), 항공사 전략적 제휴에 관한 탐색적 연구, 한국관광서비스학회.

김기홍(2004), 우리나라 호텔기업의 공항컨세션 계약과 중재판정 사례연구, 한국중재학회.

김기홍(2005), 항공사의 e-Business전략에 대한 탐색적 연구, 국제e-비즈니스학회.

김기홍(2009), 사우스웨스트항공사의 인간관계 중심 서비스 경영철학에 관한 소고, 국제지식서비스학회.

김도현(2000), 공항 서비스의 경쟁력 결정요인에 관한 연구, 항공대.

김선자(1998), 혁신적인 경영기업 수익 관리에 관한 고찰, 고려대.

김수곤(2001), 허브 공항의 네트워크 관리 전략에 관한 연구, 항공대.

김영국(2001), 한국 민항공기업의 전략적 제휴에 관한 연구, 단국대.

김영규(2006), 여행업과 항공업의 이해, 한올출판사.

김영수(2002), 국내선항공사 이용 속성 지각과 개발 타당성 지각에 따른 지역항공개발방향에 관한 연구, 세종대.

김용범(2000), 인천국제공항의 허브화를 위한 마케팅전략, 항공대.

김운섭(2002), 객실승무원과 CRM, 대한항공.

김은영(2010), 쇼핑동기, 감정이 재방문의도에 미치는 영향, 단국대학교.

김은희(2000), 기내식음료, 동주대.

김은희(2006), 항공식음료 실무, 두양사.

김인수(2006), 항공화물터미널의 프로세스 효율성 제고 방안에 관한 연구, 인하대.

김인주(2000), 항공사 전략적 제휴의 글로벌 네트워크 형성에 관한 연구, 항공대.

김재원(2009), 항공사 경영시스템, 북넷출판사.

김종립(2010), 뭔가 다른 인천공항 무엇이 다른가?, KMAC.

김종훈(1998), 공항운영, 하서출판사.

김종훈(1998), 21세기를 향한 공항운용, 하서출판사.

김진국(2000), 항공권의 오프라인과 온라인 경로간의 특성에 관한 비교연구, 서강대.

김철환(2004), 항공안전보안개론, 대왕사.

김춘빈(2006), 항공 기내식의 서비스 품질평가 및 기내식이 항공사 만족도와 재이용의도에 미치는 영향, 연세대.

김한봉(1996), 우리나라 공항의 민영화 방안에 관한 연구, 인하대.

박학진(1999), 항공사 유통경로로서의 인터넷전자상거래 연구, 인하대.

박현목 역(2002), 항공법입문, 경성대출판부.

박호표 · 박제훈(2004), 지역항공사 도입을 위한 사례연구, 한국관광연구학회(춘계).

백종실 외 2인(2012), 국제운송론, 두남.

서 신(2000), 항공사의 전자상거래에 관한 연구, 경기대.

서명선(2002), 항공사 공항 서비스 전문인력 육성교육에 관한 연구, 인하대.

송기한(2012), ICAO 가입 60주년 항공안전세미나, 한국교통연구원.

스기우라 가즈키 저, 홍석진 역(2009), JAL vs ANA 최후의 공방, 범한.

신동춘(2001), 항공운송정책론, 선학사.

신성원(2000), 항공사의 수익관리를 위한 유통경로와 가격인지도에 대한 연구, 세종대.

안명숙(2005), 좌석등급에 따른 한국항공사 기내식 서비스품질이 고객만족과 충성도에 미치는 영향, 경기대학교.

안상준(2003), 항공사의 수익관리를 위한 유통경로와 가격인지도에 대한 연구, 세종대.

유광의 외 1인(2012), 공항경영론, 대왕사.

유광의 외 1인(2004), 공항 운영 및 관리, 백산출판사.

유광의(2003), 항공운송산업과 항공사, 백산출판사.

유광의(2004), 공항 운영 및 관리, 백산출판사.

유필화(1999), 현대마케팅, 박영사.

이광현(1991), 항공운송산업의 구조와 전략, 박영사.

이동원(2000), 서비스산업의 수익관리 시스템(YMS)에 관한 연구, 경희대.

이우용 · 정구현(2000), 마케팅원론, 형설출판사.

이유재(2000), 서비스마케팅, 학현사.

이재억(2001), 항공권의 전자상거래에 관한 연구, 경기대.

이종철(2000), 공항컨세션의 효율적 배치방안에 관한 연구, 세종대.

이지민(2001), 항공운송시장에서 전략적 제휴집단의 특성에 관한 연구, 항공대.

이철 · 장대련(2003), 국제마케팅, 학현사.

이태원(1990), 남북한간의 항공교통망 구성방안, 서강대.

이태원(1993), 현대항공수송론, 서울프레스.

이혜원(2001), 항공사 수익관리 시스템의 운영요인에 관한 연구, 세종대.

이훈식(2000), 항공사의 글로벌 전략적 제휴에 관한 사례연구, 서강대.

전형욱(2012), 공항터미널 활성화에 관한 연구, 항공대.

정익준(2000), 항공운송관리론, 백산출판사.

정재기(2004), 육군항공 안전관리에 관한 연구, 경희대.

조은주(2004), 항공사 업무론, 현학사.

채원식(2002), 항공사의 효과적인 수익관리에 관한 연구, 경기대.

최기종(2000), 항공업무론, 학문사.

최미숙(2002), 항공사 객실 서비스품질에 관한 연구, 경기대.

하태원(2011), 도심복합시설로서 여객터미널 프로그램 특성에 관한 연구, 건국대.

한국공항공단(1996), 21C 공항시설과 운영방안 연구.

한국공항공단(2001), 한국공항공단 20년사.

한국항공정책연구소(1996), 인천국제공항 마케팅전략 개발 및 실행방안.

한국항공진흥협회(1999), 국제항공운송인의 배상책임제도.

한국항공진흥협회(2001), 항공운송통계자료.

허희영(2002), 항공경영학, 명경사.

허희영(2003), 항공관광업무론, 명경사.

허희영(2003), 항공운송산업론, 명경사.

현미정(2010), 면세점 쇼핑만족 및 지출의 영향요인에 관한 연구, 세종대.

호텔관광연구회(2014), 관광 사업론, 현학사.

홍기효(2000), 공항 활성화를 위한 마케팅 전략, 서강대.

홍석진 외 3인(2011), 항공경제학, 서울경제경영.
홍순길(1997), 항공산업론, 항공대출판부.
홍순길 외 5인(2005), 항공산업론, 한국항공대학교.
홍승현(2012), 인천국제공항에 있어서 문화예술 공간 도입에 관한 연구, 숙명여대.
홍철 외 2인(2005), 21세기 허브공항 전략 및 사례, 범한.
황숙경 역(2003), 사우스웨스트방식, 물푸레.

2. 외국문헌

Banfe, C. F.(1992), *Airline Management*, Prentice-Hall, Inc.
Doganis, R.(1992), *The Economics of Int'l Airline*, Rotledge.
Doganis, R.(2001), *The Airline Business in the 21th Century*, Rouledge.
Gialloreto, L.(1998), *Trategic Airline Management*, Pittman Publishing.
Hanlon, P.(1990), *Global Airlines*, Butterworth & Heinemann.
Hanlon, P.(1997), *Global Airlines Competition in a transnational industry*, University of Birmingham.
Hooloway, S. H.(1997), *Practical Airline Economics*, Ashgate Publishing.
Kane, R. M.(1996), *Air Transportation*, Iowa, Kendall/Hunt Publishing Co.
Kaser & Freeman(2002), *Hospitality Marketing*, Southwestern.
Lovelock, C. H.(1991), *Service Marketing*, 2nd ed., Prentie-Hall.
Mckelvey, R. H. F.(1993), *Planning & Desing of Airports*, McGraw-Hill.
Mills, R. C. & A. M. Morrison(2002), *The Tourism System*, Pretice-Hall.
Morrisn, A. M.(2002), *Hospitality and Travel Marketing*, Delmar.

Ritchie, J. R. B. & C. R. Goeldner(1994), *Travel Tourism, and Hospitality Reserch*, John & Wiley Sons.

Shaw, S.(1990), *Airline Marketing and Management*, Pitman.

Stephen, P.(1994), *Transport for Tourism*, Routledge.

Wells, A. T.(1999), *Air Transportation: A Management Perspectives*, 4th eds., Wadworth Publishing Co.

3. World Wide Web

acc.mltm.go.kr

blog.daum.net/uagct712/5

blog.naver.com/dlawogks2005

blog.naver.com/gangii

blog.naver.com/miyamazi1957?Redirect=Log&logNo=140129814937

blog.naver.com/PostView.nhn?blogId=jw091208&logNo=100151775630

cafe.naver.com/agj/3984

cafe.naver.com/as9000/51757

cafe.naver.com/cscoach119/8060

cargo.koreanair.com/kor/main/iMain.jsp

ijcho.com/140090550562

ijcho.com/140148558281

ijcho.com/140148558281

kac_kkm.blog.me/120193040501

presskang.com/189609001

terms.naver.com

www.abacus.co.kr

www.airasia.com

www.airfrance.co.kr
www.airport.co.kr
www.airport.co.kr
www.airport.kr
www.airport.kr
www.airport.kr/iiacms/pageWork.iia?_scode=C0303040101
www.airportal.co.kr
www.airportal.co.kr/2013/main.jsp
www.airtravelinfo.kr
www.airtravelinfo.kr/xe/home
www.asiana.co.kr
www.asianacargo.co.kr/Korean/
www.britishairways.com
www.cathaypacific.com
www.coseaair.com
www.delta.com
www.easyjet.com
www.fuk-ab.co.jp
www.iata.or.kr
www.icao.int
www.icao.int
www.jejuair.net/jejuair/ko_KR/storyjejuair/safety_system.jsp
www.kau.ac.kr/page/main.jsp
www.koreanair.co.kr
www.lottedfs.com
www.lufthansa.com
www.mltm.go.kr

www.molit.go.kr/portal.do
www.oneworld.com
www.qantas.com.au
www.sejoo.com
www.shilladfs.com
www.singaporeair.com
www.skynews.co.kr/main.asp
www.skyteam.com
www.southwest.com
www.staralliance.com
www.topas.net
www.ts2020.kr/index.action

| 찾 | 아 | 보 | 기 |

ㅁ

ㅂ

ㅅ

ㅇ

항공사 & 국제시장

2019년 2월 10일 1판 1쇄 인쇄
2019년 2월 15일 1판 1쇄 발행

저　　자 | 김기홍
발 행 인 | 이수영
발 행 처 | 도서출판 청람
서울시 마포구 독막로 288(대흥동, 세양상가 109호)
전　　화 | 02)3272-2601~2
팩　　스 | 02)3272-2603
이 메 일 | crbooks@daum.net
홈페이지 | www.crbooks.co.kr
등　　록 | 2000년 8월 26일 제6-0509호

ISBN 978-89-5972-662-2 93320 [정가 26,000원]